U0734450

财务尽职调查

全流程方法与实务案例

周涛◎著

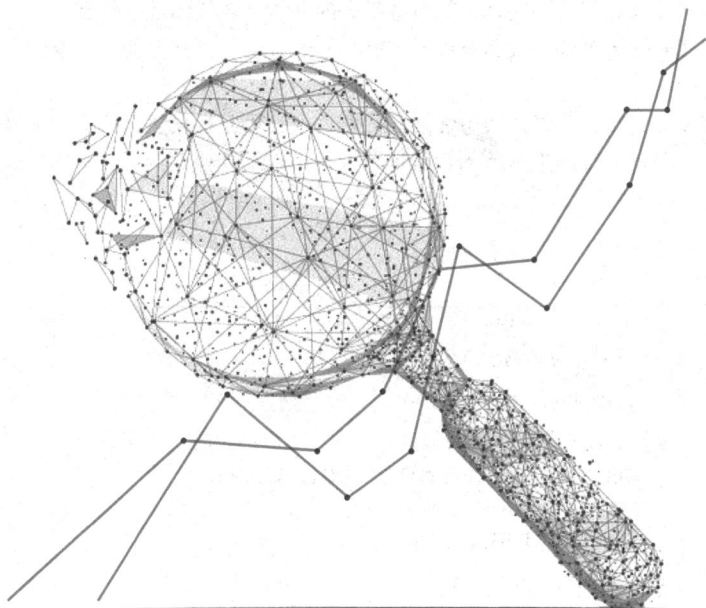

人民邮电出版社

北京

图书在版编目（CIP）数据

财务尽职调查：全流程方法与实务案例 / 周涛著
. -- 北京：人民邮电出版社，2021.4
ISBN 978-7-115-55798-8

Ⅰ. ①财… Ⅱ. ①周… Ⅲ. ①会计检查—案例 Ⅳ.
①F231.6

中国版本图书馆CIP数据核字(2020)第268120号

内 容 提 要

本书以案例为开篇，形象地说明投资过程中会面临的诸多问题，带领读者快速进入"财务的世界"。本书通过对理论及案例的经验解读，引出财务尽职调查过程中全流程的实践方式及方法。通过阅读本书，读者不仅能掌握财务尽职调查的一般性流程，还能了解财务尽职调查的底层逻辑及如何构建财务尽职调查的框架思维。

本书共分为4篇，涵盖的内容有财务尽职调查的逻辑思维、财务尽职调查的业务流程、财务尽职调查的分析方法、财务尽职调查的实战演练。本书核心内容包括制订计划、现场工作、访谈关键对象及其行为心理学、对财务报表的分析、企业的综合性调查、盈利预测与估值、财务尽职调查报告的编写及其模板，还有半导体行业和医药行业的主要财务特点、财务尽职调查案例等。

本书通俗易懂，案例丰富，实用性强。特别适合私募股权投资、风险投资等投资机构的财务尽职调查人员，会计师事务所的初级审计人员，以及其他对投资、财务分析感兴趣的人士阅读。

◆ 著　　　　　周　涛
　　责任编辑　　刘　姿
　　责任印制　　彭志环
◆ 人民邮电出版社出版发行　　北京市丰台区成寿寺路 11 号
　　邮编　100164　　电子邮件　315@ptpress.com.cn
　　网址　https://www.ptpress.com.cn
　　北京天宇星印刷厂印刷
◆ 开本：700×1000　1/16
　　印张：17.75　　　　　　　2021 年 4 月第 1 版
　　字数：262 千字　　　　　2025 年 11 月北京第 22 次印刷

定价：79.80 元

读者服务热线：(010)81055296　印装质量热线：(010)81055316
反盗版热线：(010)81055315

序

　　看到《财务尽职调查：全流程方法与实务案例》一书时有些欣喜，也有些担心。欣喜的是有年轻作者能够系统化地思考财务尽职调查，非常好。但也担心他能写出特点吗？

　　带着疑问读完全书后感到放心，同时也深刻地体会到作者想要表达的观点：相信"常识"，而不是相信奇迹。常识不是人云亦云，而是基于公理化思维、被科学验证过的确定性事实（比如两点之间直线最短）。常识性思维在投资决策过程中非常重要，但可惜的是在曾经的财务丑闻案例中，投资人对一些明显有违常识的现象或"视而不见"，或展开想象使逻辑自洽，可能是因为他们相信"存在即合理"的哲理。

　　在常识方面，刘姝威老师为很多财务人士树立了好榜样，无论是对蓝某股份的评论，还是对乐某网巅峰时的质疑，都是基于常识的发问。这犹如哲学家常用的"灵魂三问"，即你是谁？你从哪里来？你到哪里去？

　　对于企业来说，必须盈利、必须产生自由现金流才能持续经营，这是常识。带着这样的思维去看企业，或许不能发现伟大的企业，但大概率能帮助读者识别会"暴雷"的企业。著名投资家巴菲特说过，投资最重要的就是确保本金的安全。

　　1990年，深圳证券交易所和上海证券交易所相继成立，标志着中国资本市场正式拉开帷幕。科创板、创业板注册制的开启，意味着中国资本市场的发展进入了新阶段。未来，随着注册制的全面铺开，也必将吸引更多一级市场投资者、给企业带来更多上市机会。但机会变多，风险也就相应变高，在相当长的一段时间内，IPO企业没有出现过跌破发行价的情况，但现在有了，而未来也许会成为一种常态。在泡沫化的一级市场，若投资者以高估值投资，即使企业上市了，也会存在高亏损风险。这些情况如何避免？从财务的维度能不能给一些建议？

在大力倡导股权投资、注册制全面铺开的背景下，作者从股权投资的维度、财务运用的思维、价值投资的理念，对投资前的财务尽职调查进行了系统性阐述。作者摒弃了以财务公式堆砌内容的方式，而是更注重对思维的开拓，旨在达到"授人以鱼，不如授人以渔"的目的。书中采用案例讲解、故事讲解的形式，对一些财务现象进行分析，即使没有财务基础的读者，也能够相对轻松地阅读。

　　作者从心理层面对关键访谈对象进行"他"验证，从"人、财、物"的角度透视企业经营效果，从财务数据上对企业进行定量分析，并通过分析企业不同阶段的财务特点、行业特点来阐述财务尽职调查。这些内容让人耳目一新，让财务尽职调查在严谨中又兼有趣味性，能够给读者带来更多思考。

　　感谢人民邮电出版社对年轻作者的支持，文化的繁荣需要百家争鸣。图书的出版将会促使作者们更加积极探索，为学科的发展贡献更多力量。

上海立信会计金融学院教授　陈力生

2020 年 12 月于上海

这个技术有什么前途

从设立科创板并试点注册制，到首批注册制下的企业上市，其背后反映的是通过资本市场、社会融资让企业获得更多的权益性资金，而非传统、单一的银行债务性融资。对于企业来说，权益性融资相较于债务性融资最大的不同，是权益性投资者同企业家一起成为股东，企业家无须背负沉重的债务负担及定期支付利息、偿付本金的现金流压力，可以将更多的时间、精力真正投入企业经营。

资本市场的大扩容，无疑会导致社会资金对好项目的追逐，尤其是在当下的市场环境中，企业上市成功，少则五六十倍市盈率，多则上百倍市盈率，与一级市场巨大的估值差异更是让逐利的资本不断入局。

从某咖啡造假到乐某体育的"坍塌"，反映的是投资从来就不是一件稳赢的事，投资失败是一种常态。在股票市场中一直流传着这么一句话，"七亏二平一赢"，在缺乏流动性的一级市场上，投资成功率更低。财务尽职调查作为权益性投资的一种重要技术，虽不能帮助投资者选出实力强大的企业，但往往可以排除一些有明显问题的企业。本书所阐述的财务尽职调查以价值投资理念为指导，以财务数据为依据，以社会常识为判断基准，相信大概率，而不是盲目地相信企业的商业计划书，甚至相信奇迹。

当然，这不是说本书所阐述的内容能够帮助投资者排除所有有问题的企业，投资的成功与失败是多因素作用的结果。任何行动要获得持续的成功，都需要一套系统的方法，本书正是致力于帮助读者构建从财务角度看企业的系统思维。

笔者的使用体会

大多数从事投资工作的财务尽职调查的人员都有财务审计的从业背景，对财务尽职调查过程中各类程序性的工作都相当熟悉，在按照与财务审计相同的思路工作时，立刻就会发现一系列问题：时间不够长，企业方不够配合，投资关注的侧重点不同……这些都会导致财务尽职调查的质量大幅度下降。

业内有一句话，"不了解行业，不了解业务，就不可能做得好财务尽职调查"，但投资工作每年都会接触若干个项目，而这些项目所处的行业，采用的技术、商业模式等千差万别，作为财务尽职调查人员不可能全部都了解，这也是很多从业者感到困惑的地方。

笔者身处一线，充分了解诸多从业者的困惑，根据过去 10 余年的工作经验，总结出了一些内容呈现给各位读者，希望能对各位有所帮助。

本书的特色

有句话说，"授人以鱼，不如授人以渔"。本书虽然是一本工具书，但笔者更希望它能被读者充分理解，成为一本启发财务尽职调查思维的书。所以本书花了很大的篇幅讲财务尽职调查的底层逻辑、框架思维，希望读者能真正理解财务尽职调查到底是在调查什么，只有充分理解了这一点，才能真正解开"不懂业务而做不好财务尽职调查"的困惑。

本书的读者对象

· PE（Private Equity，私募股权投资，以下简称"PE"）/VC（Venture Capital，风险投资，以下简称"VC"）投资机构的财务尽职调查人员。

· 会计师事务所的初级审计人员。

· 从事股权项目投资业务的风险控制人员。

· 其他对投资、财务分析感兴趣的人士。

目录

第1篇　财务尽职调查的逻辑思维

财务尽职调查是"排雷"的重要手段

第1章　本章通过几个例子带领读者快速进入"财务的世界"，你会发现从财务的角度认识企业是一件多么有趣的事。

财务尽职调查的逻辑框架

第2章　投资是认知的变现，财务尽职调查工作的效率与效果也是由认知决定的，能否看到企业问题的本质决定了财务尽职调查能否成功。

第2篇 财务尽职调查的业务流程

财务尽职调查前的准备

第3章 "凡事预则立，不预则废"，财务尽职调查工作也是如此。面对一个未知的、复杂的企业，事先需要做好充分的准备工作，包括搞清楚本次财务尽职调查的目的，根据财务尽职调查对象的特点组建团队，以及制订有针对性的计划等。

财务尽职调查的现场工作

第4章 财务尽职调查的现场工作是整个尽职调查过程中最核心的环节，它在财务尽职调查人员与财务尽职调查对象，以及财务尽职调查对象相关人员的互动中完成。财务尽职调查人员需要抓住难得的现场机会，通过执行好包括访谈、观察、检查、穿行测试在内的一系列程序，全面、立体地了解财务尽职调查对象。

财务尽职调查的"他"验证

第5章　如果财务尽职调查对象刻意营造一切，那实际上我们进入的是一个"不真实的世界"。因此在结束现场工作后，财务尽职调查人员一方面需要对这些信息进行逻辑的内部串联、钩稽，另一方面也需要从外部第三方获得更客观的信息，以印证财务尽职调查对象所陈述的一些观点。

第3篇　财务尽职调查的分析方法

财务分析在财务尽职调查中的运用

第6章　财务报表是企业经营效果、效率的集中体现，任何时候财务分析都可以是了解企业的突破口。企业通过对人、财、物的综合运用而产生经营结果，财务尽职调查的财务分析也可以遵循这样的思路进行。

洞察企业行为

第7章 企业的行为最终会通过若干种方式反映出来。如本书中所提及的某咖啡公司因为抑制不住对规模的追求而刻意造假，最终受伤的还是自己。那么企业的哪些行为是我们要重点关注的，这背后又隐藏了什么含义，是本章需要探讨的问题。

盈利预测与估值

第8章 投资作为一项买卖行为，归根结底是要追求收益增值的，卖得贵还是便宜将直接影响最终的收益。贵和便宜是相对概念，并非绝对值。那么怎么才算贵，怎么又算便宜，如何进行估值是本章重点讨论的问题。

财务尽职调查报告的编写

第9章 到现在为止针对财务尽职调查对象我们已经执行了很多程序。做完这些，对项目的财务尽职调查也就基本结束，需要开始编写财务尽职调查报告了。

第4篇　财务尽职调查的实战演练

分析企业不同阶段的财务特点

第 10 章　处于不同阶段的企业就如处在不同阶段的人一样，会表现出不同阶段所独有的一些特征。了解这些特征才能对不同阶段的企业所表现出的现象有更为客观的判断，也有助于在开展财务尽职调查工作时制定更有针对性的策略。

从财务的视角认识行业及实战

第 11 章　这么多行业，每个行业又特别专业，该如何来掌握？行业财务不等于行业，作为财务尽职调查人员需要掌握一些重点行业特别的会计规定，知道惯用的一些"造假"手法，也就是俗称的"套路"。

第 1 篇
财务尽职调查的逻辑思维

尽职调查这个词被越来越多地提及，尤其是财务尽职调查，那么它究竟是怎么一回事呢？这正是本篇要回答的问题。读完本篇，你会对以下内容有清晰的认识。

- 尽职调查的含义。
- 财务尽职调查的类别及不同类别的调查重点。
- 财务尽职调查的底层逻辑及其应具备的框架思维。

第 1 章

财务尽职调查是"排雷"的重要手段

本章通过几个例子带领读者快速进入"财务的世界",你会发现从财务的角度认识企业是一件多么有趣的事。

1.1　认清企业经营的实质

由某咖啡公司带来的启示

2020 年 2 月 1 日，某国际知名做空机构发布了针对某咖啡公司的做空报告，在长达 89 页的报告中指出了某咖啡公司存在捏造公司财务和运营数据的行为。为完成该份报告，报告作者派了 92 个全职调查员和 1,400 个兼职调查员，进行了超过 1 万小时的门店录像，收集了 25,000 多张小票及大量内部微信聊天记录，最终得出某咖啡公司的平均每店货物数据在 2019 年第三季度虚增 69%，在 2019 年第四季度虚增 88%，虚增收入达到 22 亿元的结论。

2020 年 4 月 2 日，某咖啡公司公告称，公司内部调查显示，首席运营官（Chief Operating Officer, COO）及其部分下属员工从 2019 年第二季度起从事某些不当行为，伪造交易相关的销售额约 22 亿元。由此，该做空机构的做空报告在网络上正式发酵，某咖啡公司股价暴跌，3 个交易日内的跌幅达到 83%。

而此前某咖啡公司刚完成一轮增发，融资超过 50 亿元人民币。

2020 年 7 月 31 日，证监会（全称为中国证券监督管理委员会，以下简称"证监会"）发布的关于某咖啡公司财务造假调查处置工作情况的通报称，证监会会同财政部、国家市场监督管理总局等部门，依法对某咖啡公司境内运营主体、关联方及相关第三方公司涉嫌违法违规的行为进行了立案调查，同时根据国际证监会组织（International Organization of Securities Commissions, IOSCO）跨境监管合作机制安排，配合美国证券监管部门开展跨境协查。某咖啡公司境内运营主体及相关管理人员、相关第三方公司大规模虚构交易，虚增收入、成本、费用，虚假宣传等行为，违反了我国《会计法》（全称为《中华人民共和国会计法》，以下简称"《会计法》"）《反不正当竞争法》（全称为《中华人民共和国反不正当竞争法》，以下简称"《反不正当竞争法》"）的相关规定。某咖啡公司境内关联的某两家新三板挂牌公司信息披露违法行为，违反了我国《证券法》（全称为《中华人民共和国证券法》，以下简称"《证券法》"）相关规定。财政部、国家市场监督管理总局、证监会将依法对某咖啡公司境内运营主体及相关责任人、协助造假及帮助虚假宣传的多家第三方公司、两家新三板关联公司及相关责任人予以行政处罚。近日，证监会已向涉案当事人送达行政处罚事先告知书。相关责任主体如涉嫌犯罪的，将依法移送公安司法机关进一步追责。财政部同日发布消息称，自 2019 年 4 月起至 2019 年末，某咖啡公司虚增利润 9.08 亿元。

如果没有造假，某咖啡公司大概率依然会被认为是一个高成长性的公司，毕竟公司成立 17 个月就在美国上市，放眼全球，又有几家公司能做到？

那么看透某咖啡公司的问题究竟要多高的水平？先讲一个故事。

某日用品公司引进了一条香皂包装生产线，生产中发现常常有盒子没装入香皂，但公司不能把空盒子卖给顾客，于是他们请了一个学自动化的博士后来解决这个问题。他设计出了一个方案，用来分拣出空的香皂盒。

博士后成立了一个科研攻关小组，综合采用了机械、微电子、自动化、X射线探测等技术。科研攻关小组夜以继日地辛勤工作，先后花了几十万元攻关费用，终于成功解决了问题：每当生产线上有空香皂盒通过，两旁的探测器会检测到，并且驱动一只机械手把空香皂盒推走。

而我国南方有个乡镇企业也引进了同样的生产线，遇到了同样的问题，老板发现这个问题后大为恼火，找到车间工作人员，并让他解决这个问题。车间工作人员很快想出了办法：他在生产线旁边放了台风扇猛吹，空香皂盒自然会被吹走。

车间工作人员的学历水平显然没有博士后的高，但他依然解决了问题。

故事中，车间工作人员的方法确实管用，空香皂盒能被风吹走。回到某咖啡公司的商业模式，一眼洞穿，它的经营实质是销售咖啡，不论在这上面附带多少概念，都逃不脱卖咖啡的本质。这么想，问题就简单多了，经营咖啡应当靠什么赚钱？

我想，在这个问题上面，"车间工作人员"可能更有发言权。这也是为什么针对某咖啡公司的做空报告，是如此的"接地气"。这本来就是一个很"接地气"的传统生意，就得用"接地气"的调研方式。从这个案例中我们能获得哪些启示？

1. 搞清楚商业模式是"防骗"的第一步

不要把商业模式想得过于"高大上"。如果一个企业讲它的商业模式，作为投资者的我一遍听不明白，三遍记不住，要么是他表达有问题，要么是他想骗我，就没想让我弄清楚。一手交钱，一手交货，也可多增加账期的限制，每单有钱赚，这就是商业模式本该有的样子。不是这样的，最好别参与，那是金融，不是普通人都能参与的。

某咖啡公司一开始销售咖啡，后面又推出了某茶饮品牌，这就是它的产品，也是它能够带给客户的价值。曾经我认为它同星巴克一样（当然之前我也没怎么了解），直到有一次在北京，我花了很大的工夫通过地图导航找到一家店，到那里一看，它竟然只是在某个酒店大堂的一角摆了几台咖啡机，甚至连一张桌子也没有，可是我原本是想在那里坐一坐的。

事实上，我从没想过通过买一杯咖啡来解渴，咖啡也必然不是一种只能打包带走的产品，所以这家咖啡公司这么简单的风格到底是要传递一种什么理念呢？通过大量的补贴、极低的价格来培养大众喝咖啡的习惯吗？

2. 直观感受服务的过程，判断价值

一个产品或服务有没有竞争力，作为消费者的我们是能够一眼看穿的。当我看到酒店大堂的一角摆放着几台咖啡机，有一个工作人员站在那狭窄的空间用抹布这里擦擦、那里擦擦时，你能想象当时的我是一种什么样的心情吗？

此时附加在这个公司品牌上的所有概念统统被撕去，我脑海中浮现的概念就是低廉，便宜。你让我怎么相信一个不修边幅的人是一个美丽的人？没有对咖啡艺术的尊重，也没有对咖啡内涵的追求，我实在看不出它的产品理念。

再说某茶饮品牌，我也实在无法将其与创新连接起来。也许，某咖啡公司的管理层，可能就没有几个人真的懂咖啡、懂茶。

市场上公开流传的做空报告这样写道。

某茶饮品牌产品：每种饮料的质地都是均匀和平衡的，这表明它是从 NFC（Not From Concentrate，非浓缩还原汁）果汁果酱中混合出来的；明亮的颜色可能来自人工色素。有限的水果，主要是保质期较长的柑橘，可能是为了装饰而添加的。

这样的产品为什么会有分析人士认为它有竞争力？

3. 了解价值实现的过程

企业是必须要盈利的，这是它赖以生存的基础。亚当·斯密在《国富论》中说，每个企业放到社会中都有它应有的角色，也有它应当获得的利润，这是资本逐利的天性使然。

一个行业，如果利润率过高，一定有资本进来将它拉平，反之也将有资本撤出，留存的资本将获得更高的利润。某咖啡公司的这种经营模式其实很难获得稳定的客户，它的客户对价格有高度的敏感性，这就要求它持续地补贴。而花钱请客户喝咖啡，这是违反资本特点的，注定不会长久。

这些看起来如此简单的道理，难道它的投资者不懂吗？他们应该懂，但身处局中，或许又不懂。所以独立、客观、理性的分析对判断一个项目是否可投资有着至关重要的作用。如果要投资，就应该像做空机构一样来了解企业。普通人受限于人力、财力、物力等方面，并不能做得如此完整与翔实，但可以借鉴与学习做空机构的思维与精神。只要用心了，就能规避很多问题，不 "踩雷"，活下去比什么都重要。

1.2 警惕反常的财务数据

某咖啡公司的例子听起来可能比较夸张。因为工作性质的原因，我能接触到若干项目，在撰写本书时，我将其中一些有特点的项目进行了整理并以案例的形式呈现在读者面前，希望能够给读者一些启发。即使你不是专业人士，是以看故事的心态来阅读本书的，我相信你也能有一些收获。

1. 一个 Pre-IPO 项目尽职调查的始末

A 公司正在进行融资，一份商业计划书已经摆在了我的面前。我浏览该商业计划书后，结合投资经理阐述的内容，提炼出了 A 公司的几个核心优势。

▪A 公司品牌优势明显，其客户大多很出名，已经上市的同类企业将其列为竞争对手。

▪营收规模不断增大，利润超过 5,000 万元。

▪大券商辅导，已经完成辅导验收，即将准备申报材料。

▪国内排名靠前的会计师事务所连续审计。

从这几点来看，不论是行业地位、规范性，还是上市所要求的财务指标，A 公司都表现出了优势，应该说这是一个很好的 Pre-IPO 项目。企业 Pre-IPO 阶段的融资向来都很走俏，据说有好几家机构正在对 A 公司进行深度调研，A 公司也已经放出话来，融资额度有限，谁先签协议，额度就优先给谁。因为对 A 公司来说，上市前的最后一轮融资的投资方是谁已经无足轻重，它需要的只是资金，以应对上市期间的一些不确定性。

我也加入了与其他机构"抢"额度的队列，但身居风控位置，我没敢忘记自己的使命——我要确定这究竟是不是一个好项目。于是我对 A 公司进行了深度分析及调研。

A 公司的简要财务报表，如表 1.1、表 1.2 所示。

表 1.1　简要资产负债表

编制单位：A 公司　　　　　　　　　　　　　　　　　　　　　　单位：万元

资产	20×2年 12月31日	20×1年 12月31日	负债和 所有者权益	20×2年 12月31日	20×1年 12月31日
流动资产：			流动负债：		
货币资金	41,085.58	27,968.45	短期借款	47,670.00	29,260.00
交易性金融资产	—	50.00	应付票据	17,498.14	9,348.80
应收票据	—	—	应付账款	15,069.47	12,396.82
应收账款	69,670.48	42,562.54	应付职工薪酬	676.79	503.84
预付款项	—	415.13	应交税费	5,215.64	4,791.96
其他应收款	3,786.18	486.17	其他应付款	29,335.10	12,191.50
存货	17,168.78	12,977.22	流动负债合计	115,465.14	68,492.91
流动资产合计	131,711.02	84,459.51	非流动负债：		
非流动资产：			长期借款	7,095.00	11,875.00
长期股权投资	17,326.89	16,526.89	预计负债	—	266.15
固定资产	3,977.59	4,156.03	非流动负债合计	7,095.00	12,141.15
在建工程	303.50	17.20	负债合计	122,560.14	80,634.06
无形资产	4,815.78	4,865.83	所有者权益：		
长期待摊费用	29.12	163.47	股本	12,000.00	12,000.00
递延所得税资产	1,272.44	1,274.02	资本公积	5,691.51	5,691.51
非流动资产合计	27,725.31	27,003.45	盈余公积	838.64	838.64
			未分配利润	18,346.04	12,298.75
			所有者权益合计	36,876.19	30,828.90
资产总计	159,436.33	111,462.96	负债和所有者权益总计	159,436.33	111,462.96

表 1.2　简要利润表

编制单位：A 公司　　　　　　　　　　　　　　　　　单位：万元

项目	20×2 年度	20×1 年度
一、营业收入	104,323.49	85,902.23
减：营业成本	81,387.55	64,567.08
营业税金及附加	2,267.18	2,150.57
销售费用	3,373.90	3,082.18
管理费用	5,050.23	4,578.81
财务费用	3,730.92	2,653.93
资产减值损失	230.39	889.95
加：公允价值变动收益	—	—
投资收益	—	—
二、营业利润	7,883.32	7,979.71
加：营业外收入	215.11	240.72
减：营业外支出	2.79	269.08
三、利润总额	8,095.64	7,951.35
减：所得税费用	2,048.35	1,983.15
四、净利润	6,047.29	5,968.20

财务报表中有几个明显的反常之处。

▪营业收入增长与净利润增长不成比例，营业收入的增长幅度明显大于净利润的增长幅度。

▪应收账款增长与营业收入增长不成比例，应收账款增长幅度明显大于营业收入增长幅度。

▪货币资金与银行贷款相当，一方面是高额的银行贷款，另一方面账面又显示有大额的货币资金。

▪财务费用差值异常，明显偏高。

面对这些反常的财务数据，我陷入了不安。我想，数据不至于是假的，毕竟其他机构已经做过多次调研，不可能没注意到这些现象。我转而对 A 公司的客户进行研究，以寻找数据背后的商业逻辑，试图对这些现象做一个合理性分析。

我仔细查看了 A 公司的合同和与客户的对账单、结算单，我确信 A 公司的大多数客户确实是非常知名的。即使我不是这个行业的人，看到客户名单我也会觉得很熟悉。A 公司与客户的合同中体现出账期比较长的情况，这中间还涉及验收、对账的问题，所以 A 公司前期需要投入较多的资金。我又查看了 A 公司与银行签订的借款合同，以及各个期末的银行对账单。借款合同显示，在授信额度内 A 公司进行了多次偿还及再借款，银行对账单显示 A 公司在期末确实存在那么多资金。于是财务数据的反常之处，似乎都有了合理的解释。

- 一些大项目前期需要投入的资金较多，从各方面调用的资金就会较多，但收入的确认还需要经过验收环节，因此钱花出去了，财务成本上来了，但收入在财务报表上还未反映出来，导致利润体现不出来。

- 应收账款与营业收入的增长幅度不匹配，这与验收、对账周期有很大关系，某些项目即使确定验收，账面确认了收入，但后续的对账、收款依然需要很长时间。

- 账面货币资金是一个时点数，到年底时会回笼一批资金，作为下一年度的项目资金。

得到了这几点解释，我的内心稍微安稳了一些，同时再一次自我强化，做财务尽职调查一定要了解业务，不然容易胡乱怀疑。

我继续思考，A 公司的盈利点究竟在哪里？于是我进一步考察它的商业模式及其具备的核心竞争力。

A 公司从事建筑行业，业务流程涵盖投标、中标、组织分包、施工建设及验收。要中标，投标方案显得很重要，这考验的是研发能力。为了使投标方案被客户采纳，不下点儿功夫肯定不行。投标方案必须得讲究性价比。施工阶段，考验的是现场管理能力。如果管理不当，非常容易造成进度滞后、成本超支，直接影响盈利能力。那么从财务上看，需要重点关注以下两个方向的问题。

▪项目的进度，这直接涉及公司的收入，项目有进度，才可能会产生收入。

▪项目的毛利，毛利直接影响净利润，这同项目进度高度相关，如果计划1年半的工期，结果拖到2年甚至更长，毫无疑问需要支出更多的管理成本。在收入不变的情况下，成本增加，那么毛利是否还存在，需要深入分析。

基于重点关注方向，我在纸上写下以下两类关键词。

▪所有项目的施工进度，中标价，预算成本（投标必列的），目前支出成本等。

▪所有项目的计划周期，实际周期，不同年度的毛利等。

助理完成了对所有数据的整理，看着结果，我又陷入了深思。

▪项目的施工周期大多数都超过了预期时间，随着时间的推移，毛利率越来越低。我推断，A公司在项目管理上可能出现了一些问题。身处竞争这么激烈的行业，要优化管理方能出效益。

▪项目的施工进度在刚开始的年度内普遍都比较快，尤其是毛利高的项目。赚钱的项目抓紧时间做，这个容易理解，但为什么后面进度就慢下来了呢？

想到这里，我再也不能简单地认为这些反常数据是由A公司的业务性质造成的了。我对A公司的客户进行了深入调研，从客户那里获知了A公司的研发水平、交付能力；从项目经理、现场工人那里了解了A公司对项目的管理能力。

当这一切都做完后，这个项目被按下了暂停键。

调研发现，由于扩张太快，项目管理不到位，A公司的实际效益要远低于曾经的数字表述。再后面，我听说A公司的实际控制人由于债务太多，被多方起诉，公司经营也陷入了困境，我惊出了一身冷汗。

2. 一个很好的 Pre-IPO 项目折了

不久后，我又接到了一个委托申请。我在浏览了商业计划书、投资经理提供的财务报表后，总结了以下几点。

- 技术门槛高，专利优势明显。
- 营业收入、净利润呈持续增长状态，年度净利润超过 5,000 万元。
- 有知名股权投资机构进行了投资。
- 新三板项目，规范性有一定基础。
- 券商已经进场辅导，IPO 申报已经提上日程。

与上一个建筑行业的项目不同，这个项目的毛利率、净利润率及现金流看起来都非常好，其所处医药、原料药行业，具有一定的技术门槛。我想，这个项目值得认真看看。

B 公司的简要财务报表，如表 1.3、表 1.4 所示。

表 1.3　简要资产负债表

编制单位：B 公司　　　　　　　　　　　　　　　　　　　　　　单位：万元

资产	20×7年 12月31日	20×6年 12月31日	20×5年 12月31日	负债与所有者权益	20×7年 12月31日	20×6年 12月31日	20×5年 12月31日
流动资产：				流动负债：			
货币资金	4,606.30	6,589.86	1,077.47	短期借款	3,500	6,800	10,000
应收票据	3,951.05	1,911.47	988	应付票据	1,440.45	700	885
应收账款	8,522.95	7,881.66	5,542.61	应付账款	3,235.85	4,130.86	4,896.95
预付款项	912.92	1,761.05	628.24	预收款项	15	5.94	413.46
其他应收款	475.00	388.79	169.99	应付职工薪酬	499.80	251.45	450.88
存货	7,589.13	3,829.28	2,649.16	应交税费	491.37	985.75	228.39
其他流动资产	74.57	14.01	385.33	应付利息	6.25	0	46.67
流动资产合计	26,131.92	22,376.12	11,440.80	其他应付款	1,627.74	1,759.65	3,091.82

续表

资产	20×7年12月31日	20×6年12月31日	20×5年12月31日	负债与所有者权益	20×7年12月31日	20×6年12月31日	20×5年12月31日
非流动资产：	—	—	—	一年内到期的非流动负债	794.14	1,305.31	0
固定资产	33,361.15	25,812.10	26,375.34	其他流动负债	25.31	18.92	39.53
在建工程	1,464.03	2,304.57	354.32	流动负债合计	11,635.91	15,957.88	20,052.70
无形资产	1,194.07	1,208.35	1,239.46	非流动负债：			
长期待摊费用	218.38	3.24	211.60	长期借款	0	0	0
递延所得税资产	157.81	179.00	194.81	长期应付款	21.24	700.13	850.51
其他非流动资产	1,485.20	320.54	80.94	递延收益	569.67	678.98	788.29
非流动资产合计	37,880.64	29,827.80	28,456.47	递延所得税负债	0	0	0
				非流动负债合计	590.92	1,379.11	1,638.80
				负债合计	12,227.33	17,336.99	21,691.37
				所有者权益：			
				实收资本（或股本）	25,728	11,380	9,000
				资本公积	11,761.04	15,681.65	5,954.65
				盈余公积	1,369.74	820.65	365.22
				未分配利润	11,926.43	6,984.63	2,885.71
				归属于母公司所有者权益合计	50,785.21	34,866.93	18,205.57
资产合计	64,012.56	52,203.92	39,896.94	负债和所有者权益合计	64,012.56	52,203.92	39,896.94

表 1.4　简要利润表

编制单位：B 公司　　　　　　　　　　　　　　　　　　　　　　单位：万元

项目	20×7 年年报	20×6 年年报	20×5 年年报
一、营业总收入	27,713.50	22,871.21	21,988.57
营业收入	27,713.50	22,871.21	21,988.57
二、营业总成本	21,599.81	17,754.57	18,200.07
营业成本	17,740.73	14,352.61	15,143.29
营业税金及附加	90.53	187.06	108.30
销售费用	720.81	587.48	439.36
管理费用	2,628.45	1,783.44	2,086.14
财务费用	451.27	840.07	887.55
资产减值损失	−31.98	3.90	−464.57
投资收益	0	0	0
三、营业利润	6,113.69	5,116.64	3,788.50
加：营业外收入	2.23	309.62	262.60
其中：非流动资产处置利得	0	0	13.14
减：营业外支出	1.26	20.51	56.13
其中：非流动资产处置净损失	0	0	48.83
四、利润总额	6,368.46	5,405.75	3,994.98
减：所得税费用	877.56	851.40	591.50
五、净利润	5,490.90	4,554.36	3,403.48

乍一看，这真的是很"健康"的财务报表。

▪表中 20×6 年与 20×7 年毛利率在 35% 以上，净利润率接近 20%，净利润跟随营业收入呈现逐年增加的趋势，最近一年度超过 5,000 万元，达到了券商认为适合申报的门槛。

▪各类费用占营业收入的比例在合理的范围内波动。

▪资产负债率呈逐年下降趋势，最近一年度期末资产负债率仅接近 20%。

▪其他应收款占比相对较小；其他应付款逐年减少，显示出 B 公司在花"力气"规范经营方式。

这是一个值得跟踪的 Pre-IPO 项目，简单看完报表后我心里这样想。

但有几个问题窜入我的脑海，职业的敏感性促使我继续思考。

▪B 公司地处中部一个偏僻的小城镇，能够成为一个上市公司的概率究竟有多大。

▪B 公司前期的知名投资机构为什么会考虑减持一些股份。

▪B 公司最近一年度期末的存货增长幅度显著高于往年，是对未来市场的乐观预期还是其他原因。

▪3 年整体处于增加状态的固定资产是技术升级换代，是扩建，还是其他原因。

带着这些疑问，我又开始了实地调研之旅。

最终，在价值投资理念的指导下，我暂停了对该项目的投资。再后来，听说 B 公司下一年度净利润同比下降了 70%。

我没有自夸的意思，通过实际的案例能让读者更快速地进入状态。也许你会好奇，为什么我会知道这些，如果能勾起你的好奇心，进而继续往下阅读，本书的目的也就达到了。我并没有特异功能，能够发现这些问题也不能说明我有多厉害，这依赖于一套系统的方法论及工作流程，专业术语为财务尽职调查。

1.3　财务尽职调查的重要类别

尽职调查（以下简称"尽调"）这一专业名词的英文全称为 Due Diligence,

直接翻译就是应有的勤奋的调查，也有人将其称为审慎性调查。实务中我们会经常听到有人说 DD，就是指尽职调查。它通常会发生在一项投资、借贷行为的过程中。企业上市前也会进行尽职调查以判断自身是否符合上市条件。

尽职调查是针对目标企业来说的，通常是围绕目标企业的行业、业务、财务、法律四大方面来进行的，因此我们经常会听到财务尽职调查、法律尽职调查之类的名词，本书阐述的是财务尽职调查方面的内容。根据业务属性的不同，财务尽职调查也可以分为以下几大类。

1.IPO 财务尽职调查

IPO 的全称为 Initial Public Offering，即首次公开发行股票，俗称在 A 股上市。为实现上市目标，企业必须要满足一定的条件，这是由《证券法》规定的。当一个企业决定启动上市进程时，就得请专业的团队对自身进行梳理，以便确定自身存在的问题及整改的方案。专业团队一般由券商、会计师、律师组成，他们来自不同的机构，为了一个共同的目标组成一个大的团队，各自独立，又互相配合。

针对企业 IPO 的财务尽职调查由会计师来进行，侧重于从财务的角度审视企业内部控制的合规性，各项财务核算的规范性、准确性等，重要的依据是《企业会计准则》及证监会关于企业上市的各类规范性指引，一般的调查要点如下。

▪ 核实注册资本是否依法缴足，是否有抽逃出资、虚假注资及其他不规范事项等；股权结构是否清晰；以实物、专利技术等出资的是否履行了评估程序，是否完成资产权属的转移交割。

▪ 企业内部控制的建立及执行情况。

▪ 企业是否有独立的生产、供应、销售系统，具有直接面向市场的独立经营能力。

▪ 企业各类会计政策的选择与应用是否符合业务实际情况，是否遵循了《企业会计准则》的规定，与同行业相比是否存在明显偏差。其重点包括收入确认、成本结转、往来款项坏账计提比例、资产折旧摊销年限及方法等。

■收入确认是否遵循了既定的政策，依据是否充分。

■收入成本是否配比，对近 3 年来各类产品的毛利率进行对比分析。

■近 3 年来主要客户和供应商的变动情况，是否存在对单一客户或供应商的重大依赖。

■各类往来款项的明细、账龄，分析判断是否存在减值。

■近 3 年各类费用的明细及核算，了解分析发生重大变化的原因。

■了解企业税收缴纳事项，判断税务核算的正确性及是否存在偷税漏税，进而可能被处罚的情况。

■查阅企业信用报告，了解企业贷款情况，分析是否存在担保、负债。

■企业是否按既定政策要求为员工缴纳"五险一金"。如果没有，了解在需要补足的情况下对企业资金及利润的影响。

■识别企业的关联方，以及与关联方间的交易情况、往来余额，判断是否存在对关联方的依赖。

■企业存在的同业竞争问题及解决方案。

■企业是否存在重大的未决诉讼，以及未决诉讼对企业带来的潜在亏损。

2. 并购投资财务尽职调查

某个企业想要收购另外一家企业时，需要对它展开详细的并购投资财务尽职调查。如果上市公司进行一项重大的收购，按照法律法规的要求，它需要聘请财务顾问、券商、会计师、律师、资产评估师作为它的收购团队。并购投资财务尽职调查很重要的一点就是判断被收购对象是否物有所值，这跟日常生活中买东西是一个道理，不能被骗了。日常买东西被骗了损失的只是这一笔钱，收购公司被"骗"了损失的不仅是交易的这笔钱，更有上市公司的声誉受到影响、大额商誉减值及股价下跌等多重损失。

虽然都是财务尽职调查，但并购投资财务尽职调查又明显区别于 IPO 财务尽职调查，下面从并购投资财务尽职调查前的准备工作、重点思路两大方面进行简要说明。

（1）并购投资财务尽职调查前的准备工作

1）梳理购买方战略

并购必须服务于购买方战略，战略不同，并购投资财务尽职调查的侧重点也就不同。要求做大购买方规模，则并购投资财务尽职调查侧重于标的公司独立、持续的盈利能力；要求能提高购买方市场占有率，则并购投资财务尽职调查侧重于标的公司在渠道上与并购方的协调性；要求能够实现联合进入资本市场，则并购投资财务尽职调查侧重于标的公司的合规性及业务的关联性等。

2）了解标的公司愿意被并购的真实动因

被并购，通常指标的公司让出控股权。将本属于自己的东西 "让" 给别人，可能是一种不得已的选择，不可说的秘密，也或者是已心生退意。现实中很少会有标的公司股东和盘托出同意被并购的真实动因，这就要求财务尽职调查人员抓住标的公司发展的命脉来进行反向推导，了解其真实动因是资金的问题，市场的问题，还是管理的问题，等等。

（2）并购投资财务尽职调查的重点思路

1）了解标的公司的决策机构

对标的公司而言，谁对该项并购拥有决策权？可以通过查阅公司章程、董事会决议、会议记录及其补充协议等来确认，以避免出现因为有特别约定而无法达成并购或是并购后的对抗，并进一步判断对标的公司进行控制至少需要收购多少股份。

2）了解标的公司的业务

①现在从事何种业务，该项业务的合规性、行业地位、发展前景。

②标的公司如何获得该项业务，需要充分考虑标的公司的业务是怎么来的，是关系导向还是渠道或者产品导向等。

M公司拟收购N公司，N公司从事城市建设改造咨询业务，是地方龙头。通过进一步调研发现，N公司的业务为关系型导向，获得的业务主要依靠股东关系，而并非依靠专业服务，除关系外并无其他核心优势。

在这种情况下，并购后需要充分考虑，标的公司原来获取业务的方式在新的控股股东入驻后是否继续适用。如果原股东人走了，相应的"关系"也带走了，那N公司实际就只剩下一个"壳"了，也就没有收购的价值了。

③标的公司的销售渠道，对于考虑利用销售渠道的业务更应重点关注。营销方式、品牌影响、细分客户群、产品等都是影响销售的具体因素，在考虑标的公司可持续性的同时，也需要对比看是否能找到两家公司的结合点。

3）了解标的公司资产、负债的现状，是否存在潜亏

重点关注应收账款、存货的变现能力，负债的偿付时间及完整性，以识别潜亏。

①认真梳理应收账款账龄，观察近一年以来的交易情况，针对大额欠款方应当进行实地走访。

②实地察看仓库，观察库存存放时间，针对性抽盘，核实账实是否一致。

③仔细分析长期挂账的其他应收款及预付款项，判断可收回性。

④查看标的公司的实际控制人个人征信报告，了解其是否存在大额欠款。

4）了解产品的毛利率

近几年毛利率的变化趋势能反映标的公司的研发能力、管理能力及市场对产品的态度。

毛利率的变化由销售单价和产品成本两个变量的变化引起的。在市场经济条件下，销售单价由供求关系决定，产品成本

由材料、人工及组织生产效率等因素决定。当市场对产品认可时，销售单价可能有一个正向变化，这包括因材料、人工等成本的上升而对销售单价做出的调整；反之，当市场对产品并非友好时，销售单价并不能产生正向变化。

5）盈利预测

盈利预测是购买方对标的公司定价的重要依据，需要结合标的公司的现时特征、后续战略对未来 1~2 年的盈利进行合理预测。

① 充分了解行业的发展情况，是处于什么阶段。

② 充分了解标的公司产品的生命周期。

③ 充分了解标的公司的战略规划，充分考虑是否有足够的产品、管理团队、资金等的支撑。

3. 股权投资财务尽职调查

股权投资通常指投资方对未上市的企业进行投资，以期企业上市后谋求增值退出，实务中主要是指私募股权投资机构的投资。

私募股权投资机构是资产管理机构的一种，它通过非公开募集的方式向特定的投资者募集资金，再将这些资金投资于未上市的企业，获得相应的股权，最后通过管理层回购、协议转让、并购、IPO 上市等方式完成退出，实现投资增值，为投资者带来回报。

从私募股权投资机构的运营模式来看，它能赚多少钱取决于所投资的企业能否成长、上市，这就要求所投资的企业具有非常好的成长能力。在这个要求下，股权投资财务尽职调查的重点与 IPO 财务尽职调查、并购投资财务尽职调查的重点也就会存在较大差异。

私募股权投资的财务尽职调查要求发现企业价值的同时控制风险，取得各项证据证明企业确实有非常好的盈利及发展前景，同时牢记投资的第一原则是本金不受亏损，并将这条原则贯穿于财务尽职调查的始终。

私募股权投资的一般流程，如图 1.1 所示。

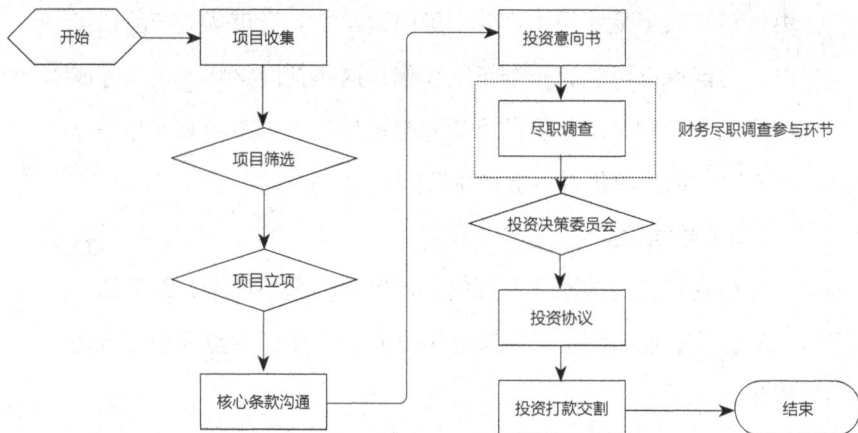

图 1.1 私募股权投资的一般流程

私募股权投资由投资经理负责收集、筛选项目，在立项通过（由股权投资立项小组评定）后与项目企业进行核心条款的沟通，并进行投资意向书的签署。投资意向书（Term Sheet，以下简称"TS"）签署完成后即对企业开展正式的尽职调查。

尽职调查由具有行业、财务、法务背景的人员组成一个大的团队进行，但团队成员各自独立出具尽职调查报告，并在投资决策委员会上进行独立陈述。从流程上看，财务尽职调查在整个投资过程中有着至关重要的作用，它是投资项目的必经环节，财务尽职调查报告是投资决策委员会进行决策的重要依据。

4.商业信贷财务尽职调查

商业信贷财务尽职调查一般指商业信贷机构在放款前，对企业进行内外部的调查，以判断企业是否具有信贷和商业合作价值。由于商业信贷机构是天然的风险厌恶者，因此它在财务尽职调查时的侧重点往往是企业的还款能力，这要求财务尽职调查人员仔细核实企业现有资产的质量、真实性，以及偿债能力等。企业贷款的一般流程，如图 1.2 所示。

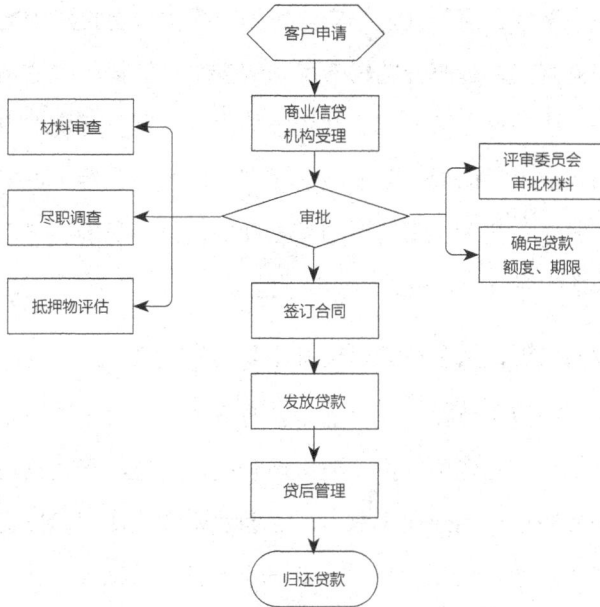

图 1.2　企业贷款的一般流程

1.4　财务尽职调查的价值投资理念

看完财务尽职调查的分类，我们应该已经明白财务尽职调查主要是做一些什么事，同时也一定很好奇应该采取一些什么样的方式方法来落实这些事情。不要着急，你所疑惑的，也就是本书所要阐述的。前文所述的 4 个类别的财务尽职调查，任何一类都可以单独编写一本书，本书不准备面面俱到，只选择阐述股权投资财务尽职调查这一颇有代表性的类别，但我将尽最大的努力将其他类别的财务尽职调查理念也在本书体现出来。

1. 为什么选择股权投资

从价值创造的角度看，投资机构要想赚钱，必须要投资一些成长性好、真正有价值的企业。而且投资机构给企业资金，扶持企业成长，这本身也是一件创造价值的事情，值得大力推崇。为把有限的资金投资给更有价值的企业，投资机构就需要通过充分的财务尽职调查来排除掉一些"不良"企业，这样既可以提高成功率，又可以实现资源的优化配置。从资本市场的发展趋势看，国家陆续推出科创板、创业板注册制，也表明了希望更多的企业能够拿到权益性（股权）资金。正所谓国家鼓励的，就是我们要"追随"的，未来必然是权益性（股权）投资的"大时代"。

2. 对于股权投资，大多数人可能都不是特别理解

如果说风险投资（风投），可能就会有人有所了解，这还要得益于影视剧的宣传。通俗一点，也可以把一般人理解的风投等同于股权投资，简言之就是投资机构将钱给一些创业企业，然后创业企业成功了，投资机构就能赚很多钱。市场上广为流传的"最牛天使投资人"龚虹嘉，2001 年给海康威视投资 245 万元，伴随海康威视的成长，到今天价值已达数百亿元，回报超过万倍，而这也不过十几年的时间。高回报必然意味着高风险，失败的例子也比比皆是。2016 年乐某体育面向社会融资 80 亿元，投资名单中不仅有专业投资机构，也有老百姓熟悉的大明星，而随着"乐某大厦"的"坍塌"，这 80 亿元的投资也都"灰飞烟灭"了。

3. 股权投资相比于股票市场，有着更大的不确定及信息不对称

股票市场中的各上市公司有公开发布的年报，以及一些重大事项公告，信息相对公开透明。而股权投资面对的是一个非上市公司，公布的信息非常有限，企业本身可供展示的信息也有限，这就大幅增加了投资决策的难度。再加上企业在成功上市（IPO）前几乎没有流动性，如果不能通过一定的方法来对企业进行判断，那投资纯粹就是碰运气了。我相信在乐某体育的投资中，个人投资者除了相信之外并没其他更多能支撑其做出投资决策的依据。

4. 在投资市场，靠运气必然不能长久，因此专业的投资机构也就应运而生

投资机构面向企业时有更多的"话语权"，会要求企业提供一系列的资

料来帮助其做出投资决策。当然投资机构也并非投资的每个项目都会成功，失败也在所难免，乐某体育的融资中同样也包含了很多知名投资机构。投资机构的价值观、专业度、运气等都对所投资的项目是否成功有着一定的影响。若要将这3个因素做一个排序，我认为是价值观＞专业度＞运气。价值观且难，且易，就在于一念之间；专业度需要长期的积累，没有半点捷径；运气就只能靠"上天的恩赐"。

投资领域有一句名言——投资是认知的变现。赚的钱必然是自己认知范围内的，否则凭运气"赚"来的钱，一定会凭"实力"亏回去。像一些"富二代"，如果不努力，财富基本也拿不住，这样的例子举不胜举。认知就需要专业的支持，一项专业的投资必然就要经过充分的调研、论证，财务尽职调查就是其中很重要的一环。

5. 谈投资，就不得不提价值投资理念

虽然价值投资理念通常应用于二级市场（证券投资），但市场先生、安全边际、能力圈这三大投资理念与股权投资也是一脉相承的，本书的很多观点也正是源于价值投资理念的启发。巴菲特在很多场合都说，做投资，第一要去学会计，因为会计是商业的语言。财务尽职调查正是如此，从财务数据开始，分析背后的现象，抽丝剥茧，抵达真相。本书有很大一部分内容从财务分析开始，再延伸到业务，试图给读者呈现详细的逻辑思考过程。

不像股票市场几乎每天都会给公司一个报价，股权市场上的企业由于没有活跃的报价，估值通常是一个难点。但这丝毫不影响市场先生的存在，当股票市场疯狂的时候，股权市场往往也跟着疯狂。2019 年，股票市场上半导体概念"大热"，跟着传导到股权市场，一家企业前后不到 3 个月，估值翻番都有可能。企业变了吗？是在变。但 3 个月能产生质的变化吗？显然也很难。那凭什么估值翻番呢？都是"市场先生"在作怪，它亢奋了，要价就高了。那投资人该怎么办，直接买进吗？投资人需要抓住企业本身的价值，需要专业，需要财务尽职调查，需要财务的支持，千万不要上了"市场先生"的当。

　　巴菲特也喜欢说，投资的第一条原则是不要亏钱，第二条原则是牢记第一条原则。投资时，投资人必须考虑安全边际。财务尽职调查的作用之一就是发现影响安全边际的因素，并对这些因素进行评估，确定其是否在可接受的范围内。我们必须明白"君子不立危墙之下"的道理，"乐某大厦"的"坍塌"应该让很多人付出了惨痛的代价，所以我们需要记住，梦想后面可能真的就是"窒息"。

　　赚看得懂的钱，也是巴菲特的投资原则之一。微软是截至目前世界上最伟大的公司之一，巴菲特作为盖茨的老朋友却一直没有购买微软的股票，因为他认为这超出了他的能力圈。看得懂，就敢于下重手，看不懂则远观。股权投资更是需要如此，做能力圈内的事。在股票市场上，错了还有快速补救的机会，而在股权市场上，错了，往往真的就没机会了。

第 2 章

财务尽职调查的逻辑框架

投资是认知的变现，财务尽职调查工作的效率与效果也是由认知决定的，能否看到企业问题的本质决定了财务尽职调查能否成功。

2.1 财务尽职调查的 4 个"锚"

即使这几年资本市场大扩容，到 2020 年 9 月为止，包括科创板在内的 A 股上市企业也才刚突破 4,000 家。而仅深圳登记在册的法人和其他组织总数就达数百万，全国的企业数量更是破亿，要在数量如此多的企业中找到未来的上市企业，真的是无异于大海捞针。每个企业所属的行业不同，即使属于相同的行业，其业务、产品又不同，业务、产品相同的企业其商业模式又会不同。每一个企业，犹如每个人一样，都是一个独特的个体，在成长、发展的过程中会展现出千姿百态。要能够选出优秀的企业，那必须得有孙悟空的"火眼金睛"，这需要经验的积累，更需要洞悉财务尽职调查底层逻辑的智慧。

财务尽职调查的手段、方法有若干种，任何一本书都不可能穷尽，而且随着新行业的不断出现，新商业模式的不断问世，以及企业本身财务水平的不断提高，财务尽职调查就需要一些更新的技术手段。于是很多从业者会不断去寻求一些具体的财务尽职调查方法，各类网站、社区、知识问答平台经常都会出现诸如"要去尽调 ×× 公司了，在线等方法"类的提问。求人不如求己，技术手段终究还是要自己去探究才算数。

任何事物，探究其本质，方不会被蒙蔽。

越原始越简单，越有决定性和稳定性，越进步越高级，但是越有遮蔽性和动荡性。应用的技术总是如此多变，背后的规律才是永恒。只有找到财务尽职调查的那个"根"，面对日新月异的各种情况才能应对自如，这也是本书的重要观点。

如前文所述，财务尽职调查通常发生在项目企业 IPO 时，投资方进行项目投资时（包括并购），以及商业信贷机构审批贷款时。每种情形下，启动财务尽职调查的一方都有其特定目的，但不论目的如何，都改变不了想从项目方赚取一定收益、实现资本增值的事实，这也是这笔交易（投资）的本质。

那么企业的本质又是什么？

经济学定义，企业一般是指以盈利为目的，运用各种生产要素（土地、劳动力、资本、技术和企业家才能等)，向市场提供商品或服务，实行自主经营、自负盈亏、独立核算的法人或其他社会经济组织。

我们会发现，在实现收益这个问题上，交易双方是如此的默契。投资方不赚钱，投资难以为继，企业不赚钱，不能持续运营。企业通过为社会提供产品或服务来实现价值，获取收益，产品或服务由土地、劳动、资本这类生产要素生成，土地、劳动、资本又因为社会的需求、对利润的追求在产品及服务间不断选择。越适合社会需要，越有超额利润的产品及服务被不断推动往纵深发展，而那些不能适应社会发展需求、利润率不断降低的产品及服务的生存空间则不断被压缩，直到被生产要素全部放弃。

因此，从财务的角度印证企业是否能持续提供有竞争力的、为社会所需求的产品或服务，是财务尽职调查的底层逻辑。转化成财务语言就是企业是否具有良好的商业模式并能产生稳定的现金流，是否有持续高于社会平均水平毛利率的产品或服务，并且实现不断地增长。这也就是从财务的角度研究、印证价值创造、价值实现过程，以及过程中所反映出来的若干问题。如此，财务尽职调查的主线也就非常清晰——发现价值的同时发现、评估风险，因为价值（收益）与风险往往是共生的。

带着底层逻辑思维去进行财务尽职调查，不论行业多么前沿，商业模式多么新颖，产品多么复杂，都不需要"在线等方法"。目的地在那里，走就是了。而如果没有这样的思维，往往就会局限于追求具体的方法，最典型的就是财务审计思维。财务尽职调查必然会用到财务审计思维，但财务审计思维必然只是其中之一。如果只用财务审计思维来进行财务尽职调查，财务尽职调查人员大概率会陷入数据陷阱，以及会对会计分录的调整过分渴求，而难以提取出有关"根"的关键信息。

究竟什么是底层逻辑？

这并不是一个很深奥的概念，要认识财务尽职调查的底层逻辑关键在于财务尽职调查人员掌握的常识。常识是什么？就是不证自明的道理，在数学上是欧几里得定义的公理，在社会中就是被证明了必然会出现的结果或者常见的现象（例外不是要考虑的事情，投资是做大概率事件）。比如，一亩鱼塘不可能产"十万斤王八"，这就是常识！

我们已经明白了财务尽职调查的底层逻辑，那么它又是如何指导我们的工作的呢？

1. 研究商业模式，找到企业盈利的核心逻辑

在很多财务尽职调查人员看来，商业模式的研究应该由投资经理去做，而自己专注财务本身就好了，这是一个很大的误区。财务与业务并不是孤立的，财务数据是企业经营效率、效果的集中体现，要挖掘隐藏在财务数据背后的秘密，必须对企业的业务有深入的了解。

商业模式是企业盈利的逻辑，它必然是财务尽职调查的研究对象。面对纷繁复杂的各种商业模式及其"包装"，财务尽职调查人员需要抓住事物的本质，剥开企业华丽的"外衣"，探究本源，弄清楚标的公司究竟是一个贸易公司，一个初加工公司，还是一个中间商。就全社会而言，资本是非常聪明的，类似的劳动，类似的商业模式，即使是在不同的行业也将有趋同的利润率，这一点亚当·斯密在《国富论》中已经论证得非常清楚。因此，各个角色应该有这个社会给它的平均利润率，这是我们进行财务尽职调查的第一个锚。

企业的商业模式可以具体为企业的社会角色。如果都是做贸易的，付出差不多的劳动，能说卖电脑的比卖衣服的更高级、挣钱更多吗？如果是，高毛利领域必然会随着资本的进入而拉低利润，最终实现平衡。财务尽职调查人员需要用财务审计思维提炼出标的公司盈利的关键点，这有助于判断标的公司盈利的真实性及盈利的可持续性。弄清楚了这点，要判断标的公司的业绩是否真实，心里自然会有一个标准。它同时也给投资决策提供了重要参考。

即使标的公司目前盈利，但基于其商业模式，有可能这种超额收益会很快被社会资本"抹平"，等到几年后需要退出时，标的公司可能会出现重大问题。

为什么一些项目在投资时看着各方面都不错，投资后不久就发现不行了？究其根本，还是对标的公司是如何盈利的没有了解透彻。标的公司经常拔高自己的层次，如果将其自身设定的层次作为"锚"，然后进行分析，继而给出预期，那么预期落空也就是难免的。

2. 了解产品或服务生产的过程，用感官判断价值

产品或服务的生产过程就是价值创造的过程，要判断一个企业的价值，那生产过程必然成为财务尽职调查的对象。

大多数人对工厂的生产制造过程都是不熟悉的，有句话叫"外行看热闹，内行看门道"，而作为财务尽职调查人员，即使是外行，也要在尽量短的时间内把自己变成半个内行。整个过程有多少环节，每个环节都创造了什么价值，是财务尽职调查人员必须要弄清楚的问题。

白酒，尤其是高端白酒的毛利率为什么如此之高？从生产的工艺看，它对窖龄的要求非常高，这一点基本就挡住了 99% 的资本，进不来（即使有充足的资本，也不可能马上造出来一个 400 年窖龄的窖池），这是它毛利率高的基础。

中药饮片的毛利率是多少？了解它的生产过程后，我们就会知道一些药厂的含金量并不高，在心里也会给它一个定价。如此，你还会相信某上市药企给出的高利润率吗？

对生产过程越了解，对这个企业能创造的价值、能实现利润的水平就越有把握，财务尽职调查的质量也就越高。因此，对生产、服务过程的了解，是财务尽职调查的第二个锚。

3. 研究产品或服务的价值实现过程

产品或服务留置在企业，叫作存货，存货对企业、投资方而言都还没有形成真正的价值。既然价值这么重要，那么价值实现的过程，也应当作为财务尽职调查的对象之一。

从社会的角度来说，产品或服务要到达消费者的手中，交易才算最终完成。但产品或服务并不会无缘无故到达消费者手中，一开始消费者也不会知道企业提供这个产品或服务，基于信息的不对称，销售产生了。销售就像企业的一个"发动机"，驱使企业不断转动，同时带动各项财务数据变化。

研究产品或服务的价值实现过程是最复杂的，我们需要考虑价值实现的对象是谁。从最终结果看，当然都是终端消费者，但因为社会分工的不同，对某些企业而言，它面对的也可能是企业类客户，因此可以把企业分为面向企业型的和面向个人消费者型的，也就是常说的 ToB 和 ToC。

对 ToB 型企业来说，是否掌握核心技术决定了其能否走得长远。虽然短期的交易会因为各种因素而出现波动，但长期来看，科学技术是第一生产力，没有核心竞争力的企业终究会走向衰退。要看企业价值的实现是不是靠这一点来支撑，落实到财务语言上，可以找一些关键词，如研发人员占总人数的比例、研发人员的平均薪酬、研发支出占营业收入的比例、研发带来的成果（是否转化为无形资产并持续产生收益）、产品的毛利率等。

对 ToC 型企业来说，是否建立起了深入人心的品牌对企业是否能够持续经营有重大影响。可口可乐这种为巴菲特带来巨大财富的饮料就是品牌的典范。对财务尽职调查人员而言，他们需要构建企业的销售模型，找到各个帮助企业实现价值的环节，落实到财务语言上就是人效、客户量、客单价、获客成本等关键词。

落实价值实现过程是财务尽职调查的第三个锚。

4. 分析自由现金流，判断价值实现的效果

从财务的角度来看，企业的价值最终体现为一系列自由现金流，因此自由现金流是财务尽职调查的又一对象。

现金流是一个企业运营的"血脉"，无论在企业的什么阶段，都不应该被忽视。净利润与经营活动现金流净额匹配通常被认为企业赚取的利润含金量高，但企业是通过对人、财、物的综合运用来赚取利润的，对物的运用就包括了投资购买设备、上新项目等。从财务核算的角度来看这些都不反映在

经营活动现金流中，也就不影响经营活动产生的现金流，但它却又是实实在在的现金支出，因此需要引入另一个财务指标——自由现金流。

自由现金流是每个期间企业的全部现金流入在扣除全部成本费用和必要的投资后的剩余部分，它是一定期间内可以提供给所有投资人（包括股权投资人和债权投资人）的税后现金流量。有的企业经营活动现金流很好，但每年都需要巨额资本性投入，且回报产生时间长、利润低，也就没有更多的资金再进行分配，这种企业的价值其实比较低。

企业资本性投入产生价值的效果与效率是财务尽职调查的第四个锚。

2.2　财务尽职调查的两大"支柱"

在理解财务尽职调查的底层逻辑后，围绕底层逻辑建立财务尽职调查的框架是财务尽职调查人员必须面对的第二个问题。什么是框架？建房子搭的钢结构是框架，它能使整个房子立起来。框架的作用就在于帮助梳理某个事件的脉络，抓住事件最核心的东西。

前文阐述了不同类型的财务尽职调查，从文字描述上看，财务尽职调查的目的各式各样，但总结起来都指向一点——获得增值收益。在什么情况下会有增值收益？帮助财务尽职调查对象创造了价值或者财务尽职调查对象自身创造了更大的价值，增值就有了基础，这就导出了一个理念——价值投资理念。

价值投资理念通常应用在二级市场（证券投资）上，但这并不是说除证券投资外的其他投资就不适用。实际上，价值投资理念适用于所有投资行为，而且应当是较为正确的理念。秉承价值投资理念的巴菲特老先生所创造的持续稳健的业绩，至今无人能破。

那么在价值投资的理念下，如何建立财务尽职调查的逻辑框架？

1. 财务分析思维

巴菲特经常说，做投资的应当去学会计，因为会计是商业的语言，是投资者读懂商业秘密的钥匙。企业财务报表背后的商业行为逻辑如图 2.1 所示。

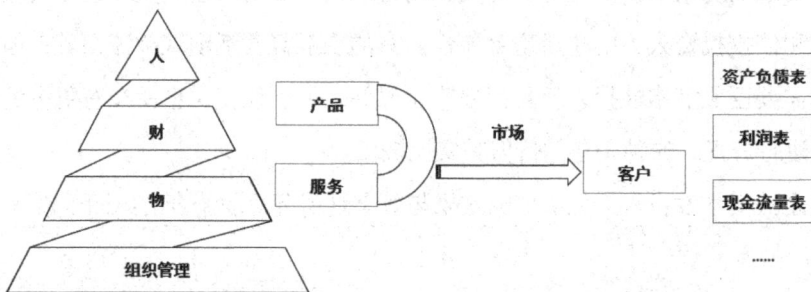

图 2.1　企业财务报表背后的商业行为逻辑

企业将人、财、物进行有效的组织管理进而形成能对外销售的产品或服务，产品或服务通过一定的渠道到达客户手中，这样的整个商业行为完成后，企业按照一定的规则编制形成财务报表，这是外部投资者能够直接看到的东西。至于其他生产、运营环节，即财务数据的源头，普通投资者是很难完全知晓的。面对财务报表，能不能看懂，可信不可信，这就需要专业的、进一步的财务尽职调查。

根据图 2.1，沿着财务报表产生的路径来看，财务尽职调查的路径也就非常清晰了——人、财、物及组织管理这些看似与财务数据没有直接联系的元素，也就必然是财务尽职调查的对象了。如果脱离这些来谈财务尽职调查，就成了"无本之木，无源之水"。

2. 现金流思维

要实现图 2.1 所示的企业行为，背后需要资金的支持。而企业的行为无论怎么变，归纳起来都逃不过融资、投资、经营这 3 种。这三者间的逻辑关系如图 2.2 所示。

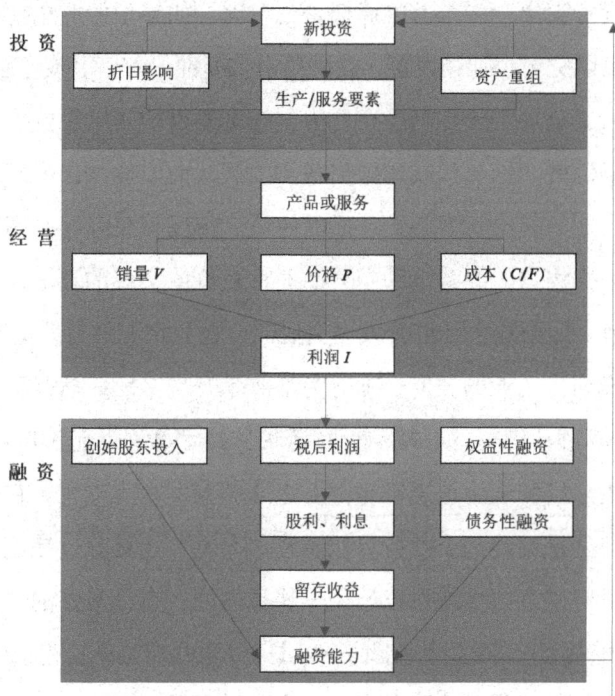

图 2.2 企业商业行为背后的现金流

　　企业商业行为始于融资活动，融资包括权益性融资及债务性融资两大类，有了资金后再购置各类必要的生产要素，通过人的经营使其实现持续的运营。这背后的"血脉"就是现金流，现金流一定是可以用财务数据表达出来的。

　　从图 2.2 现金流的结构图来看，企业获得资金后（不管是创始股东投入还是权益性融资，或是债务性融资），在资金运用方面，首先面临的将是投资决策行为。设备购买、厂房建设、研发投入等都属于投资决策行为，它不一定在当期产生效益，但它会对企业经营产生长期的影响。这种影响可能是好的，也可能是坏的。好的影响是指投资获得了既定效果，实现了研发成果或者是扩大的产能得到了充分利用等；坏的影响是指投入的资金没有达到预期效果，而导致现金流出现问题。

　　在结合财务尽职调查的锚——自由现金流分析企业的投资行为时，如果一个企业长期有大量的投资支出，就需要考虑：经营活动产生的现金流净额是否能够覆盖投资支出，是否能够获得外部融资弥补自有资金的不足并满足投资支出，投资支出产生效益的周期是否合理。如果创始股东投入及经营积累的资金不足以支撑企业的发展，就需要引入外部投资者，或寻求银行借款，在获得资金后又重复上一步的投资行为。投资的目的是给经营创造良好的条件，经营围绕价格、销量和成本做出各类决策，而要能做出合理的决策，就又必须考虑企业的核心竞争力、产品的定位、市场策略等，并围绕这些来有效地配置人力、物力。经营活动是产品诞生及价值实现的环节，也是创造增量现金的环节。如果这个环节持续"失血"，企业将无法持续运营下去。

我们会发现，企业的任何一项行为都离不开现金流，离开现金流谈其他的，就好比一辆燃油汽车，如果没有油，哪怕你技术再好也无法将它开动起来。

财务分析思维和现金流思维是财务尽职调查的两大支柱，它不直接解决任何问题，但它是构建整个财务尽职调查"大厦"的基石。在这样的思维指导下，财务尽职调查人员就可以运用一些具体的、有针对性的方法，这些方法也可以称为"砖""瓦"，如此整个财务尽职调查也就显得很立体。

综上，本书已经阐述了财务尽职调查的四个锚、两大支柱，为方便读者记忆，总结如下。

锚一，各行各业都有它应有的利润率。

锚二，生产、服务过程是源头，需了解充分。

锚三，价值实现过程是关键。

锚四，自由现金流"辨真假"。

财务分析思维贯穿财务尽职调查始终，是为支柱一。

现金流（融资、投资、经营）思维让企业动起来，是为支柱二。

究竟该如何运用这些理论，本书后面的内容会详细阐述，或通过具体的指标，或通过翔实的案例让读者能够进一步理解。

2.3　分清财务尽职调查的观点、事实和演绎

了解完财务尽职调查的底层逻辑、框架后，我们就要正式开启财务尽职调查"旅程"了，但还有一个重要的问题一定不要忽略了，这也是很多初入行者经常会犯的一个错误，那就是搞不清什么是观点，什么是事实，因此经常会把观点当事实用，进而得出一些错误的结论。

什么是观点？

这个企业的技术是业内最顶尖的，产品独家，是国产化必然的选择……诸如此类对企业的描述性语言，都可被认为是观点。

什么是事实？

企业去年甲产品实现销售额为 ××，毛利率为 ××，在过去一年内出现了 × 次技术故障，退货比率为 ××……，这些基于企业确切性表现的描述，都可被认为是事实。

什么是演绎？

预计企业产品明年将实现量产，甲产品的性能将达到行业领先水平，销售额将会达到 ××……，这些基于现在的状况对未来的判断，可以被称为演绎。

观点和事实，看起来就像定性和定量的关系，而演绎，则又类似预测。

定性总是一句很容易的话，而定量是一个辛苦活，是绝大多数人不愿意去干的。但没有定量支持的定性，终究会显得飘忽不定。定量的目的是支持或否定既定的定性，然后通过深挖背后的逻辑再给予新的定性，并在此基础上进行演绎。因此，定量绝对不是简单的数据统计、事实罗列，还必须找到背后隐藏的含义、规律。

法国社会心理学家古斯塔夫·勒庞（Gustave Le Bon）在《乌合之众》中阐述了当个人融入群体后，他的所有个性都会被这个群体所淹没，他的思想立刻就会被群体的思想所取代，由此出现群体的智慧低于个人的智慧的荒唐现象。财务尽职调查人员要做的就是讲道理、摆事实，需要独立思考，不

可人云亦云，成为"乌合之众"中的一员。观点与事实越接近，演绎就越准确，财务尽职调查的结论也就越有价值。

实务中，我们经常会遇到这样的情形，在投资某个企业时，一定认为它未来有很好的业绩；在下决心买某只股票的瞬间，也一定是信心百倍。但结果是残酷的，亏钱是一种常态，正所谓"梦想很丰满，现实很骨感"。投资的本质是认知的变现，投资哪个企业，或是买哪只股票，都是建立在现有认知的基础上所做的决策。

认知（观点）不等于真相（事实），很多错误的决策，都是建立在错误的认知上的。

我在 2017 年年底时，经过各种分析、论证，认为深圳的房价涨得差不多了，于是找个机会卖了房子，然后认为资本市场会有大机会。结果两年过去了，一对比，原来那个房子继续持有带来的升值似乎还要高于资本市场的增值。回过来再仔细想，我认为房价会跌，然后各种论证，不过都是为了证明自己的观点正确而已，通俗点讲，就是自圆其说。

再举一个例子，以帮助读者理解认知（观点）与真相（事实）。

某投资者听说 A 股某个公司即将进行重组，还听说被收购方处在风口行业，发展很不错，经过一番推演后，认为这个公司的股票即将大涨，于是买入，结果亏钱了。他之所以会做出上述决策，简要复盘，其实有以下几个认知（观点）。

- 重组后公司的股票会涨。

- 被并购方是属于风口行业的公司，有前景。

- 被并购方未来有一个很好的发展。

我们会发现，对上述任何一个观点加以延展，都是能够自圆其说的，因为在这些观点的支持下，确实有人赚到了钱。那么问题来了，对于具体的个案而言，这些都是事实吗？如果所有的演绎是建立在一个不为事实的观点上，能得到预期的结果吗？答案是显而易见的，不能。在观点、事实、演绎之间构建怎样的关系，才能够提高成功概率呢？观点越接近事实，演绎的基础越靠近公理，成功就会越容易。

实务中，对于任何一个项目，在深入了解之前，总会接收到关于该项目各种各样的观点，如何判断孰是孰非呢？如果财务尽职调查人员不懂行业、不懂产品、更不懂技术，而所接触到的观点竟然又全都是与这些相关，还能往下干吗？只有被动地接收这些"新知识"吗？破局点在哪里呢？本章的第一节阐述的财务尽职调查的 4 个锚正是"立身之本"。

为更好地进行财务尽职调查，我们应该养成怎样的习惯？

1. 建立属于自己的观点

建立观点的过程，也就是找标准的过程。观点来自哪里呢？

（1）已经被普遍证明的，或者说在全社会已经达成共识的

如人工智能物联网相关产业是下一个黄金十年，5G 的到来必然带来产业链的大爆发，特斯拉的国产化将带来超过苹果产业的发展机会……

（2）通过最基本的原理来进行推断

如资本总是追逐利润的，电子产品必然有一个生命周期，设备的产能有一个确定的限制，等等。

（3）通过阅读经典书籍来获取

经典书籍中的内容必然是已经被社会所认可的。必须将阅读经典书籍与刷微信朋友圈区分开来，微信中的很多文章通常都是片面的或存在误导的倾向，系统性的阅读才能建立起属于自己的正确的知识体系。

我们必须清醒地认识到，日常能够接触到的绝大多数观点都是失效或错误的。如果把这些错误的观点吸收进来并据此做出决策，大概率会输得找不着"北"，典型的行为如听小道消息买股票等。

2. 找到确定性的事实

在有了属于自己的观点后，财务尽职调查人员需要最大限度地去核实企业的各类事实。这个阶段的工作做得扎实与否，将会直接影响财务尽职调查

的结果有用与否。

我过去曾经遇到过一个企业，在产品方面完成了调研的第一阶段，即建立了属于自己的观点（认知）——该产品技术门槛较高，规模化生产难度大，属于国内唯一一家能够进行规模化生产的企业。

在调研的第二阶段，就应该是求证企业能够规模化生产，而且是唯一一家的这个事实，这也是整个调研的关键。了解其竞争对手的情况，实地走访核实生产情况，访谈产品的使用者（客户），通过工人的出勤率、设备的用电量、故障率合理估算设备运营情况，这些必要且核心的程序必须做得非常扎实。但因为各方面的原因，财务尽职调查人员并没有仔细落实上述程序，对事实的确认依据并不充分，主要凭第一阶段的观点做了最后的决策。投资完成后再深入内部，发现事实与观点还存在较大的差距，好在及时纠正了错误，才避免了投资的失败。

第 2 篇

财务尽职调查的业务流程

通过第 1 篇的学习，我们已经明白了什么是财务尽职调查及它在投资过程中的重要性。本篇主要介绍在实务中如何进行财务尽职调查。本篇主要解决以下几个问题。

- 财务尽职调查的流程与底层方法。
- 财务尽职调查现场应该完成的工作及其方法。
- 如何进行有效的现场访谈。

第3章

财务尽职调查前的准备

"凡事预则立，不预则废"，财务尽职调查工作也是如此。面对一个未知的、复杂的企业，事先需要做好充分的准备工作，包括搞清楚本次财务尽职调查的目的，根据财务尽职调查对象的特点组建团队，以及制订有针对性的计划等。

3.1　识别财务尽职调查的目的

不同的财务尽职调查目的决定了尽职调查的方式方法。这就犹如你决定从深圳去广州，可采取的方式有若干种，可以自驾，可以坐高铁，也可以选择城际列车，究竟选择哪一种方式，将取决于到达的具体地点、时间要求、目的地的交通状况等。

即使是同一种类型的财务尽职调查，也会由于委托方对财务尽职调查对象的了解程度的不同而对财务尽职调查人员有不同的要求。就好像如果你决定从深圳自驾去广州，也还有国道、京港澳高速、沿江高速等若干种选择。这就要求财务尽职调查人员在接受任务后与委托方进行详细沟通，本书中提到的"尽职调查"主要指财务尽职调查，通常涵盖以下内容。

1. 直接询问委托方，这份财务尽职调查报告在他们决策中的作用

是需要一份报告，还是要解决一个问题，这直接决定了本次财务尽职调查的基调。需要一份报告背后的潜台词是，对于委托方而言财务尽职调查是必备的一个环节，需要按一般程序执行相对全面的调研，一般来说除非有特别严重的情况，否则将不会影响委托方对财务尽职调查对象的初始判断；需要解决一个问题隐含的意义是，委托方有一些问题需要依托外部力量来给予专业判断。但不论这份财务尽职调查报告起什么样的决策作用，财务尽职调查工作都应该充分展示出财务尽职调查人员应有的专业素养，这也是财务尽职调查人员的立身之本。

了解报告在委托方决策中的作用也直接影响财务尽职调查人选、财务尽职调查周期等的计划。如果委托方需要一份报告，委派的财务尽职调查人员的综合素质要求会更高一些；如果侧重解决某个问题，则要求财务尽职调查人员具备某方面的专长。

2. 询问委托方对拟财务尽职调查对象的了解程度

进入到需要财务尽职调查的环节，委托方通常对财务尽职调查对象已经有了一定程度的了解，财务尽职调查人员应当最大限度地从委托方那里了解其掌握的信息，一方面能提高效率，另一方面也避免向财务尽职调查对象重复了解信息。但这也不是说完全听取委托方的意见，对于财务尽职调查人员而言，从与委托方的交流开始，财务尽职调查工作就已正式开始。所有与财务尽职调查对象接触、参与到财务尽职调查工作中的人，都会是你的"财务尽职调查对象"。你需要对若干人关于财务尽职调查对象的陈述进行钩稽验证，以便识别出什么是真，什么是假。

（1）委托方的陈述或来自他转述的财务尽职调查对象的陈述

有的委托方可能会直接将从财务尽职调查对象处了解的信息陈述于你，如财务尽职调查对象的主营业务、商业模式、实际控制人经历等。由于一些财务尽职调查对象会经常接受各种类型的财务尽职调查，接受的财务尽职调查多了，也就掌握了财务尽职调查方一般的套路，会竭尽所能，投其所好，讲财务尽职调查方愿意听的"故事"。但准确的信息才有可能推断出准确的结论，如果信息本身为假，财务尽职调查人员再不加分析、判断地全盘吸收，由此推导出的结论与实际情况将会存在重大的差异，进而影响决策的正确性。

即使获得的信息可能为假，与委托方的交流仍然十分必要。从不同的渠道获得对同一事件的看法需要贯穿财务尽职调查的始终。财务尽职调查人员从委托方获得的信息必然需要去和财务尽职调查对象进行验证。如果信息原本为假，财务尽职调查对象可能都不记得他上次说过什么了，一旦从两个对象了解的信息存在重大偏差，就需要高度警惕，但也不要"打草惊蛇"。

（2）委托方的陈述或来自他对财务尽职调查对象的了解及判断

财务尽职调查人员也要明白一个道理，人是很难做到完全客观公正的，即使是单纯传话也可能出现重大偏差。这种偏差可能是有意的，也可能是无意的。

无意的偏差源自信息的陈述不全，或者在用自己的语言陈述时与财务尽职调查对象的原表述存在出入。读一本书，一千个人有一千个理解，纯粹的语言更会如此。有意的偏差可能就是委托方出于某种不可说的原因而有意地误导财务尽职调查人员。因此了解与你交流的人在委托方中所处的角色、地位是非常重要的。一般来说，对方如果是风控负责人或公司一把手，所陈述的信息会更客观一些。因为前者是职业属性要求，后者是利益相关。

3. 与委托方讨论财务尽职调查对象的关键问题

由于委托方跟踪财务尽职调查对象的时间相对较长，也更清楚行业特性及未来的运营规划，他们通常会有自己更关注的问题。这些问题并不能从财务尽职调查对象的账表中获得，需要结合宏观环境、商业模式等进行更深入的分析，以真正读懂财务数字背后的商业语言。

讨论应该采用头脑风暴的方式，而不是简单地听取委托方的意见。多数情况下，委托方对财务尽职调查对象会存在偏乐观的观点，即使是被认为会客观反映问题的人，这与委托方整个行为事件中的角色有关。已经进入到财务尽职调查这个阶段，通常意味着委托方对财务尽职调查对象有一种想要发生点什么的意愿，也总希望自己没有看走眼，希望最终的结果离预期相差不大。"不识庐山真面目，只缘身在此山中"，财务尽职调查人员作为独立的第三方一定不要被委托方的观点带偏，注意听取事实，就事论事。

4. 与委托方沟通报告形式、结构

不同目的的财务尽职调查都会有相应的财务尽职调查报告模板，但在具体的个案上，委托方会有一些特别的要求，因此财务尽职调查人员可以通过展示报告的一般结构与委托方就报告内容进行充分沟通，毕竟报告的阅读者是委托方。在遵循一般结构的专业性基础上，根据委托方的特别要求对重点需要阐述的地方再进行详述。

财务尽职调查人员，尤其是在会计师事务所从业过的，通常都会带有很强的财务审计思维，会非常注重会计准则、报告披露格式的要求等。财务尽职调查报告作为特定用途的专业性报告，在遵循一般性报告特点的基础上必

须突出其个性，这也是体现财务尽职调查人员水平的地方。

举例：财务尽职调查的目的识别

某医药连锁公司（以下简称"收购方"）拟向上游拓展，准备收购一家中成药生产企业 S，并与它做了初步沟通，双方就收购达成了初步意向。为继续推进收购，收购方找到小王，希望小王所在的机构能够为其出具一份财务尽职调查报告。针对该项业务，小王与收购方的总经理张总就以下问题进行了充分探讨。

小王：张总，您希望我的报告帮您解决什么问题？

张总：从业务来判断，我们认为标的公司的产品是不错的，应该会有比较好的市场，但我们对它的财务状况不是很清楚，尤其是隐形债务、税务问题这两个方面，目前掌握的信息很少。

小王：隐形债务、税务问题会对收购造成决定性影响吗？

张总：这会是我们谈判的一个筹码。

小王：在您眼中，这究竟是一家怎么样的企业？

张总：从产品看，有几个疗效很好的药品，要么是独家品种，要么全国仅有两三家药企在进行生产；从团队看，实际控制人从事医药行业多年，具有丰富的行业资源；从销售模式看，能够直接打入连锁终端，并不完全依赖经销商，也侧面说明了产品的竞争力及团队的开拓能力强。综合来看，是为数不多的好标的。

小王：标的公司为什么想卖？

张总：对方年纪大了，下一辈也不愿意做这个行业了。

小王：标的公司目前遇到哪些经营方面的问题？

张总：业绩徘徊不前，资金压力看起来也比较大。

小王：这些问题是近几年行业普遍存在的问题吗？

张总：在大的宏观背景下，行业景气度不高是一个事实，但从终端的观察来看，也有部分药企的产品销售非常好，因此不能一概而论。

小王：在报告呈现方面，这是我们的一般样式，您有特别需要强调的吗？

张总：重点是前面提到的隐形债务及税务问题，报告的其他方面按一般要求即可。

小王：明白了，谢谢张总的介绍。

通过与张总简短的对话，小王已经了解到本次财务尽职调查的目的，也对财务尽职调查对象及其所处行业有了初步认识。随后小王正式开始了他的财务尽职调查"旅程"。

3.2　初步分析财务尽职调查对象

初步分析财务尽职调查对象是为了组建与之专业能力匹配的团队，来制订科学的财务尽职调查计划，以便高质量、高效地完成财务尽职调查工作。

由于还没有与财务尽职调查对象正式接触，尽调人员主要是通过委托提供方的信息、公开查询的资料进行了解，可围绕以下几个方面进行。

1. 仔细阅读财务尽职调查对象提供的商业计划书

财务尽职调查对象的商业计划书通常都会对企业所处的行业、产品、商业模式及客户等进行简要介绍，财务尽职调查人员对商业计划书的仔细阅读，是与财务尽职调查对象建立联系最直接的方式。要注意的是，商业计划书基本都不能完全客观反映公司的实际情况，这不涉及"真"或"假"的问题，公司本身就是需要"包装"的。当然投资方总得看一看企业包装前的真容。要想从"美轮美奂"的商业计划书中洞穿本质，必须紧抓前文所讲的"锚"，否则很容易出现看每个项目都是"西施"的现象。尤其是在科技日新月异的今天，很多创业者会脑洞大开，写出非常"完美"的商业计划书。阅读完商业计划书后，你甚至会有一种穿越到未来的感觉，还没认真分析，内心就已经做出了投资的决定，殊不知这全是多巴胺在作怪。

阅读完商业计划书后，应能够回答以下几个关键的问题，这也是初始阅读时应当带着的目的。

- 公司的商业模式是什么，即公司是如何赚取利润的。
- 公司的产品或服务是什么，应当适用的收入、成本核算原则是什么。
- 公司的销售模式是什么，是否存在行业潜规则（涉及费用的处理）。
- 公司的客户主要有哪些，是否存在对单一大客户的依赖。
- 公司的供应商主要有哪些，是否存在对关键原材料的依赖。
- 公司所募集资金的用途。
- 公司对未来经营的预测、规划。
- 公司期望的估值及依据。

即使是准备出售的 S 企业，依然准备了一份商业计划书。

S 企业的商业计划书分为四大部分，包括企业介绍、企业商业模式及合作客户、企业财务概况、未来战略规划。对小王来说，涵盖这些内容的商业计划书，足以让他画出 S 企业的"肖像"了。

小王结合委托方的要求——重点关注隐形债务及税务问题，对商业计划书进行了认真分析。在"企业介绍"部分，S 企业详细介绍了其成长历程、厂房及产能情况。小王注意到图片中厂区绿化程度不高，泥土还很新，部分厂房看起来也并未启用。就这些现象，小王记录了以下两个疑点。

第一，厂房看起来新建不久，是否已经通过 GMP（Good Manufacturing Practice）验收，是否达到了可使用状态，将用于哪些产品的生产。

第二，建设厂房的资金是依靠银行贷款还是经营性资金，抑或是其他方式取得。

小王进一步想，S 企业现在有出售的想法，是否与新建厂房面临的资金压力有关？原以为新建厂房能够带来产量的提升，进而带动业绩的提升，但实际上在资金、投产方面可能都遇到了一些麻烦。

小王继续分析 S 企业的销售模式。近几年，S 企业的销售模式由经销向直销进行转型。最近一年，从销售数据来看，直销的比例已经超过了经销。针对这些内容，凭借过往调研医药类企业的经验，小王从以下几个方面进行了思考。

第一，直销模式下，产品要么直接进医院，要么通过连锁终端，回款账期通常会比经销模式要长，企业的资金压力可能会更大一些。

第二，直销模式下，为推广产品而不得不发生的各类销售费用通过何种方式处理，税费如何处理。

第三，经销模式下，各个经销商雄踞一方，在合作多年后突然中断合作是否会带来利益方面的纠纷，尚未收回的货款是否还能收回。

2. 通过公开信息了解财务尽职调查对象所处的行业及其发展情况

对行业进行了解在一定程度上是为财务尽职调查对象找参照物。企业究竟好不好，优秀不优秀，除了看其自身的发展外，还必须放到宏观行业背景下来看。如果行业处于上升期，年均增速达到30%，具体到微观的个体，增速也只是达到30%，这就称不上是一个优秀的表现，尽管30%这个数字本身已经很高了。但如果个体的增速达到80%，甚至100%，我们又应当注意这种增长的合理性，这就要求财务尽职调查人员找出支持这种增长的核心因子。

对行业的了解，有以下几个关键指标。

- 行业近3年以来的平均增长速度。
- 行业内与标的公司具有可比性的上市公司数量及其市值。
- 行业内可比公司的毛利率、净利润率。
- 行业内企业经营的周期性、季节性特点。
- 行业内产品／服务更新换代的周期。
- 近3年以来产品的销售价格变动趋势。
- 行业会受到的货币及财政政策影响。

对这些关键指标进行了解，有助于构建财务尽职调查对象的画像，能够大幅度降低财务尽职调查工作的盲目性，使在现场的财务尽职调查工作更有针对性。

S 企业所处的行业中可比公司比较多，小王整理后发现近几年行业平均增速在 20% 以上，可比公司净利润普遍超过 20%。

S 企业的财务数据显示，在过去的 3 年中，其营业收入忽高忽低，净利润率甚至有低于 10% 的情况。针对这些反常的情形，小王的第一个反应是 S 企业是不是在隐藏利润，以便少缴税。职业的敏感性促使他又有了另外的思考，作为一个即将出售的企业，做低利润明显不利于估值的谈判。这种违背逻辑的行为背后必然存在着其他的因素，至于究竟是什么因素，小王一时也想不到，只能考虑在现场通过仔细观察，与员工、创始人的深度沟通来分析判断。

3. 通过对产品／服务的体验、工艺流程的梳理等来了解财务尽职调查对象的产品或服务

既然企业是通过提供产品或服务来实现其价值的，因此在有限的财务尽职调查时间内，围绕产品或服务刨根问底就非常重要了。刨根问底的前提是对产品或服务已经有了相当程度的了解。

如果企业提供的是一个产品，只要产品已经推向市场，财务尽职调查人员总能够从市场中获取到该产品及其相关信息。如果穷尽可能的手段都不能从市场中找到该产品，那也不用对企业进行调研了，可以直接否决。以对某个电子元器件企业的尽职调查为例。

由于我身处深圳，很自然地想到去亚洲最大的电子市场——华强北去寻找该产品。在找该产品的过程中，对企业的尽职调查也就已经开始，尽职调查人员应当从中获取以下几个信息。

（1）市场对企业的产品是否足够熟悉，可以通过两个非常明显的现象来判断

1）ToC 的产品，市场反响好，各个销售商也愿意推，很多商家就会挂出该产品的品牌。如 2019 年很火的 TWS（True

Wireless Stereo，真正无线立体声）耳机，进入华强北后，不管是场内还是场外，都会非常直观地感受到哪些品牌的火爆。商家都是逐利的，市场不好，不可能如此大规模地去推。

2）ToB 的产品，与 ToC 的产品有相似之处，但毕竟不是面向终端，视觉感受的效果会相对弱一些，这就要求尽职调查人员在了解企业产品会用于什么终端后向市场询问获得答案。深圳华强北电子市场有大量的卖各类电子元器件的企业，可以说，逛完华强北，只要你想装、会装一部手机，那么就可以购齐所有的手机配件。

如果在华强北都不能获得该企业的产品信息，那对于该企业的产品究竟有多强，市场拓展空间究竟有多大会需要打一个问号。

（2）发现同类型产品

在商业计划书中，企业都喜欢将自己描述成所处细分领域的最强者，强不强不是嘴上说、纸上写的，而是看市场的认可度。

在寻找企业产品的同时，很容易发现市场上是否存在同类型产品，一般来说，一个产品除非是从 0 到 1 被初创的，否则都会有相似的产品存在。电子类产品在华强北就更容易发现了，只要产品好卖，市场足够大，很容易存在同类产品。

如果找不到同类型产品，很多时候并不是说产品的门槛很高，而往往是市场空间太小，或者是市场认可度低，或者是尚处于市场开拓的初级阶段。有些产品具有特定性，不如电子类产品这么容易了解，那么可以通过对它的生产工艺进行仔细研究来探知企业在整个供应链中的地位。

4. 通过直接体验了解财务尽职调查对象的服务

如果企业提供的是一项服务，尽职调查人员甚至可以自己去体验一回。我曾经调研一家从事婚纱摄影（在线）业务的公司，那时恰逢我刚经历了拍婚纱照的过程，所以在体验其整个业务时，就很容易知道他们的业务是伪需求还是刚性需求，是否确实解决了客户的痛点。

即使之前没有体验过类似的服务，一项服务好还是不好，有没有前景也能有一个初步的判断，很重要的一点就是该项服务是否使生活变得更美好、更便捷。

5. 通过对财务报表的分析，初步判断项目调研的难易程度

对商业模式、行业、产品的了解属于业务层面的范畴，也是财务尽职调查必须要进行的工作，业务最终都会落实到具体的财务数据上。根据企业会计准则的规定，财务数据可以编制形成资产负债表、利润表、现金流量表及所有者权益变动表。不同类型的企业、不同阶段的企业在财务处理方面都会存在巨大的不同，作为某个尽调对象的项目负责人，对财务报表做简要分析能够获得财务尽职调查对象的财务特点、财务人员水平、规范性等方面的信息及项目调研的难易度，从而更有效地编制财务尽职调查计划。

（1）对资产负债表的分析

重在分析资产、负债、权益的结构，即速动资产、流动资产、各类长期资产分别占资产总额的比率，负债的构成，整体的资产负债率，股东的总投入及未分配利润情况。

对资产负债表进行这样的拆解，即使尽职调查人员从没见亲眼见过这家企业，也能大致勾勒出企业的形象，是重资产还是轻资产，是高科技还是传统制造等。

（2）对利润表的分析

重在分析营业收入的变动、毛利率、各项费用占营业收入的比，营业收入变动分析可以知晓企业所处的发展阶段，通过毛利率分析可以知晓产品的市场地位，通过各项费用占比分析能窥视企业的管理效率。

（3）对现金流量表的分析

重在分析经营活动产生的现金流量净额、购建固定资产及其他长期资产的支出，以及现金及现金等价物的历年变动情况。

3.3 组建匹配的团队，制订科学的计划

在对财务尽职调查对象有了初步的了解后，应当就如何开展尽职调查工作制订详细的计划，包括团队的组建、时间的安排、尽职调查的重点及策略、制订合适的尽职调查计划 4 个方面。

1. 选择合适的人员、人数

合适要基于两方面考虑，一是能够满足客户的需求，二是完成该项工作需要支付的成本。

（1）合适的人员

人选应根据尽职调查的目的决定。

如果是全方位的调查，需要委派有丰富审计经验，且从事过股权投资行业的人员；如果是侧重于对某一个方面的了解，则需要委派具有这方面特长的专家，比如需要深入了解税务方面的事项时，通过了注册税务师考试，有丰富税务经验的就是很好的人选。

在越来越讲究专业化的今天，一个人包打天下太难了。对于有尽职调查业务的企业来说，在人才的招聘、培养上要有针对性；对于从事尽职调查的个人而言，也需要一专多能，多研究不同的行业，深刻了解不同行业中企业的财务特点。

（2）恰当的人数

根据企业规模的大小，财务尽职调查团队以 2~5 人为宜。

股权投资所面对的企业的规模一般都不是特别大，大多还处于快速发展期，这种情况下，团队为 2 人比较合适，其中 1 人需具备丰富的经验，另 1 人是副手。其原因一方面是培养人才梯队，另一方面也是多一个人多一份思想，避免一个人的独断。

2. 合适的时间安排

尽职调查的时间包括现场（也称外勤）及报告时间，总时长最好不要超过一个月。总时间太短可能会漏掉一些重要问题，太长会导致委托方的整体

决策进度后延。

外勤时间控制在 15 天内，包括现场调研财务尽职调查对象的情况，以及在外围调研其上下游、竞争对手的情况。

报告撰写是对调研过程中获得的信息进行汇总、验证及深度思考的过程，所花费的时间不应当低于外勤时间，这也能够反映展示给委托方的成品的优质度。

3. 财务尽职调查的重点及策略

尽职调查的重点取决于 3 个方面，一是尽职调查的目的，二是委托方的特别要求，三是根据尽调对象识别出的财务风险领域。

如前文所述的医药连锁公司的收购案例，委托方已经明确要求了对隐形债务及税务问题的重点调研，那这两方面的内容就必须纳入报告中；同时根据企业的特点会考虑将收入的真实性、毛利率作为尽调重点。

4. 制订合适的财务尽职调查计划

制订财务尽职调查计划能够让我们的工作有序进行，不至于有面对陌生项目的恐惧感。绝大多数财务尽职调查人员都会有这样一种感觉，明明已经看了很多案例，总结了很多经验，对要财务尽职调查的企业也有了一些了解，但是一到现场仿佛就掉进了一个泥潭，身有"十八般武艺"却无法施展。之所以会有这样的感觉，根本原因是没有制订好计划，也就没有重点、没有目标。当目标不明确时，又想要全面地去了解，但企业的不配合又会让你到处碰壁，挫折多了，无力感也就来了。

财务尽职调查计划就是我们的行动指南，它建立在对财务尽职调查对象初步了解的基础上。但它不是一成不变的，随着财务尽职调查的深入，我们也需要根据了解的最新情况对其进行调整。

一份财务尽职调查计划应当包含以下内容。

（1）记录财务尽职调查的目的

前面已经阐述过如何识别财务尽职调查的目的，应当把它列入计划中，它是整个财务尽职调查的起点。

有些人会认为，知道就行了，还需要浪费时间去写吗？俗话说得好，"好记性不如烂笔头"，而且写的过程也是重新梳理的过程，有助于我们更全面地考虑问题。

（2）记录行业维度的问题

有限时间内的尽职调查，我们需要掌握一个原则——大处着眼，小处着手。大处着眼就是用宏观的视野、大格局来看企业，小处着手就是说落实企业的各项问题要从细节开始，细节决定成败也是这个道理。

在没有去现场之前，我们知道的信息有限，但行业的问题应当是一览无余的，我们至少应当列示这样几个问题。

■行业所处的发展阶段，现阶段的行业政策偏向，最近出台了哪些具体政策。

■行业的竞争格局，竞争对手有哪些，他们的表现情况如何（收入、利润增长率等）。

■社会人群对产品或服务的态度。

■技术发展趋势，可预期的未来一两年内产品或服务的演变。

这是著名的 PEST 分析法。一个企业的发展必然受到政治、经济、社会、技术这些因素的影响，围绕这些问题来发问能获得更多有用的信息。

（3）记录财务分析的问题

运用纯粹的财务分析技术，对财务尽职调查对象的财务报表进行分析。一是资产负债表、利润表的两期变动分析，数据变动比例超过 20% 的必定纳入疑问范围；二是对资产负债表的结构分析，将核心资产及负债标注出来；三是从盈利能力、营运能力、偿债能力 3 个方面进行财务指标的分析。通过这些分析列出至少 30 个问题，有了这些问题，在现场时按问题清单逐个来询问，杜绝漫无目标的漫谈，这样就能化被动为主动。

（4）拟定访谈财务尽职调查对象的问题清单

通过前述方法对财务尽职调查对象有了一些了解，心中必然也有很多疑问，需要逐一列示出来，同时也要明确每个问题想要达到什么样的目的，问题与问题之间能够如何钩稽验证。

（5）制订好工作时间表

工作时间表一方面是对尽职调查人员的要求，另一方面也是提示企业及早安排，全力配合，以便尽快完成各项工作。

有了这样一份尽职调查计划，实务中我们就不会慌乱，工作也就有抓手。随着工作的往前推进，在解决老问题的同时一定又会遇到新问题，所以每日复盘也是计划中很重要的一个部分，通过复盘可以完善计划。

3.4　掌握财务尽职调查的底层方法

我们已经知道在财务审计过程中，为出具一份审计报告需要执行各种程序，获取证据，编制底稿。同样的，股权投资财务尽职调查也需要执行一些程序以支撑财务尽职调查报告。

1. 分析性程序

分析性程序的底层逻辑就是，财务数据是企业经营效率、效果的体现。它通过分析不同财务数据、财务数据与非财务数据的内在联系，对财务信息做出评价。股权投资财务尽职调查受限于各类因素的影响，实务执行过中将更侧重于分析性程序，先分析再针对重要问题进行细节测试。

（1）财务报表纵向分析

财务报表纵向分析是指对企业自身不同年度间的数据进行比较分析，根据分析结果确定下一步的尽职调查重点。它可以不依赖任何其他信息，直接从 3 张表入手——资产负债表、利润表、现金流量表。

1）资产负债表期初期末余额变动分析

一个经营稳定的企业，体现在资产负债表上的数据往往会"波澜不惊"，各个期间不会产生重大的变化。一个数据大幅波动的企业，可能处于剧烈的变化中，或者高速发展，或者经营政策不断调整。当各个期间数据变动比例超过 20% 时需要重点关注。

2）资产及负债结构分析

单项资产、负债占其总额的比例超过 20% 就要被列入重点关注对象，要仔细核实它的准确性及真实性。

3）利润表两期变动分析

前面已经说了资产负债表期初期末余额变动分析，它的变化其实与利润表存在重大关系，应收账款、存货、应付职工薪酬、应交税费等都受经营业绩的影响。同样，当利润表各期间的数据变动超过 20% 时需要重点关注。另外，各类费用占营业收入的比例也是非常重要的一个指标，如果不同期间的比例产生巨大波动，也要纳入重点关注范畴。

4）提取现金流量表中的关键指标

本书会在后面的内容中详述如何分析现金流量表，在此先讲几个用于对企业的初步分析判断的关键指标。

第一，经营活动产生的现金流量净额，用于分析企业实际赚取现金流的数据与净利润是否存在重大差异。如果有显著差异，可以通过现金流公式简单分析产生这种问题的主要原因，并记录下来。

第二，购建固定资产支出产生的现金流量，用于分析确认企业资本性投入。如果企业常年都在投入，脑海中会构建起这个企业绩效应该不错，一直在扩产的印象。这样再回头去看资产负债表及利润表时就容易进行验证。

第三，吸收投资收到的现金及取得借款收到的现金，用于分析企业资金的来源。一方面，能够反映企业的被认可程度，另一方面，也能够反映企业的发展情况（有发展才需要资金）。如果企业对外融资的钱不断增加，但利润表中反映的收入并没增加，或者亏损持续扩大，就要注意了。

（2）财务报表横向分析

横向分析是将标的企业的财务指标同行业内其他企业进行比较，以便识别与其存在的差距或自身的优势。横向分析包括的指标通常有毛利率、净利润率、销售费用率、应收账款周转率、存货周转率、营业收入增长率等。当然，世界上连两片相同的树叶都没有，就更不用说两个指标完全一样的企业了。横向比较的目的不是要找到跟其他企业指标一样的依据，而是帮助发现一些异常现象。

为更好地帮助读者理解分析性程序，我们以新三板挂牌公司深圳市汇春科技股份有限公司（以下简称"汇春科技"，代码为 836399）为例进行简要说明。

汇春科技的简要资产负债表、简要利润表、简要现金流量表，如表 3.1、表 3.2、表 3.3 所示。

表 3.1　简要资产负债表

编制单位：深圳市汇春科技股份有限公司　　　　　　　　　　　　　单位：万元

资产	2019 年末	2018 年末	两期变动比	负债和所有者权益	2019 年末	2018 年末	两期变动比
流动资产：				流动负债：			
货币资金	2,599.82	2,204.83	17.91%	短期借款	1,394.82	490.00	184.66%
应收票据及应收账款	3,015.09	2,101.00	43.51%	应付票据及应付账款	1,131.82	1,715.40	−34.02%
预付款项	721.56	84.23	756.63%	预收款项	131.83	157.69	−16.40%
其他应收款	2.99	7.45	−59.83%	应付职工薪酬	62.04	59.06	5.06%
存货	4,919.33	3,577.97	37.49%	应交税费	195.28	122.74	59.10%
其他流动资产	221.59	61.01	263.20%	其他流动负债		15.50	−100.00%
流动资产合计	11,480.38	8,036.49	42.85%	流动负债合计	2,915.79	2,560.39	13.88%
非流动资产：				非流动负债：			
固定资产	1,450.90	1,353.35	7.21%	递延收益	481.33	343.33	40.19%

续表

资产	2019年末	2018年末	两期变动比	负债和所有者权益	2019年末	2018年末	两期变动比
无形资产	2,981.78	2,202.19	35.40%	递延所得税负债	193.64	157.55	22.91%
开发支出	268.77	1,234.40	−78.23%	非流动负债合计	674.97	500.88	34.76%
长期待摊费用	213.77	28.17	658.91%	负债合计	3,590.77	3,061.27	17.30%
递延所得税资产	61.78	60.80	1.61%	所有者权益：			
其他非流动资产	—	380.58		股本	5,205.60	5,205.60	0.00%
非流动资产合计	4,977.01	5,259.49		资本公积	385.02	385.02	0.00%
				盈余公积	727.60	464.41	56.67%
				未分配利润	6,548.40	4,179.67	56.67%
				归属于母公司股东权益合计	12,866.62	10,234.70	25.72%
				所有者权益合计	12,866.62	10,234.70	25.72%
资产总计	16,457.39	13,295.98	23.78%	负债和所有者权益总计	16,457.39	13,295.98	23.78%

表3.2 简要利润表

编制单位：深圳市汇春科技股份有限公司 单位：万元

项目	2019年	2018年	两期变动比
一、营业总收入	17,261.70	13,022.23	32.56%
二、营业总成本	14,745.29	11,118.28	32.62%
其中：营业成本	11,774.33	8,602.74	36.87%
税金及附加	70.10	88.88	−21.13%
销售费用	313.27	479.66	−34.69%
管理费用	555.38	526.97	5.39%

项目	2019 年	2018 年	两期变动比
研发费用	1,970.67	1,374.81	43.34%
财务费用	61.54	45.23	36.08%
其中：利息费用	61.87	29.93	106.71%
利息收入	1.85	1.43	29.41%
加：其他收益	525.39	414.00	26.90%
投资收益（损失以"-"号填列）	5.49	8.20	−33.02%
信用减值损失（损失以"-"号填列）	−55.89	—	—
资产减值损失（损失以"-"号填列）	0	−18.65	−100.00%
资产处置收益（损失以"-"号填列）	−8.95	—	—
三、营业利润（亏损以"-"号填列）	2,982.45	2,307.50	29.25%
加：营业外收入	2.82	1.38	103.85%
减：营业外支出	146.66	—	—
四、利润总额（亏损总额以"-"号填列）	2,838.61	2,308.88	22.94%
减：所得税费用	196.33	185.58	5.79%
五、净利润（净亏以"-"号填列）	2,642.28	2,123.30	24.44%

表 3.3　简要现金流量表

编制单位：深圳市汇春科技股份有限公司　　　　　　　　　单位：万元

项目	2019 年度	2018 年度
一、经营活动产生的现金流量：		
销售商品、提供劳务收到的现金	18,590.51	14,965.85
收到的税费返还	262.41	114.31
收到其他与经营活动有关的现金	391.93	289.23

续表

项目	2019 年度	2018 年度
经营活动现金流入小计	19,244.84	15,369.39
购买商品、接受劳务支付的现金	16,009.39	10,302.16
支付给职工以及为职工支付的现金	687.09	695.17
支付的各项税费	723.14	914.47
支付其他与经营活动有关的现金	1,335.24	1,109.02
经营活动现金流出小计	18,754.86	13,020.82
经营活动产生的现金流量净额	489.98	2,348.57
二、投资活动产生的现金流量：	—	—
取得投资收益收到的现金	5.49	8.20
处置固定资产、无形资产和其他长期资产收回	14.80	—
收到其他与投资活动有关的现金	3,300.00	1,901.00
投资活动现金流入小计	3,320.29	1,909.20
购建固定资产、无形资产和其他长期资产支付	958.23	2,407.01
支付其他与投资活动有关的现金	3,300.00	1,901.00
投资活动现金流出小计	4,258.23	4,308.01
投资活动产生的现金流量净额	−937.94	−2,398.81
三、筹资活动产生的现金流量：	—	—
吸收投资收到的现金	—	—
取得借款收到的现金	1,800.00	600.00
筹资活动现金流入小计	1,800.00	600.00
偿还债务支付的现金	897.00	110.00
分配股利、利润或偿付利息支付的现金	60.05	29.93
支付其他与筹资活动有关的现金	—	—
筹资活动现金流出小计	957.05	139.93
筹资活动产生的现金流量净额	842.95	460.07
四、汇率变动对现金及现金等价物的影响	—	—

项目	2019 年度	2018 年度
五、现金及现金等价物净增加额	394.99	409.82
加：期初现金及现金等价物余额	2,204.83	1,795.00
六、期末现金及现金等价物余额	2,599.82	2,204.83

在实务中，对于一个初学者来说，"道理都很懂，就是不会用"的现象经常出现。在计算出各期变动，各项资产、负债占其总额的比例等信息后可能就没有进一步的想法了，在此提供一些常用的思路。

（1）资产负债表哪个数据绝对值大看哪个

金额大则表示有着举足轻重的"地位"。汇春科技的资产负债表中存货、应收票据及应收账款、无形资产数值绝对值位列资产负债项目的前三名，占2019 年末资产总额的比分别为 29.89%、18.32% 和 18.12%。

我们进一步就会想到存货的构成是什么，电子产品类企业是否会存在存货减值的情况，正常经营情况下期末余额两期变动比超过 30% 的合理性；针对无形资产会思考是土地还是专利技术，结合资产负债表中的开发支出数据的变化，进一步思考公司是否存在将研发支出进行大额资本化形成无形资产，进而产生利润虚高的情况。

（2）资产负债表两期变动比哪个大看哪个

看完数据绝对值后再看比例的变动（也要结合金额大小，数据绝对值太小的不用考虑）。资产负债表显示汇春科技 2019 年末预付款项、开发支出、短期借款这 3 个项目结合金额及变动比例来看，其变化较大。看到预付款项的异动我们会思考公司的采购政策有没有发生变化，是预付给谁的什么款，是否有必要性；针对短期借款的大幅增加会考虑用途是什么，用什么方式获得，是抵押还是信用，贷款利率是多少；开发支出变动的背后隐含的是公司研发投入的资本化比例，是否符合企业会计准则的规定，形成了多少专利及带来了多少效益。

（3）从利润表看收入增长

毛利率及各项费用占营业收入的比例，如表3.4所示。

表3.4　汇春科技2018年、2019年度毛利率及费用占比

项目	2019年度	2018年度
毛利率	31.79%	33.94%
销售费用占收入比	1.81%	3.68%
管理费用占收入比	3.22%	4.05%
研发费用占收入比	11.42%	10.56%

从数据可以直接提出问题，2019年度毛利率下降的原因，是售价、成本，还是销售结构变动的影响？销售费用占收入比大幅下降，且数据绝对值也减少，公司是在减少销售人员吗？销售的增长与投入无关吗？公司的销售模式是怎样的？

在对财务报表进行简要分析后，我们将这些问题汇总整理，然后形成问题清单，在现场调查时就能有的放矢，提高效率。总结的汇春科技的重要问题清单如下。

▪公司是如何实现产品销售的，即销售模式是怎样的，公司销售人员的配备及近几年的变动情况是怎样的，销售人员的激励政策是怎样的。

▪公司毛利率下降的原因是什么，预计未来毛利率的变动趋势是什么，主要会受到哪些竞争对手的冲击。

▪公司研发投入核算的基本原则，资本化占整体投入的比例，资本化形成无形资产后的摊销年限，同行业其他公司资本化的规则。

▪公司项目研发的周期，产品更新换代的周期。

▪公司存货的构成，在年终时如何进行盘点，并如何进行减值测试，系统核算是否区分了库龄。

▪公司取得借款的方式及用途。

列示的这些问题并不是汇春科技的全部问题，但它们是我们了解公司一个非常重要的突破口。

2. 访谈

访谈是获取信息最快捷的方式，它通过向不同对象询问来获取尽调对象的信息。在这个过程中也对不同受访者就同一问题提供的答案进行钩稽验证。访谈的对象包括公司内部高层管理人员、中层及一线员工代表，公司的上游供应商及下游客户，公司的竞争对手及信贷机构。

3. 观察

"听其言，观其行"，在财务尽职调查过程中，我们一定不能只局限于听财务尽职调查对象说，更重要的是观察他们怎么做。

（1）员工的行为

我们可以试想一下，如果一个公司的员工在上班时间聊天、吃东西这类闲散的状态居多，你会认为这是一支训练有素的队伍吗？答案必然都是否定的。一个充满激情、蒸蒸日上的公司，其员工表现出来的必然也是精神抖擞的面貌，人与环境是互相成就的。

（2）"车间"的行为

"车间"是创造价值的核心地方，它的行为能够反映企业的实际状态。如有些企业财务数据上反映的业务量很大，但车间里面静悄悄的，很多机器设备都停在那儿，甚至都蒙了一层灰，这说明"车间"已经停产相当长一段时间了。有些企业车间的机器设备摆放杂乱，非常直观地就能感受到企业的管理水平还处在较低的位置。

（3）"会议室"的行为

会议室本身不会说话，但从会议室里开会的氛围基本能够判断公司的文化。有的公司开会下面鸦雀无声，只听领导一个人在上面说；有的公司开会时与会人员争得脸红脖子粗，"情到深处"还情不自禁地拍桌子。这些都是很极端，但又是实实在在存在的一些现象。什么样的情景是好现象，每个人心中都有一杆秤，不用做过多探讨，注意到不好的，不是说一定要全面否定，而是要更进一步论证。

4. 重新执行

尽职调查可以理解为对价值实现过程的体验，尤其是在调研一些 ToC 的企业时，亲身经历一次可以相对清晰地知道企业所讲的是否存在夸大，是否确实解决了消费者的问题，进而延伸讨论市场空间、销售增长等问题。

5. 检查

在审计过程中，检查是一项常用的、基本的方法，在财务尽职调查过程中依然是非常重要的。无论是分析还是访谈获取的信息通常都不是最直接的证据，都需要通过过往的一些历史文件来检查验证。重要文件包括采购销售合同、银行流水单、借款合同、重大资产的权属证明、出入库单、客户验收单等。

对于有实物形态存货的企业，对存货进行检查是一项非常重要的工作，财务尽职调查人员无法像审计师那样进行监盘，而抽查是一种可以采取的方式。尤其是如果我们对财务尽职调查对象的收入、利润及其他指标有一定的怀疑，那么对于存货这个项目一定不要轻易放过。

以上介绍的是财务尽职调查过程中的一些常用的方法，有的读者看了之后可能还是会犯迷糊，搞不清楚到底该从哪里着手，从小处着手，从你最擅长的地方着手。对于财务从业者而言，从财务分析开始，记录下财务分析获得的问题会大幅度增强工作的自信，围绕财务分析反映出来的问题不断地去追寻问题产生的原因，会对项目看得越来越清晰。

第4章

财务尽职调查的现场工作

　　财务尽职调查的现场工作是整个尽职调查过程中最核心的环节，它在财务尽职调查人员与财务尽职调查对象，以及财务尽职调查对象相关人员的互动中完成。财务尽职调查人员需要抓住难得的现场机会，通过执行好包括访谈、观察、检查、穿行测试在内的一系列程序，全面、立体地了解财务尽职调查对象。

4.1 项目进场见面会的要点

就股权投资而言，能够进入现场尽职调查阶段，说明投资方对企业有相当大的兴趣，这时就需要通过现场尽职调查进一步核实一些问题。对企业而言，这一阶段意味着离获得投资又近了一步。在如此重要的一个时间节点，召开一次正式的项目见面会非常重要。

项目见面会的参会人员应当包括尽职调查小组的全部成员，企业方董事长、总经理、财务负责人、董事会秘书、其他核心骨干及配合完成本次财务尽职调查的人员。项目见面会包含 4 个方面的内容。

1. 团队双方介绍

正式的介绍有助于加深彼此的了解，也有利于展示尽职调查团队的专业性。一方面，如果是投资机构自己的团队来进行尽职调查，专业的陈述能够获得企业更多的尊重，也有助于后期的投资谈判。另一方面，如果企业想搞一些"小动作"，感受到尽职调查团队的专业性后，可能也会选择放弃。

通过企业方团队的陈述，我们能够知道每个人的背景及其大致的行事风格。一个训练有素的团队一定会表现出相应的高素质，反之则相反。事都是由人做成的，人不行，事也就大概率做不成。

2. 陈述本次尽职调查的目的

企业方需要资金，在这个节骨眼上它当然不希望其他第三方就企业情况"说三道四"，所以其对于尽职调查人员有着天然的排斥心理。这就需要尽职调查团队说明本次尽职调查并非"找碴儿"，而是为了进一步明确企业的价值，发现亮点，为投资及后续发展制定更详细的方案。用目的陈述拉近彼此的距离，千万不要站在企业的对立面。

3. 讨论尽职调查的时间安排

现场尽职调查需要企业方的密切配合，资料的提供、高管的访谈、上下游企业的走访等都需要与企业方事先沟通好时间，以便在有限的时间内高效地完成工作。

4. 了解企业的商业计划

在此之前，调查团队已经通过查阅商业计划书获知企业的基本情况，但在见面会上仍然非常有必要请企业进行详细的陈述，这是全面了解企业的一个重要环节。

陈述者的信心、熟练程度都能反映这份商业计划书的真实性。如果陈述者毫无激情、经常停顿，我们实在是没有理由相信他能按商业计划书上所写的做好。如果企业自己都不能相信自己能做成，就不用谈后面的事情了。

我曾经遇见过一名创业者，单从其所选择的行业，以及目前所从事的业务来说，他的公司是非常值得跟进的。但在听他阐述完商业计划后，我得出了完全相反的结论：他缺少激情，缺少对产品的深度思考，甚至都不敢去想能够做多大。

当然，这并不是说讲得好，就一定做得好，毕竟这不是演讲，我们也不推崇以讲得好坏来论成败，商业计划的陈述重在逻辑、信心。

有一名生物医药公司的创业者，公司以科研为主，他的陈述也算是平淡无奇，但他对自己所讲的每一点理解得都非常深刻，也非常笃定。这份由内而外散发出来的坚定，正是投资人想看到的。

4.2 有效访谈企业关键对象

关键对象包括董事长、总经理，以及财务、销售、研发、生产、HR 的负责人等。如果尽职调查对象是生产类企业，且存货特别大，仓库管理员也要纳入关键对象。

访谈的目的是收集信息，快速了解企业。同一件事情，不同的立场、不同的认知一定会有不同的理解。访谈正是要从不同的角度去了解企业，将获得的信息钩稽验证，去伪存真，探究真相。

要做好一场访谈，需要讲求一些基本原则。

第一，准备访谈问题。

在访谈前，务必根据初步了解的企业情况，针对不同的对象列示好访谈提纲，以便在访谈时做到有的放矢。由于访谈时间是有限的，必须在尽可能短的时间内获取更多有效的信息。实务中，我们会遇到很健谈的董事长，不喊停的话几个小时他都讲不完，说的又多是一些跟你真正要了解的内容无关的事情。有了访谈提纲，我们就容易控制节奏。

第二，封闭式提问为主，开放式问题为辅。

封闭式问题是指事先设计好答案，引导访谈对象在设计的框架内回答的问题。它的优点是可以节省访谈双方的时间和精力，控制访谈进度，以更少的时间完成更多的内容，还可以有针对性地了解需要知道的具体信息。但它也有明显的缺陷，如访谈限制比较多，对访谈准备有更高的要求等。

开放式问题是指访谈问题没有可选答案，由访谈对象自由作答。在这种情况下，访谈对象没有了限制，回答比较全面、广泛，也会有比较好的成就感，对问题会有较深的涉及度。其缺点是难以控制访谈节奏，访谈结果也难以量化。

在实务中，考虑到实际情况，访谈时一般采取封闭式问题为主，开放式问题为辅的访谈方式。如果要了解公司的销售业务及流程情况，可以问以下问题。

第一问，公司去年第四季度销售额是全年最高的，这个是客户采购特点决定的吗？

这就是一个封闭式问题，回答只有是，或者不是，更进一步的回答就是解释客户采购为什么有这个特点。

第二问，对乙客户全年的销售额为 1,000 万元，第四季度确认收入的占比达到 800 万元，期末应收账款 900 万元，截至现在已经收回了多少款项？

这依然是一个封闭式问题，要求给出具体的数字。如果收回了钱，访谈对象一般很干脆地回答，如果没有，就会开始解释原因。解释的过程，也是我们发现问题的过程。

第三问，对乙客户第四季度收入的确认，对方提供签收单了吗？

这还是一个封闭式问题，如果对方没有提供，访谈对象此时会介绍是根据什么来确认收入的。

第四问，请介绍一下公司销售的一般流程及收入确认的原则。

这就是一个开放式问题，也是访谈对象非常熟悉的东西，其回答起来没有压力，甚至还会有一定的成就感。

第三，注意营造轻松的氛围。

尽调对象在法律上并没有向我们提供内部信息的义务，因此要获得更多内部信息，与访谈对象建立良好的关系，创造轻松交流的氛围是关键，不要让对方觉得你是在审问他。

针对不同的访谈对象，财务尽职调查有不同的关注重点，本书列示部分内容供读者参考。

1. 对公司董事长的访谈

- 公司未来的发展战略，短、中、长期战略规划。
- 公司产品的应用领域，行业发展的趋势。
- 公司现有产品或服务在市场上的地位；公司的主要竞争对手是谁，他们在盈利能力上与本公司相比有哪些优势。

2. 对财务负责人的访谈

■财务负责人的从业经历（分析其胜任能力，如何加入现公司，是否拥有股份或实际控制人是否有承诺）。

■IPO 规划（目前的计划，中介机构辅导情况）。

■财务对业务的预算、监督职能。

■收入确认原则、成本核算方法。

■财务报表数据异常变动的原因。

3. 对销售负责人的访谈

■从业经历（过往经历，何时加入公司，加入公司的原因，给公司做出的贡献或带来的变化，是否拥有股份）。

■公司销售团队的情况（组织架构，人员配置等）。

■公司各业务获取订单的基本方式方法，可以最近获取的一笔主要订单为例，简要说明流程。

■公司主要产品的定价策略和单价变动趋势，能否将原材料价格上涨的压力往下游转移，毛利率变化情况。

■公司主要产品的销售是否有明显的季节性，原因是什么。

■公司的主要竞争对手有哪些？竞争对手的销售增长情况、毛利率情况是怎样的？经营的主要策略是什么？与竞争对手相比，公司的优劣势是什么？

■公司过去 2 年的业绩情况，介绍一下对重点客户的销售额，主要产品的销售情况；业绩产生波动的主要原因。

■公司的主要客户有哪些，销售收款的账期是多少？目前还有哪些客户的款没收回来，原因是什么？过去是否存在长期（超过一年以上）收不回款的情况。

■销售过程中的费用主要有哪些？销售人员的工资政策是怎样的？

■未来 1~2 年的销售重点，如客户在哪里、产品在什么阶段、准备采取什么策略、预计带来的销售额等。

4. 对 HR 负责人的访谈

- 员工总数及近几年招聘的趋势。
- 员工的薪资、奖金、福利政策。
- 员工流动的情况及原因。

5. 对生产负责人的访谈

- 公司的生产模式、生产流程、生产的关键环节介绍。
- 公司产品的工艺流程，各工艺的关键设备及公司具备的产能，目前的产能利用率。
- 公司设备是买的还是租的，成新率处于什么状态，效率怎么样，什么时间预计需要大修或更换设备，估计耗费的资金有多少。
- 公司生产是否存在季节性特点，是否存在生产瓶颈。
- 公司的产品生产周期。
- 过去一年及最近一段时间主要生产什么产品？
- 生产人员的工资如何计算，是否经常需要加班？
- 生产过程中最大的能源耗费是什么，估计一年的耗费量是多少？
- 今年的生产计划已经排到什么时间，预计今年的产量是多少，是否存在外包？
- 设备近两年是否进行了大修，下一次大修预计的时间，对生产可能造成什么影响。
- 生产过程中最容易发生什么事故，过去安全生产的情况。

6. 对研发负责人的访谈

- 公司研发体系的设置、研发模式及研发流程。
- 公司研发部门的设置及职责。
- 公司主要技术的取得方式，介绍核心技术及其来源。
- 公司研发人数及薪资情况，未来的招聘计划。

- 产品的研发周期，以及产品本身的生命周期。

- 近3年的研发投入情况，公司对研发成果如何进行考核。

- 目前正在研发的产品，所处阶段，预计完成时间、量产时间，完成研发的瓶颈。

小王通过与委托方交流、阅读商业计划书、查阅公开信息等对S企业已经有了初步的了解，并积累了很多问题。在S企业现场，小王首先同董事长进行了沟通，获得了以下重要信息。

董事长：在中成药行业，谁掌握产品，谁将是最后的胜利者，这么多年以来公司也是这么做的。在过去的几年中，公司收购了60多个产品批文，至今涵盖了颗粒剂、片剂、糖浆剂、酊剂、胶囊剂五大产品系列。在营销策略上，目前以直销为主。公司在逐步调整过去的经销模式，目前已经与众多品牌药厂、连锁终端建立了合作关系，未来将进一步加大与连锁药店的合作力度，建立起属于自己的药品消费品牌。中成药，尤其是OTC（Over the Counter Drug，非处方药）产品市场看起来的确竞争很激烈，但不管品牌名气多么大，最终落实下去还是要看给渠道的利润。公司在这一点上也下足了功夫，因此Z产品近3年每年的销售额增幅都达到30%以上，市场占有率在同类产品中已经位居第二。近几年，国家也在大力支持中成药的发展，尤其是有确切疗效的产品增长明显上升，行业整体增长率超过10%。

董事长的这一席话将企业的战略规划、行业概况、公司的市场地位都做了简短阐述。我们要认真分析董事长的话，以便识别语言背后隐含的可以继续挖掘的信息。董事长说公司的产品策略是要"全"，因此收购了很多批文。针对这句话，我们可以考虑如下问题。

第一，收购批文一定是需要资金的，这些资金是否已经足额支付，相应的税费是否已经核算清楚。

第二，收购的批文是否已经全部完成了交割，企业是否确实能够获得这些批文。

第三，对于收购的批文，企业是否均有与之配套的生产线，并已经在进行产品的生产，并实现了销售。如果目前还没有，估计未来一两年内也不会实现，那实际上这些批文就不是企业的生产力，反而是对资金的浪费。

董事长说 OTC 市场竞争激烈，但落实要看给渠道的利润，公司在这方面做足了功夫，这需要我们考虑以下问题。

第一，相比于同行业可比公司，公司的毛利率是否是偏低（让利）。

第二，公司给予终端销售人员的激励政策是否足额记账。

第三，公司是否存在从"体外"支付费用的情形。

董事长说销售模式由经销变为直销，未来还将进一步加大与连锁药店的合作力度。那么我们需要考虑，同经销模式相比，连锁药店的回款速度是否明显下降，这对公司整体的资金流会产生怎样的影响；经销商是否还存在欠款，这些欠款在不合作后还能否收回。

访谈结束后，尽职调查人员必须整理好访谈纪要，并与访谈对象确认，同时要求访谈对象在访谈纪要上签名。如果访谈纪要有多页，应当在每页上签名。访谈纪要的格式参考如下。

××访谈纪要

访谈人：_____访谈时间：_____访谈地点：_____

受访人：_____受访人职务：_____受访人电话：____

访谈内容：

_____

_____

_____

访谈人签名：_____

受访人签名：_____

4.3 考察生产过程，判断价值

我们通过财务数据分析、访谈已经获得了大量的信息，但对于企业的产品或服务究竟是怎么来的心里依然还没有底。俗话说"眼见为实，耳听为虚"，我们需要的是更具象化的东西。因此，对企业产品或服务的产出过程进行考察就非常必要，这也是财务尽职调查一个重要的锚。

考察这个环节也可以放在访谈之前进行，尤其是对于比较陌生的行业，先行考察后，对企业的理解会比单纯地只看商业计划书深刻得多，下一步再进行访谈时就会更有针对性。先访谈也有好处，访谈对象有时会讲一些细节，在实地考察时尽职调查人员就可以进行验证，看看他有没有"吹牛"；而如果他知道尽职调查人员已经实地考察过就会更有警惕性，这样就缺少了一次交叉验证的机会。

俗话说"外行看热闹，内行看门道"，尽职调查人员既不懂技术也不懂工艺，考察能看出个啥？

如果不知道考察的重点，考察就会是"看了一场热闹"。尽职调查人员一定要明白考察不是去学习技术和工艺的，如果对价值链有比较深刻的理解，考察也就会更有的放矢。

价值链（Value Chain）概念最先由迈克尔·波特（Michael Porter）于1985年提出，他认为"每一个企业都是在设计、生产、销售、发送和辅助其产品的过程中进行种种活动的集合体，所有这些活动可以用一个价值链来表明。"

企业的价值创造是通过一系列活动完成的，这些活动可分为基本活动和辅助活动两类。基本活动包括内部后勤、生产作业、外部后勤、市场和销售、服务等；辅助活动包括采购、技术开发、人力资源管理等。这些互不相同但又相互关联的生产经营活动，构成了一个创造价值的动态过程，即价值链。

通过对价值链的理解，我们知道了企业价值的载体——产品或服务的背后是一系列复杂动作，企业在市场胜出，是整个价值链的胜出，这也就是企业的竞争优势。考察企业价值创造的核心目的也就在于了解企业的竞争优势，企业有竞争优势才有可能保持持续的竞争力，才能不断壮大。企业的竞争优势有很多，包括人才优势、技术优势、渠道优势等，但归根结底是成本优势及持续创新的能力。

有一个典型例子，曹德旺的福耀玻璃工业集团股份有限公司（以下简称"福耀玻璃"），毛利率常年维持在 42%，据说它用不到行业 30% 的销售额，获得了行业 70% 的利润。曹德旺在接受采访时表示，利润率高的核心就在于质量提高、成本控制、技术创新。同样卖 1 元的东西，普通管理的成本为 0.8 元，毛利率是 20%；曹德旺式的管理，成本可能只要 0.65 元，价格不变的情况下毛利率提高为 35%；即使降价 10% 销售，还有接近 28% 的毛利率；而其他企业如果降价 10%，毛利率直接下降到约 11%，很可能就要亏损了。

考察企业时，尽职调查人员可以要求企业方人员按照业务流程的顺序来进行介绍。如对于一个集研发、生产、销售于一体的企业，可以先到研发部参观，再到生产车间，在生产车间里又按照生产工艺的流程走动，最后再到销售部门，这样一整个流程下来对该企业是怎么运转的也就比较清楚了。

考察完企业后，为了从执行层面更详细地了解其运转过程，就需要运用访谈和穿行测试。穿行测试是指追踪交易在财务报告信息系统中的处理过程，这是在进行财务审计时，审计师了解被审计单位业务流程及其相关控制时经常使用的审计程序。通过穿行测试，我们可以完整地了解到尽调对象业务运营的全过程，加深对企业的理解。

执行穿行测试的一般步骤是，首先获取财务尽职调查的业务制度，结合访谈、实地参观获得的信息绘制出流程图；然后根据一定的抽样方法选择几笔业务样本，描述业务样本的实际运行情况；对照流程图，识别存在的偏差并查明偏差的原因。从财务尽职调查的角度来说，价值创造及穿行测试，涉及的主要报表项目包括营业收入、销售费用、应收款项、生产成本、存货等。以一般工业企业为例，整个流程中涉及的主要单据及账务处理包括采购订单、采购合同、验收入库单、出库领用单、成本核算表、产品质检单、销售订单、销售合同、发货单、销售发票、验收单、对账单、营业收入确认、应收账款核算等。

4.4 财务信息与非财务信息的钩稽验证

财务信息，简单来说就是反映在财务报表及财务报表附注中的各类信息。通过它，我们能直观地知道一家企业的财务状况。它是以货币形式的数据资料为主，结合其他资料，能够表明企业资金运动的状况及其特征的经济信息。

除财务信息外的其他信息，都可以被认定为非财务信息。它以非财务资料形式出现，与企业的生产经营活动有着直接或间接的联系，客观存在于经济系统的信息传递过程中。

与财务信息相比，非财务信息具有以下特点。

第一，真实性。

由于非财务信息并不直接呈现企业的成本、利润情况，外部对它的重视程度不够，所以企业刻意去修饰它的可能性比财务信息要小。再加上它多而杂，本身就是客观存在的事实，修饰起来的难度非常大。

第二，时间上的延续性。

财务信息反映的是企业经营的效率和效果，是一种结果体现，一般只与企业过去的事项相关。而非财务信息可能与企业过去的事项有关，也可能与现在甚至将来的事项有关。

在财务尽职调查的过程中，我们应当反复对财务信息和非财务信息进行钩稽验证，常见的一些指标如下。

1. 产量与水、电、气量关系的验证

财务数据并不会直接体现产量与水、电、气量的关系，但弄清楚这个比例关系，对判断企业业务的真实性有很大帮助。

对一般工业企业来说，要有产量，就必须要消耗一定的资源。如果企业刻意造假，原材料的消耗可以造假——放大买进与领用的材料量，用工人数可以造假——可以虚构工资领用或用劳务派遣的形式，在此种情况下看这些直接变动成本，几乎看不出破绽。但水、电、气这些辅助生产资料的消耗是客观存在的，造假难度比较大。一方面水、电、气的耗用量多少不是企业自

身说了算，是由外部第三方提供数据的；另一方面不管是水、电，还是气，都是要消耗了才计数的，企业如果产量上不来，消耗大概率也上不来，不可能为了营造消耗的数据而空放水。这些消耗本身不构成企业的重要支出，企业往往会忽视，但这里面的客观规律又是最朴实的，只要用心分析，假的真不了，真的假不了。

20 世纪初，我国资本市场上出现了广为人知的"银广夏事件"。从事后披露的材料来看，其中有一条就提到该公司在 2000 年主营业务收入大幅增长，电费却大幅下降，但这一异常现象并未被注册会计师报告。

2. 产能、产量、销量配比关系的验证

产能受制于瓶颈工序的最大产能，产量是产能的结果体现，销量需要产量来做支撑。三者的排序理论上应当是产能 > 产量 > 销量，如果企业数据显示出来的不是这样的钩稽关系，就必须要继续追查。

财务尽职调查过程中还应当重点考虑一个问题——产量远大于销量的情况。如果是真实经营状态下出现这种情况，显然是产品滞销了，需要仔细找原因，是战略错误、激进抑或是市场需求风格发生了切换。不论是哪一种原因，这都是投资人不太愿意看到的。

20 世纪初，除"银广夏事件"外，还有蓝某股份的造假案。如果将蓝某股份的业绩用产量来衡量，它一亩水面的产值要达到 2 万 ~3 万元，在当时的价格条件下，这意味着一亩水面至少要产三四千千克鱼，等于是不到一米多深的鱼塘中，每平方米水面下面要有 50~60 千克鱼在游动。在这个密度下，鱼塘里的鱼恐怕是缺氧的，也就是说蓝某股份的产能并不能支撑它的销售所需要的产量。实际上同样是在湖北养鱼，另一家上市公司的亩产值不足 1,000 元。

3. 销量与运费关系的验证

产品不会直接"跑"到消费者手中，尤其是对于要提供物流的企业来说，运费是一个比较有效的指标，销量多了，运费自然就会变多。当然，实务中，有很多企业是不需要提供物流的，也就没有运费了。此时我们可以找与销售直接正相关的因子，如销售奖励发放的情况等。

4. 包装物投入产出比

包装物乍看起来是一个不起眼的事物，但仔细想一想，哪个产品不需要包装？在企业生产里面，它其实是一个不可或缺的物件，甚至有些高档产品的包装物的价值占比可能还会比较高。

我过去曾经遇到过一家企业，做高端保健品，想上市，正在引进投资人。现场了解后发现，财务数据表现出来的是企业处于快速发展中，潜力很好，但内部控制一团糟。财务也还没有实现电算化，大到成本核算，小到费用记账都还在用 Excel。在现场，我的直觉告诉我，企业必然有问题，但我一直没有找到更直接的证据。后来在分析企业的成本构成时，我注意到包装物占整个产品总成本的比重很大，于是就开始研究提供包装物的供应商。这一研究，问题就明显了。在企业销售量大增的年度，对该包装供应商的采购并没有增加。虽然在进行成本核算时匹配了相应的包装物，但因为是 Excel 核算，忽视了库存与采购的钩稽关系，仅单方面增加与减少包装物，使得核算出现与实际不符的情况。

5. 毛利率的波动与工艺改进、原材料价格波动关系验证

在进行财务尽职调查时，遇到毛利率提升的情况，企业方通常会解释在其工艺方面进行了优化，降低了成本等。信还是不信呢？信，基础在哪里？不信，数据就是这么反映的。

本书 2.3 节分清财务尽职调查的观点与事实这一节，已经阐述了观点和事实这两个概念，那么企业讲工艺优化提升了毛利率，这首先是一个观点，如果要转化成事实，就是要进一步看企业在工艺改进方面做了哪些投入，优化前后是否存在对照结果说明，现场是否能观察到、询问到这种变化。

还有的企业会讲销售规模扩大，采购规模也随之扩大，与供应商沟通时更有价格优势，这也是一个观点。要落实的是与主要供应商的采购究竟增加了多少，原材料整体市场行情是怎样变化的等。

6.其他一些重要指标

（1）从员工食堂看企业福利情况

食堂饭菜质量高的企业一般都不会差，比如我们经常会在网络上看到华为食堂的各类照片，那简直就是星级酒店般的待遇。企业经营状况好，才会有更多的资金投入福利建设，这也反映了企业对员工的态度，当然也有企业即使赚了很多钱，也不愿意与员工分享。

企业食堂还藏着另外一个玄机，即看最高层是否与员工共同用餐。有的企业员工伙食很一般，但给最高层另开豪华包间，这其实也反映了企业的价值观。

（2）财务负责人的更换

人员更换本身是一个正常的现象，如果是财务负责人频繁更换就需要高度注意了。一般来说，财务负责人掌握企业一些非常机密的经营数据，甚至有些"见不得光"的事情也知道很多。除非有特别的原因，企业是不希望这样的人离开的，尽职调查人员需要详细了解其离开企业的原因。

（3）往来的运输车辆

尤其是对那些需要通过大物流走货的企业，如果在尽职调查现场一个星期都没有看到往来的运输车辆，就值得好好分析企业业绩的发展趋势了。

类似的指标还很多，本书无法穷尽，我们只需要记住，任何事物背后必有道理，都遵循事物客观运行的规律。这样一定会关注到有问题的企业，进而规避对它的投资。

4.5　召开项目现场讨论会须知

项目现场讨论会包括每天的项目复盘会议及离场前的项目总结会。每天的项目复盘会议旨在汇聚项目组发现的问题，有针对性地提出下一天的工作计划；离场前的项目总结会是对全部现场工作的复盘，对重要问题进行全面回顾，确定是否还有遗漏未解的问题，同时整理出企业尚未提供的资料清单，以便及时补充。

1. 每日项目复盘会议

每日的项目复盘会议可以参照以下流程进行。

- 每名尽职调查人员各自陈述当天的工作内容、发现的问题及拟采取的措施。
- 项目负责人总结关键问题。
- 项目组就关键问题进行头脑风暴讨论，在这个环节新入行的人员也一定要充分发表自己的意见，这是锻炼自己的好机会。
- 项目负责人形成下一天的工作计划。

2. 离场前项目总结会

离场前的项目总结会是对现场工作的总结，也是财务尽职调查报告撰写前的深度思考，讨论涉及的内容包括企业的真实盈利能力，是否存在财务造假的问题；现金流问题，账面资金是否足以支持企业至少半年的运营；盈利预测模型；企业估值及上市可能性等。

会议结束后，应当形成会议纪要，并要求项目组全体成员签字。会议纪要格式参考如下。

×× 项目总结会议纪要

项目名称：_____

会议议题：_____

会议时间：_____

参会人员：_____

会议内容：_____

_____

_____

参会人员签名：_____

第5章

财务尽职调查的"他"验证

　　完成对财务尽职调查对象的现场调查并不意味着财务尽职调查工作的全部结束，这还只能算作是开始。在现场我们被动地获得了很多信息，不管是访谈，穿行测试，还是观察，检查等这些都是基于财务尽职调查对象本身所进行的，获得的证据都是属于自己证明自己。如果财务尽职调查对象刻意营造一切，那实际上我们进入的是一个"不真实的世界"。因此在结束现场工作后，财务尽职调查人员一方面需要对这些信息进行逻辑的内部串联、钩稽，另一方面也需要从外部第三方获得更客观的信息，以印证财务尽职调查对象所陈述的一些观点。能够提供重要信息的第三方通常包括上下游合作方、信贷机构以及竞争对手。上下游及信贷机构与财务尽职调查对象有着直接的业务往来，是获取信息的重要渠道；从竞争对手处了解信息有助于更清楚地了解竞争格局及行业发展趋势。

　　向其他第三方了解信息是财务尽职调查过程中应当执行的一个程序，但财务尽职调查人员也必须清楚的是并非第三方提供的就一定是客观、真实的。那既然也会存在假信息，了解的意义何在？主要是进行信息的交叉验证，以识别出哪些信息一定为假。有些初学者往往会认为其他方给的信息一定准确，这是不对的，如果刻意造假，其他方配合起来会让整个事件显得更有迷惑性。所以针对从其他方获取信息这一程序，重心在进行验证，而非简单的获取信息，更不能贸然地以直接获取的信息作为对财务尽职调查对象未来预测的前提条件。

5.1 关键访谈对象的行为心理学

任何一种表现出来的行为背后都有它深层次的原因。对于企业这一法人主体来说，其行为折射的是企业文化；对于某个人来说，其行为反映的是他的认知、价值观。在财务尽职调查过程中，我们已经运用到了观察、访谈这样的调查方法，那么对于观察到的现象有哪些含义，访谈对象表现出来的行为又有哪些深意，以及如何更好地进行访谈，下面我们将做一些探讨。

行为心理学是 20 世纪初起源于美国的一个心理学流派，它的创建人为美国心理学家约翰·华生（John B. Watson）。他主张研究行为与环境之间的关系，而不是意识。他认为人格是一切动作的总和，是各种习惯系统的最后产物，习惯的形成受环境影响，而环境是在改变的，因此人格也是可以改变的。从这个角度看，行为心理学对我们财务尽职调查工作有着重要意义。我们来看一看一些行为特征的内在含义。

1. 行为与性格特征

行为心理学研究证明，在人际交往中，无声语言信息，即"身体语言"信息要比有声语言信息的内涵多 5 倍。说出的话经常可能会有欺骗性，但行为往往能反映内心的真实想法。在 2009 年热播的美剧《Lie to me》中，微表情专家卡尔·莱特曼无须测谎仪，无须确凿证据，甚至无须声音，多数情况下只凭细微的表情变化便可判断一个人说谎与否。

（1）头部姿势

如果访谈对象在与你交流时，不断地点头、摇头，不断地说是，千万不要被迷惑了，这种超乎寻常的肯定要么是敷衍，要么是说谎，说话内容的可信度较低。如果访谈对象的头倾向一边，眼神肯定，说话很少说明他对你的话题感兴趣，至少是比较尊重你的。

（2）腿部姿势

如果访谈对象谈话时跷起二郎腿，说明他对正在谈论的话题不太感兴趣；如果访谈对象谈话时做出"T"形的跷腿动作，则表示访谈对象有很强的优越感，此时即使他嘴上说你说得对，其实他心里想的是"你什么都不懂"。

（3）手部姿势

双手交叉的动作带有明显的自我保护色彩，如果访谈对象做出这种姿势，则表明他对财务尽职调查人员怀有一定的戒心，几乎不会说出一些重要信息。

2. 语言与性格特征

言为心声，一个人的语言表达是展示他性格特征的镜子。一般来说，语速快的人性格多为外向。如果同一个人的语速明显变化，则要高度注意了，可能讲的某些点正是他不愿提及的，或者是他信心不足，总之内心情绪一定起了波澜。如果访谈对象说话突然出现了较多的停顿，或者类似"这样""实际上"的词语经常出现，甚至一两分钟过去了还听不到一句完整有效的信息，则表明访谈对象可能在陈述一个不是事实的"故事"。

3. 实际控制人的衣食住行

投资的本质是投资人，对人的判断、研究甚至要超过对项目技术、市场等的研究。虽然对人的研究并不是财务尽职调查的工作，但了解实际控制人的一些特点也是对整个企业的一种交叉验证。

（1）实际控制人的穿着特点

我曾经见到过一些创业企业的实际控制人戴着很粗的金链子，戴着高达数十万元的手表。这原本是他们的私人行为，我无权评价其对错，但从投资的角度来说，是否要投资这样的创始人就值得斟酌了。

衣着反映了对自身的管理。一个衣着朴素，但整洁干净、得体大方的人，不能说他办企业一定会成功，但反过来想，一个穿着邋遢的人，能够把企业管理得很好吗？也许会，但投资是做大概率事件，要相信常识的力量。

（2）实际控制人的饮食特点

在一次收购案的尽职调查中，我们发现被收购方食堂的午餐全部是素菜，当时尽职调查小组的成员都认为企业为员工考虑得很周到，在家里荤菜吃得太多了，在企业清淡一点儿有利于身体健康。事后才知道，原来是企业实际控制人的个人观念，这本身是一件好事，但如果带到了整个企业，那就不好了。

尽职调查人员还应当从饮食中观察出实际控制人的健康状况。健康状况本身是一个很私密的话题，不合适直接询问，只能通过在与他的接触中观察，如他的办公室里是否有药味，吃饭时是否只吃清淡的等。

（3）实际控制人的住所

这也是一个很私密的信息，但又是必须要了解的一个问题，这能够判断实际控制人的财产状况。除家庭住所外，办公室算是其第二住所，若无法观察到家庭住所的内部情况，从办公室也能窥视一二。办公室的整齐程度能够反映一个人对待生活的态度，这种态度也往往体现在管理风格中。如乔布斯是一个极简主义者，据说他的家里简单到只有一张床、一盏台灯。他把这种理念完全贯彻到工作中，重新定义了手机，开创了一个新时代。

（4）实际控制人的出行

汽车已经越来越普及，不管是生活还是工作的需要，企业有车是一件很正常的事。尽职调查人员需要关注的是汽车的档次是否与企业所处的阶段相匹配。一个尚处于创业阶段的企业，正是花钱的时候，却有多辆豪车，那么企业的享乐主义可能比较严重；反之，如果说企业的业绩很好，但企业甚至是实际控制人都没有一辆专用车，这又有点儿说不过去，业绩的真实性值得怀疑。

4. 场景特征

（1）仓库中的场景

在观察仓库时，有一个很重要的指标，即单位面积价值比。假设企业账面存货 5,000 万元，70% 为原材料，30% 为产成品。企业专有仓库面积

2,000 平方米，存货均存放于仓库中。计算的仓库单位面积价值比就为存货 5,000 万元除以仓库面积 2,000 平方米等于 2.5 万元／平方米。尽职调查人员在观察仓库现场后，就应当合理推算每平方米 2.5 万元的货物价值是否合理，理论上，摆放规则的货物，即使不用详细盘点也能估算其价值。如果仓库货物摆放杂乱无序，则表明企业的管理水平比较低。

除计算单位面积价值比外，仓库的另外几个现象也是重要观察点。

1）存货真实性

有些企业为了作假，箱子里面根本就没有货（面上的是实的，下面的就是虚的），或用别人的货来冒充自己的货，或存在大量难以变现的残次品。

2）存货包装日期

有些企业说以产定销，周转速度很快，但如果在检查包装日期时发现有的时间离现在已经很久了，甚至外包装上都蒙了一层灰，则说明存货实际已经放得很久了。如果这部分存货比例还不小，那就要注意企业数据的可信度了。

上述这些信息虽然不会"说话"，但却是最真实的客观存在，尽职调查人员一定要高度关注这些信息。

（2）员工的办公场景

员工是企业最核心的资产之一，在前文已经从财务报表中获取了关于员工的一些信息。通过对员工及办公场景的观察还能获取出一些信息。

1）员工的着装

如果企业员工着装统一，说明企业纪律要求很强，对一般制造生产类企业效率会比较高，但对一些设计、营销、互联网企业可能不适用。着装是否统一不是重点，重点是是否得体。

2）员工的精神状态

大多数人的喜怒哀乐都是写在脸上的，如果观察到员工都是愁眉苦脸的，尤其是高管，那需要考虑企业最近是不是遇到什么不顺心的大事了。

3）员工工位与实际人数

有的企业布置了很多工位，但大多数没人，需要考虑其原因是人员离职还是外出，还是为即将到来的员工准备的。

4）员工的加班行为

有些企业一到下班时间点员工基本就都走光了，侧面说明两点：一是公司业务可能不繁忙，二是有可能效率高。

类似的现象还有很多，本书不一一列举，列举的目的也是告诉读者现象的背后都有它的道理。既然是财务尽职调查，注意到一些异常的现象了，就应该多问几个为什么。

5.2 访谈上下游，洞察行业发展

上游是企业的供应商，下游是企业的客户，任何企业的发展都离不开这两个"伙伴"的帮助。客户的实力强不强，展现的是企业可预期的发展潜力好不好；供应商的实力强不强，展现的是企业的产品质量潜力好不好。企业间交易的背后也都是人在主导，人往往喜欢与具有同等身份地位的人交流、交易。这无关乎歧视，正所谓"知己难觅，知音难求"。同等身份地位也不单指财富、权力，也体现在认知、某一细分领域的专业水平等。如果在财务尽职调查过程中，我们注意到企业的供应商、客户都是一些很优秀的企业，即使现阶段这个企业很小，它未来也很有可能成长为一个大企业。

当然，在我们没见到企业的供应商、客户，并与之进行面对面沟通前，我们所有的信息都来自企业单方面的说法和固有的认知。要获得进一步的信息，我们就必须与他们取得直接联系。同供应商访谈有两个核心目的，一是验证标的企业确实在与之交易，并了解交易的量有多大；二是了解供应商自身的产能，及能给到标的企业的交货期、账期，这主要是为了解标的企业所处行业的情况。同客户访谈同样也有类似的两个目的，一是验证财务尽职调

查对象信息的真实性，二是洞察行业发展情况。

在进行访谈之前，我们首先要确定访谈对象。访谈对象的确定也有一定的讲究，不是随意的、抽签式的选择。

第一，按交易金额排序，选择最近几年的主要客户及供应商，如交易额排名前五的。

第二，按往来款余额排序，包括应收账款、应付账款、预收账款及预付账款所对应的客户及供应商，选择排名前五或更多的，如果与第一条的选择重复，则重选。

第三，选择近两年新增，交易额比较大但没有在第一、二条选到的客户及供应商。

选定访谈对象后，我们需要通过标的企业来获得供应商、客户的联系方式，通过他们的协助才能够与供应商、客户建立正常的联系，切忌很冒失地直接联系。我们也不必担心标的企业事先会与他们串通一致，他们与标的企业的业务行为，是假还是真是比较容易判断的。除此之外，我们更想知道供应商、客户对行业的看法及他们目前所做的一些应对，这也是我们的非财务指标。

在建立好联系后，有的可以直接电话访谈，有的需要去到对方的办公场地。电话访谈或者去之前务必准备好详细的问题清单，面对面访谈的，还应当准备好名片。让对方了解你，是消除对方戒备心理很重要的一种方式。为更好地介绍访谈逻辑及目的，本书列示了一些重要的问题供参考。

1. 上游供应商访谈

（1）了解供应商的基本信息

基本信息包括供应商经营的主要业务、现有工厂、人员规模、主要业务区域等。对于一些行业知名度很高的供应商，则无须再了解这些了。这些信息都不直接与标的企业相关，但又非常重要。它们有助于我们了解供应商的实力，以及供应商身处这个行业下所做的准备，以此窥视行业整体发展情况。

我们在调研某个电子消费品企业时，标的企业介绍近段时间以来，供应商交货速度明显有所放缓。后来我们去实地进行供应商访谈，看到现场正在进行大规模建设。通过交流获知，该供应商最近订单增多，但产能有限，无法满足客户的所有需求，现在正在扩大产能。从这里我们就能比较清楚地知道，行业应该是快速发展起来了，对于标的企业来说是好事，说明市场整体规模在扩大，但也要警惕竞争对手更多了。

（2）了解与标的企业的交易历史

需要了解的信息包括跟标的企业产生交易的原因，从接触到第一笔交易都经历了什么过程，标的企业对供应商都提出了一些什么要求，近几年的采购主要是一些什么内容，交易金额大概是多少，标的企业是否是其很重要的客户，是否与其有过不愉快的事件发生。

这些信息涉及一些具体的数据，访谈对象也不一定记得很精准。在访谈过程中，我们一定要消除访谈对象对数据的恐惧，不一定要获得精确的数据，能够判断出最近几年的交易趋势和大概的交易范围就可以了。

（3）了解标的企业给予的信用结算期

我们可以直接询问供应商目前标的企业还欠付多少钱，对方是负责销售的，对还应收多少钱一般是比较清楚的。

（4）了解所供应产品或材料的价格波动情况

需要了解的信息包括近几年所供产品或材料的单价变动情况，产生这些变化的主要原因是什么。如果价格上涨，是供给不足的原因，还是劳动力成本、更上游材料价格提高的原因。如果价格下跌，是行业竞争更激烈的原因，还是技术突破导致行业效率提升、成本下降的原因。了解这些信息更有利于我们对认识整个产业。

（5）对行业发展的看法

作为标的企业的上游，供应商也会面临很多的客户，行业是好是坏他一定会有非常切身的感受。从供应商的视角来看这个行业也是印证标的企业说法的很好的一种方式。

（6）对标的企业的评价及未来合作的预期

由于供应商与标的企业存在一些利害关系，评价时不一定完全客观，但有几点我们是可以比较清晰地掌握的，一是付款是否及时，二是对品质的追求，三是标的企业在行业的地位。访谈快要结束时还可以询问供应商与标的企业未来的合作计划。

2. 下游客户访谈

（1）了解客户的基本信息

基本信息包括客户的主要业务、产品的应用领域、成立时间、企业规模等。当然如果已经是非常知名的客户则无须再了解。

（2）了解与标的企业的交易历史

需要了解的信息包括是从什么时间开始与标的企业接触的，产生第一笔交易的时间，他们选定供应商一般要经历哪些程序，有哪些准入门槛，近几年向标的企业采购的产品主要是哪些，大概的交易金额是多少，标的企业是否算得上他们重要的供应商，是否与其有过不愉快的事情发生。

（3）了解客户的采购及交易特点

需要了解的信息包括产品采购是否存在季节性特点，向标的企业采购的一般流程，每笔采购是否都会签订采购订单，标的企业交货后双方是否会有验收的单据，与标的企业的结算方式及结算周期，目前的未付款大约是多少，合作以来是否存在退货现象，如果存在退货现象是否都能妥善解决。标的企业交货或提供服务的响应时间如何，与其他供货商相比有哪些特点。

（4）了解产品价格的波动情况

需要了解的信息包括最近几年所采购产品的价格变动情况，产生这种变动的原因，一般在什么情况下与标的企业开始沟通价格，是否有不成文的规定要求标的企业每年必须在价格上进行一定幅度的下调，与其他供应商相比，标的企业是否有价格优势，预计未来产品价格的变动情况。

（5）了解产品的应用市场

相对标的企业来说，客户更进一步接近终端市场，产品真正被消费了才算是价值实现。他们对行业的看法有助于我们对行业进行分析判断。

（6）对标的企业的评价及未来的合作预期

需要了解的信息包括未来开展进一步合作的计划将主要围绕哪些方面进行，对比现有的合作方式将有哪些升级，预计今年向标的企业的采购规模将达到多少，目前已经完成了多少，标的企业在行业内的地位如何，怎么评价，或是说对标的企业的实际控制人如何评价。

5.3 访谈竞争对手，洞察市场格局

俗话说同行是"冤家"，实务中，想从竞争对手处获得关于财务尽职调查对象的真实有效信息几乎是不可能的事情，但访谈竞争对手是十分必要的。从财务的角度来说，访谈竞争对手的目的是希望了解他们认为的行业竞争格局及各自的市场地位、盈利能力，以及他们对市场的看法。从一个竞争对手处了解的信息可能比较片面，但当收集到 3 个或者 5 个竞争对手的信息时，可以认为是获得了一组样本，这样综合起来的信息就有了分析的意义。如果财务尽职调查对象陈述的市场竞争格局、行业地位与竞争对手的陈述存在明显差异，通常竞争对手的陈述会更客观一些。财务尽职调查对象的陈述一般会偏乐观，这从商业计划书也能看出来，通常会采用类似"细分市场第一"，"国内唯一"的字眼。如果财务尽职调查对象的实力特别强，在访谈竞争对手的过程中，他们也会从心底里表达出来对它的认可。

不同于对供应商和客户的访谈，很难通过财务尽职调查对象直接联系到竞争对手。这就需要运用行业资源，如行业协会、供应商等。访谈竞争对手也不一定要找高管，像负责销售、研发的总监级人员也可，当然能找到更高层的对象更好。访谈的内容一般围绕以下两个方面进行。

- 对所属行业发展趋势的看法。
- 对行业竞争格局的分析，如主要竞争对手有哪些，如果要对他们的实力进行排序的话顺序是什么。

如果访谈对象没有提到财务尽职调查对象，可以适时地提起来，请他们评价一下财务尽职调查对象，在评价的过程中再针对性地进行提问。这时的提问就很关键了，需要临时发挥。如果访谈对象说到财务尽职调查对象一般，应当适时地再提问，问清具体体现在哪些方面，是产品不行、研发不行，还是市场策略不行等。除访谈外，也可以通过竞争对手的官网、项目说明会、公开披露的年报（上市公司）等来了解信息，甚至可以伪装成客户来获取竞争对手的产品及销售信息。

5.4　访谈信贷机构，增信企业价值

信贷机构一般指银行或融资租赁机构，这也是企业能够获取到债务性融资最常见的渠道。不管是银行还是融资租赁机构，毫无疑问他们都是风险厌恶者。企业能够拿到他们的钱在一定程度上就说明了他们对企业的认可，当然那种以坑蒙拐骗方式获得贷款的企业不在讨论范围内。实务中一般也不会出现这种极端情况，不好的项目早在立项阶段就给"毙掉"了，不会走到现场尽职调查阶段。

在访谈信贷机构前，尽职调查人员应当获得标的公司的征信报告。同个人一样，每个企业也有它的征信报告，可以要求企业去人民银行或者开立的银行账户基本户所在行打印出来。只要是正常的借款，征信报告上都会详细记录放款行、放款金额、利率、贷款方式、余额等详细信息。了解这些信息后，有助于我们跟信贷机构交流。征信报告上记录的信息是有力的外部证据，一般无须再去验证，当然我们也要谨防企业提供的是假的征信报告。有条件的情况下，尽职调查人员应尽量同企业一同前往银行打印。

几年前，坊间一直流传着某上市公司财务造假的信息，账面列示的货币资金余额与实际金额存在重大偏差。有读者就会好奇了，货币资金的确定不是很简单吗？查企业网上余额、银行函证就会很清楚。理论上是这样，实际

上却存在若干变数。我在这里简单分享几点。

（1）银行询证函被"调包"

不管是去柜台当面向银行函证余额，还是邮寄银行函证文件都存在被调包的可能。账面货币资金有问题的企业，往往是由企业的出纳或是资金主管陪同前往。那么在银行就可能会遇到这样的场景，银行客户经理或是主管会很热情地接待你，企业方也会说就在这里休息一下，最后你拿到询证函，从银行离开了。可实际上你仍然判断不了这份询证函的真实性，你甚至连接待你的到底是谁可能都没搞清楚。

你可能吸取了教训，直接去柜台，可是就在你分神的一瞬间，企业方可能先把盖好章的文件拿走了，然后以迅雷不及掩耳之势又把提前准备好的文件给你，你也不会有什么疑问，但问题其实早就产生了。

（2）一个假的银行网站

现在网银这么发达，直接登录网银网站查看总没问题了吧。有一句话是这么讲的——你看到的只是对方想让你看到的。我们认为自己已经执行了很严谨的程序，殊不知自己进了一个假的网银系统。

当然，也不是说每家企业都会如此的"神奇"，而且问题不会孤立地存在，在审计或调查过程中有很多其他现象都会提示高风险，货币资金环节的问题只不过是最形象的"暴露"罢了。

从货币资金暴露出的问题对财务尽职调查的信贷访谈有什么借鉴意义呢，我认为有以下两点值得注意。

（1）确认信贷人员身份

如果企业有大额贷款，或者到期贷款偿还存在一些问题，那么它将不喜欢尽职调查人员直接面对信贷人员。因此在与信贷人员交谈过程中必须交换名片，确认对方工号，了解其在银行工作的时间，对公司业务的了解等问题。也许这看起来有些不可思议，但实务中经常会有假人员、假业务的情况发生。

2017年6月29日，美的集团股份有限公司发表声明确认2016年10亿元理财被骗的事实。随着案件的审判，2019年年中时，更多细节被披露出来。媒体报道显示，2016年3月9日，美的方负责人来到重庆银行贵阳分行涂永忠的办公室，在这间办公室内，美的方负责人不仅见到了安泰公司负责人，还见到了重庆银行贵阳分行的"潘副行长"。同年 3 月 21 日，美的方负责人再次来到这间办公室，并成功拿到了重庆银行贵阳分行签字盖章的《兜底担保函》。不过他们都不知道，这一切只是一场"闹剧"。他们见到的"潘副行长"是由安泰公司员工假扮的，在《兜底担保函》上盖章的银行工作人员也是由安泰公司员工假扮的，盖在担保函上的印章则是造假私刻的"萝卜章"。

（2）确认贷款金额

给企业贷了多少款，现在还欠多少，与企业直接进行业务往来的信贷人员必然是非常清楚的。在访谈过程中，尽职调查人员需要通过一系列的问题来达到目的，但不要一开始就直接询问企业总共贷了多少钱。一些可参考的问题如下所示。

- 与企业是什么时间，缘何认识的。
- 是什么时间开始同企业沟通贷款业务的。
- 贷款时一般会对企业做哪些方面的评优。
- 标的企业吸引银行关注的点有哪些。
- 同标的企业最早的一笔贷款业务是从什么时间开始的。
- 目前标的企业的贷款余额还有多少，采取的贷款方式（抵押物）是什么。
- 对标的企业的评价。
- 未来准备合作的计划。

访谈完成后也应当形成会议纪要，以供日后查阅。

第 3 篇

财务尽职调查的分析方法

通过第 2 篇的学习，我们已经梳理了财务尽职调查现场工作的一些基本"套路"。本章将从财务分析的角度入手，从数据中探索财务尽职调查对象的一些秘密，还将探讨如何对财务尽职调查进行盈利预测与估值；最后就是读者最关心的话题，即一份财务尽职调查报告究竟该怎么写，主要以模板的形式进行示例。本篇的重点内容如下。

- 如何分析财务报表中的"人""财""物"。

- 如何分析企业的"血脉"——现金流。

- 企业财务真实性、盈利能力的调查手段。

- 如何对企业进行盈利预测与估值。

- 财务尽职调查报告模板。

第6章

财务分析在财务尽职调查中的运用

财务报表是企业经营效果、效率的集中体现，任何时候财务分析都可以是了解企业的突破口。企业通过对人、财、物的综合运用而产生经营结果，财务尽职调查的财务分析也可以遵循这样的思路进行。

6.1　财务报表中的"人"

企业没有人，一切经营活动就无从谈起。财务报表中与人相关的项目包括应付职工薪酬，支付给职工以及为职工支付的现金等。

1. 应付职工薪酬

资产负债表上应付职工薪酬余额反映的是应当发而未发的工资，通常会是所有员工一个月的薪资，以及计提的奖金。通过这个数据我们往往可以窥视到企业的一些重要信息。

（1）企业的经营趋势

如果应付职工薪酬余额同比出现大幅上升，一般可以认为有如下情况。

- 企业人员增加了，需要付的工资多了。
- 企业较上年提高了人均工资，需要支付的总额增加了。
- 企业效益好，计提的奖金增加了。
- 企业效益不好，已经长时间没有发放工资了。

以上前 3 项，无论是哪一种情形，均预示着企业处于比较好的发展状态。具体到某一个企业，第 4 项是否成立是非常好判断的，出现这种情况必然意味着企业财务状况的急剧恶化，不用去到企业现场，从其他财务指标就能看出来。

（2）企业类型

结合企业的人员结构可以分析出企业是劳动密集型还是技术密集型等，通过在尽职调查时拿到的各年度组织架构图就容易得出结论。

以上市公司牧原食品股份有限公司（以下简称"牧原股份"，代码为

002714）为例。

牧原股份 2014~2018 年期末应付职工薪酬变动情况，如表 6.1 所示。

表 6.1　牧原股份 2014~2018 年期末应付职工薪酬变动情况

报告期	2018 年	2017 年	2016 年	2015 年	2014 年
应付职工薪酬（万元）	23,583.89	17,585.61	8,708.89	3,198.53	2,746.48
同比增长	34.11%	101.93%	172.28%	16.46%	—
应付职工薪酬/负债总额	1.46%	1.56%	1.20%	0.90%	1.27%

注：数据源自公司公开披露的年报

2016 年，牧原股份应付职工薪酬余额大幅提高，这种接近 200% 的增幅不可能仅是人均工资提高所致（一年内每人提高两倍的工资是违反资本规律的），必然是大规模的扩张带来的结果。到 2017 年，这种势头仍在延续，这说明公司扩张在继续，能够持续地扩张，也说明公司的扩张策略起到了积极的效果。如果是相反的效果，一个公司不可能在两年，甚至三年内延续相同的策略。接下来，我们看看人员结构，牧原股份 2015~2017 年各年度员工人数情况，如表 6.2 所示。

表 6.2　牧原股份 2015~2017 年各年度员工人数情况

单位：人

项目	2015 年度	2016 年度	2017 年度
生产人员	4,551	12,059	20,874
销售人员	48	194	438
管理人员	480	3,721	4,087
技术人员	753	1,240	1,604
合计	5,832	17,214	27,003
人数增长率（%）	—	195.16	56.87

注：数据源自公司公开披露的年报

通过对牧原股份 2015~2017 年度人数的对比可以清晰地看到，公司人数确实是在大幅度增加，而非拖欠工资。相应的，公司业绩从 2016 年开始的确出现大幅增长。公司股价从 2016 年年底开始也是逐步抬升的，随着业绩的释放，股价持续抬升。

再来看另一家新三板公司——广州由我科技股份有限公司（以下简称"由我科技"，代码为 839438）。

由我科技 2016~2019 年期末应付职工薪酬变动情况，如表 6.3 所示。

表 6.3　由我科技 2016~2019 年期末应付职工薪酬变动情况

报告期	2019 年	2018 年	2017 年	2016 年
应付职工薪酬（万元）	769.03	445.55	218.51	167.81
同比增长	72.60%	103.90%	30.22%	—
应付职工薪酬/负债总额	7.57%	8.18%	4.72%	7.57%

注：数据源自公司公开披露的年报

从 2018 年开始，由我科技应付职工薪酬余额开始大幅度增加，2018 年年末相较于 2017 年年末应付职工薪酬增加幅度超过 100%，2019 年其增长依然在持续，有合理理由相信公司处于快速发展阶段。为进一步证实，对其 2017~2019 年各年度人员构成进行分析，如表 6.4 所示。

表 6.4　由我科技 2017~2019 年各年度员工人数情况

单位：人

项目	2017 年度	2018 年度	2019 年度
生产人员	128	297	416
销售人员	12	19	33
管理人员	21	63	96
技术人员	44	103	138
合计	205	482	683
人数增长率（%）	—	135.12	41.70

注：数据源自公司公开披露的年报

2018 年公司人数较 2017 年增加了约 135%，尤其是生产人员的大幅增加，说明公司的产品需求在增加，也在一定程度上说明公司应该是属于劳动密集型，产值的提升很大程度上依赖于人工，而不是机器。再进一步看看 2017~2019 年各年度的业绩表现，如表 6.5 所示。

表 6.5　由我科技 2017~2019 年度营业收入及变动

项目	2019 年度	2018 年度	2017 年度
营业收入（万元）	33,011.67	18,056.65	8,028.31
营业收入增长率（%）	82.82	124.91	—

注：数据源自公司公开披露的年报

2018 年公司在人数翻倍的情况下，收入也翻倍，这也说明人员的增加取得了积极效果，公司目前确实处于快速发展的过程中。

从上述两个案例来看，仅通过应付职工薪酬余额的变化及公司员工的结构就可以对企业给出一个基本判断，这对我们快速了解一个企业非常有用，但万万不可只用一个指标就下结论。因为当你认为应付职工薪酬余额增加，可能是扩张取得了好效益时，还很有可能真的就是长期拖欠工资；当你认为员工人数不断增加是企业产值扩大所必需时，也可能是企业经营效率低下的表现。

2. 支付给职工以及为职工支付的现金

员工在公司工作，公司必然是要支付一定报酬的，在现金流量表中反映出来就是支付给职工以及为职工支付的现金。该数据反映的是当年度公司实实在在的支出，也是员工实实在在获得的报酬。对于公司而言，获得了效益才会有更多支出的基础，可以结合以下 3 个指标进行分析。

（1）支付给职工以及为职工支付的现金年度比较

通过各年度间的变动趋势来窥视企业经营情况。应付职工薪酬余额反映的是一个时点数，支付给职工以及为职工支付的现金反映的是一个年度的指标，采用收付实现制的现金流指标也剔除了可能存在的长期不支付工资导致应付职工薪酬偏高，进而使得分析失真的情况。

如果该指标呈现持续增加状态，且增加的速度显著高于 GDP 增长速度，可以合理相信公司处于快速发展期，但也要谨防实际控制人通过工资来转移资产的情况，需要综合判定。

如果该指标在各年度间波动较大，说明公司或所处行业的发展存在一些不确定性；如果呈现逐年下降趋势，公司经营大概率遇到了一些困难，在裁员或者是进行业务上的重大调整。

（2）营业收入薪酬比

营业收入薪酬比指用营业收入除以现金流量表中支付给职工以及为职工支付的现金，该指标说明了一元钱的人工投入可以带来的产出，是一个人效指标，可反映企业的组织管理能力、绩效考核能力。

合理的组织架构，优秀的考核机制，能使原本需要 5 个人干的活，用更少人就可以完成，支出变少，人效当然就提高了。

（3）人均薪酬支出

用支付给职工以及为职工支付的现金除以员工人数可以计算出人均薪酬，该指标可以反映公司的薪酬竞争力，也能间接说明公司的经营绩效。

如果该指标呈现逐年递增的趋势，且增幅显著高于 GDP 增幅，通常说明公司绩效越来越好，或者是公司在不断引入高层次人才。将公司的人均薪酬与同行业平均水平相比，如果该指标显著偏高，则通常说明公司的薪酬竞争力较强（好的绩效会有好的报酬）。

通过公开渠道能够查到一些上市公司的数据，其他非上市公司的相关数据很难直接获取到，一个比较简单有效的办法是登录各类招聘网站，分析类似岗位提供的薪酬。

6.2　财务报表中的"财"

企业有了人，还得依靠一定的"财"。"财"具体可以体现为股东投入、债权等。

1. 股东投入

股东投入在财务报表中被记为实收资本、资本公积，两项合计通常即为股东长期以来的全部投入（仅指有限责任公司，若已股改为股份有限公司则不适用）。在尽职调查时，我们可以直接用这两个数据的合计数进行初步分析，但也有例外。

▪ 有限责任公司阶段进行了未分配利润转增，这等于是将经营赚取的利润也计入了实收资本中。实务中这种情况比较少见，尤其是作为股权投资的标的企业。

▪ 企业进行了股权激励，根据《企业会计准则》的规定，换取职工服务的权益结算要计入资本公积，而这并没有实际投入。对于高科技企业来说，这会是一个相对普遍的现象，可以通过财务报表——所有者权益变动表来查阅因股份支付计入资本公积的值。

以科创板上市企业苏州泽璟生物制药股份有限公司（以下简称"泽璟制药"，代码为 688266）为例。

泽璟制药 2017~2019 年实收资本情况，如表 6.6 所示。

表 6.6　泽璟制药 2017~2019 年实收资本情况

单位：万元

报告期	2018 年	2017 年	2016 年
实收资本	4,042.14	3,428.41	3,265.40
资本公积——资本溢价	98,339.33	39,538.53	28,696.00
资本公积——其他资本公积	0.21	—	—
合计	102,381.68	42,966.94	31,961.39

注：数据源自泽璟制药公开披露的审计报告

根据泽璟制药审计报告的描述，企业于 2019 年 2 月整体变更为股份有限公司，因此财务报表上列示的实收资本及资本公积在 2019 年之前反映的都是有限责任公司阶段的数据。初步分析，从实收资本及资本公积——资本溢价两项数据看，2018 年度约为 10.23 亿元，也即股东投入约 10.23 亿元。

进一步看所有者权益变动表，获知股份支付计入资本公积——资本溢价的余额在 2018 年年末约 3.09 亿元，因此估算各股东的现金投入约 7.14 亿元。这个数据不一定精确，但已经能充分说明企业的特点，即企业所从事业务对资金的需求极大。

带着这样的思维，后续进一步分析时就会思考，企业历次融资的大额资金都用到何处，是否产生了既定的效益；企业是否面临资金紧缺的问题，现有资金还能支撑多久。

在分析股东投入时，还需要严格区分哪些是属于创始股东投入，哪些是属于外部非经营股东投入，这就需要仔细查阅企业历次增资的文件。我们常听到的企业 A 轮融资、B 轮融资都可以归为外部非经营股东投入。区分创始股东投入及外部非经营股东投入对财务尽职调查也有重要的指导作用。

如果创始股东投入占大多数，可以认为其对企业发展有信心，创始股东也有一定的资金实力。如果创始股东投入很少，主要是依赖于外部非经营股东投入，在财务尽职调查时需要充分评估每次引入资金时的其他附加条件，如果没有完成约定对企业将产生何种影响。

2. 长、短期借款

除了股东投入外，企业外部的增量资金最主要的来源之一就是贷款，体现在财务报表上就是短期借款、长期借款。一个正常经营的企业如果能成功向银行贷款，一般来说还是有一定实力的，因为银行是一个"风险厌恶者"，不会将钱随意借出（恶意串通骗取贷款的除外）。对于有较多贷款的企业，在进行尽职调查时，我们可以从以下几个维度进行分析。

（1）财务费用中的利息支出除以借款的年平均余额

这可以用来计算资金的年度使用成本，将计算出来的数值与银行基准利率相比，可以知道企业为获得贷款究竟付出了多大代价。计算出来的数值越低，说明企业筹措资金的能力越强；反之，若实际的资金使用成本远高于银行利率，就需要审慎考虑企业的资产质量了。

（2）取得长、短期借款的方式

取得贷款，要么用信用，要么用抵押，规模不大的发展中企业比较难获得纯信用贷，往往都要进行抵押、担保。尽职调查时，我们需要充分了解企业用哪些资产进行了抵押，剔除这些被抵押的资产，企业还剩下多少有效资产。

贷款是否产生了应有的效益，是尽职调查关注的重点。这就要从贷款的用途来考虑，实务中常见的会有以下两种情况。

（1）贷款用于补充流动资金

企业在发展过程中，收入要"爬楼梯"上升，受回款周期的影响很大，需要更多的流动资金支撑收入的扩大。这一特点典型体现在工程及类工程企业，这些企业的下游客户通常为一些大型企业，不会不给钱，但回款周期比较长。针对这类企业，我们需要分析投入产出比，即贷款投入 1 元，能带来的增量销售额是多少，销售额同比增加的情况下，收款是否同比例增加。

假设一家企业当年度实现营业收入 1 亿元，毛利率为 35%，净利率为 15%，账期为 10~15 个月，企业贷款的资金成本为 5%。企业收入要想再上台阶，必须再投入，预计垫资 5,000 万元，能再撬动 1 亿元的销售额。1 亿元的销售额能实现利润 1,500 万元，扣除 5% 的资金成本（按使用周期 1 年半计算）375 万元，还有净利润 1,125 万元，值得做。

而在实务中，这往往是理想中的模型，也只存在于模型中。实际的情况是在账期内收回 80% 的款，还剩下 20% 的款归期未定。问题就来了，利润率才 15%，但有 20% 的款不能及时收回，也就没有更多的资金支持做更多的销售额，由此导致的结果是应收账款、贷款双高。此时分析应收账款的可回收性就额外重要了。

（2）贷款用于购置长期资产

银行贷款一般都属于短期贷款，以1年为时限，需要到期归还后再贷。近年来，一些银行为了控制风险甚至要求贷款企业按月归还部分贷款。这种用短期贷款购置长期资产的行为实际上会给企业带来非常大的资金流压力。尽职调查人员必须分析投入长期资产后产生效益的时间，以及当还款期来临时企业能够如何应对。如果还款期来临时，没有充足的资金，很多企业会选择资金拆借的方式（俗称"过桥"），而这部分资金成本异常高，不仅会影响企业利润，还会耗费实际控制人大量的精力，不利于企业的正常发展。

3. 货币资金与长、短期贷款共存的分析

近年来有很多上市公司被曝造假，这些企业都有一个共同点，即在期末时点货币资金余额很大，同时贷款余额也很大。货币资金余额很高给人的印象通常是企业账面资金充裕，短期内不会存在资金短缺的问题，而只要资金不出问题，企业的持续经营短期内也就不会出问题。

货币资金和贷款余额双高，看起来总是会有些别扭。贷款总是要成本的，除非获得的贷款成本低于将这些贷款进行理财所能获得的收益，但现实中这几乎是一件不可能的事情。贷入的款项没有得到充分的利用，不能创造价值那就是在消耗价值。从资本逐利的角度来说，这是违反资本特性的。反常的即是存疑的，这些现象也不只存在上市公司中，一些规模较大、发展较快，正在融资的企业也会面临同样的问题，那应如何防范这样的问题呢？

（1）分析企业每月的货币资金余额，并据此匡算可以获得的利息收入

账上有钱必然会产生利息，如果各个时点均有高额的存款，但获得的利息收入很少，就有理由怀疑货币资金结存金额的真实性；如果大多数月份结存的货币资金都比较小，但某个月突然大幅增加，需要考虑企业是否刻意对货币资金进行调节，制造货币资金充足的假象。

（2）经营活动产生的现金流量净额与货币资金增减比较

企业货币资金的增加来自3个方面：一是经营活动积累；二是股东投入及借款，统称筹资获得现金；三是处置资产，投资获利收回现金，统称投资

获得现金。只有经营活动积累的现金才算是企业真正创造的增量财富，如果一家企业的货币资金余额高，每年经营活动产生的现金流净额也高，即使呈现出存贷双高的现象也不用过于紧张。相反，如果经营活动现金流净额低，甚至呈现负数，就需要仔细斟酌了。

6.3　财务报表中的"物"

有人，有财，还得要有物，一个实体企业才能真正运转起来。在利用"物"进行分析时，我们必须带着这样一种思维，即关注这些"物"的有效性（也称为质量），以及这些"物"所能支撑的"产能"。这些对于后续判断企业业务的真实性具有非常重要的作用。

1. 固定资产

就一般工业企业来说，固定资产是企业重要的生产资料，其周转率、利用率、瓶颈产能等对企业的盈利能力都会产生重要影响。

在上述 3 个指标中，直接通过财务报表只能计算出一个指标，即固定资产周转率。周转率越高，说明单位时间内创造的价值越大；固定资产利用率能够体现出一家企业的资金运用能力、资产管理能力，背后反映的是企业的战略规划能力，这需要对企业进行实地走访才能得出结论；固定资产瓶颈产能决定了企业最大的产值，这需要在对企业产品生产流程特别熟悉的基础上得出结论。

不管是计算企业的固定资产利用率还是固定资产瓶颈产值，都有相当大的难度，如果不是特别专业，很难得出精确的结论。在这种情况下，巴菲特"模糊的正确胜过精确的错误"这一指导思想可以发挥作用。我们并不需要确切地知道固定资产利用率究竟是 70% 还是 80%，只要知道企业投入了很多资金，但几年了还没产生回报这个事实就好。

在实务中，一些企业喜欢添置资产，这些实际控制人做实业习惯了，喜欢做看得见摸得着的事物，对于建设工厂有着特别的爱好。我们不能说这种做法一定有错，但一定要理清企业所处的阶段。在企业的产品、市场、人才都不到位的情况下，一味地去进行资本性投入只会让企业负重前行，或许这些资产在 3 年或者 5 年后能够发挥作用，可是时间不等人，市场不等人，机会稍纵即逝。一个快速发展的企业，把钱用在现阶段更有价值的地方，在一个领域快速做专、做强是非常有必要的。遇到这种长期进行资本性投入的企业，尽职调查时需要重点考虑下列几个问题。

- 实际控制人是否是一个讲究面子工程的人，是否贪大求全，如果是，大概率可以放弃。

- 这些固定资产在进行建造时是否进行了可行性论证，现状与计划是否存在偏差，存在偏差的根本原因是什么。

- 固定资产的价值是否处于一个合理区间。有些企业为了转移资产或者是虚增利润，会故意"做高"固定资产的价值。

了解企业瓶颈产值的目的，一方面是从侧面印证营业收入是否存在造假，另一方面是判断企业未来几年在没有资本性投入的情况下所能实现的营业收入。尽职调查人员可以通过找到关键工序，再看关键工序对应的设备，分析该设备对应的产能进而估算整体产能。如服装生产企业有一道工序叫打边，是所有衣服成品必经的程序，那么通过计算打边机的数量、日产能等可以匡算出企业的最高产能。如果企业财务报表体现的产能远高于此，则需要注意是否存在虚增产能进而虚增收入的情况；反之，如果实际产能远低于理论产能，可能是销售情况不乐观导致开工不足，也可能是生产过程中因为技术原因导致生产不畅，停工较多。无论是哪一种情况，都是不好的迹象，尽职调查人员需要始终保持合理怀疑，进而寻找确定的支持或不支持的证据。

2. 无形资产

《企业会计准则》中将无形资产定义为企业拥有或控制的没有实物形态

的可辨认非货币性资产，包括专利权、非专利技术、商标权、著作权、土地使用权、特许权等。

　　财务尽职调查需重点关注无形资产账载价值的合理性，以及未来持续带来价值的可能性。一项无形资产，要么是直接购置取得，要么是自主研发形成。尤其是一些高科技企业，外购或是自主研发形成的无形资产较多。由于其并不具备实物形态，其价值的高或低不容易衡量，采用比较分析是一个常用的方法。

　　（1）同行业研发支出的资本化比率比较

　　为提高竞争力，在市场占有一席之地，科技类企业每年都会有大量的研发投入，主要是人工及与之配套的物料、检测成本等。这些投入有的会最终形成成果，而大部分都只是研发路上的"陪跑者"。根据《企业会计准则》的规定，企业研发无形资产分为研究和开发两个阶段，开发阶段的投入如果被证明符合无形资产定义及相关确认条件的可以资本化，确认为无形资产的成本，除此外都应当费用化，计入当期损益。

　　研发支出资本化还是费用化，不同的处理结果对企业当期的利润影响很大。很多研发投入大，但利润还不是很高的企业，为了使报表利润好看一些，就会在研发支出资本化这个问题上做文章，这体现在两个方面：一是把不属于研发的支出人为地划拨过来；二是把应当费用化的支出做资本化处理，提高当年净利润。

　　将某个企业的资本化支出占整个研发投入的比例与同行业其他企业进行比较，是分析该企业资本化支出合理性的一个重要方法。

　　以浙江海正药业股份有限公司（以下简称"海正药业"，代码为600267）的研发费用资本化情况为例。

　　海正药业的研发投入及资本化情况，如表 6.7 所示。

表 6.7　海正药业的研发投入及资本化情况

单位：万元

项目	2015 年度	2016 年度	2017 年度	2018 年度
资本化	38,220.93	36,400.23	40,472.92	53,108.13
费用化	44,570.30	41,103.73	43,946.40	50,283.14
研发投入总额	82,791.24	77,503.96	84,419.32	103,391.27
资本化占比	46.17%	46.97%	47.94%	51.37%

注：数据源自公开披露的年报

从上述数据可知，海正药业 2017 年、2018 年两个年度的资本化占比在研发投入的 50% 左右，而同行业企业江苏恒瑞医药股份有限公司（以下简称"恒瑞医药"，代码为 600276）2017 年、2018 年两个年度的资本化金额均为 0，且绝对金额是海正药业的 4 倍之多。如果海正药业同恒瑞医药一样将研发支出全部费用化，将直接减少 2017 年度的净利润 4 亿元，使得海正药业由盈利变为亏损。

2020 年 4 月 30 日，海正药业发布《关于确认开发支出转费用化处理以及计提资产减值准备的公告》，公告称部分研发项目因前期原料药研究与新的标准有较大差异，导致其生产工艺将从源头改变，前期研发投入无效，前期资本化投入转入费用化处理，费用化金额合计 5,498.05 万元，影响归属于母公司的净利润 5,498.05 万元，占到 2019 年度归母净利润的 58%。

（2）无形资产占总资产的比例及其周转能力

无形资产是没有可辨认的实物形态的，它的价值在于提升企业竞争力，为企业未来的盈利提供支持。由于它没有实物形态，这就提高了尽职调查的难度。这项资产究竟有还是没有，技术含量高还是不高，价格贵还是不贵，都充满了不确定性。

尽职调查人员该怎么办？回归本源，不论一项无形资产被形容得有多"高大上"，是否帮助企业提高了壁垒、实现了业绩是判断的根本。我们可以用两个财务指标来进行初步分析。

1）无形资产占总资产的比例

一个成熟的企业，如果无形资产占总资产的比例过高，往往是一个比较危险的信号。从财务报表的结构简单来理解，假设初始 100 元的投入，80 元的投入形成了无形资产，那么无形资产占总资产的比例为 80%。随着经营的积累，逐渐有了货币资金、应收账款等，资产总额将不断扩大，无形资产的占比也将不断降低。这种情况实质上体现了无形资产作为一项核心资产为企业带来了良好的业绩。但若占比一直过高，我们有充分的理由怀疑无形资产被虚增，或者是壁垒不高，不能为企业带来超额收益。

从数据上将海正药业、恒瑞医药进行对比。

海正药业、恒瑞医药无形资产占总资产的比例的对比分析，如表 6.8 所示。

表 6.8　海正药业、恒瑞医药无形资产占总资产的比例的对比分析

单位：万元

2019 年	无形资产（A）	开发支出 (B)	总资产（C）	占总资产的比例 [D =（A+B）/C]
恒瑞医药	34,976.15	—	2,755,647.55	1.27%
海正药业	75,258.94	59,917.10	2,146,556.35	6.30%

注：数据源自公开披露的年报

从数据可知，海正药业的无形资产占比要显著高于恒瑞医药。但恒瑞医药无论是营业收入还是利润规模均要远高于海正药业。通过比较，我们会有一个初步的结论，即海正药业面临着强大的竞争对手，而且海正药业无形资产占总资产的比例远超行业其他企业，资产质量可能一般。

2）无形资产的周转能力

财务分析公式中一般不会专门提及这个指标，为了更直观

地反映无形资产与收入间的比例关系，用营业收入除以无形资产来分析无形资产给收入带来的贡献。一般来说，这个指标的比值越大，可以理解为无形资产的价值越大。试想一下，如果账面记载着高额的无形资产，但营业收入一直没有提高，又如何证明无形资产能创造价值。

对比海正药业和恒瑞医药的情况，如表 6.9 所示。

表 6.9　恒瑞医药和海正药业 2015~2019 年度无形资产周转能力

无形资产周转能力	2019 年度	2018 年度	2017 年度	2016 年度	2015 年度
恒瑞医药	66.58	63.88	49.54	38.96	47.57
海正药业	14.71	9.73	13.27	11.48	10.77

注：数据源自公开披露的年报整理

恒瑞医药无形资产的周转能力要远高于海正药业，也说明其盈利能力要强得多，这一点最终反映在两个企业的股价上。

3. 存货

对一般工业企业而言，一家企业的存货管理水平基本反映了它的经营水平。在财务报表中，存货余额反映的是某个时点数，就某个时点而言，存货余额高或者低都有其合理性。那么如何判断存货究竟是否存在问题呢？可将其与业务贯穿起来分析。

（1）存货周转率

卖出去的叫产品，它实现了销售，还在仓库的包括一切原材料、半成品、成品都称为存货。存货（产品）是企业赚钱的根本载体，它的周转速度（周转率）直接影响企业的盈利。

存货周转率等于当年度营业成本除以存货期初期末余额的平均数，存货周转率高说明存货流转速度快，效率高，反之则不然。将同行业同阶段的企业对比是一种比较好的初步分析方法，超越平均水平的企业总是容易被关注到；同样，低于平均水平的企业也会被高度重视。超越不一定就是优秀，落后也不一定就是差，这只是给我们指示了进一步分析的方向。

存货周转天数比较分析，如表 6.10 所示。

表 6.10　存货周转天数比较分析

单位：天

存货周转天数	由我科技	朝阳科技	佳禾智能
2019 年度	80.90	75.52	68.79
2018 年度	75.63	89.14	89.96
2017 年度	88.24	69.77	83.97

注：数据源自公开披露的年报整理

由我科技、广东朝阳电子科技股份有限公司（以下简称"朝阳科技"，代码为 002981）、佳禾智能科技股份有限公司（以下简称"佳禾智能"，代码为 300793）这 3 家企业均从事无线耳机的研发、生产及销售。通过数据对比会发现由我科技 2019 年度的周转天数要高于其他两家企业，且其他两家企业 2019 年度的存货周转速度同比 2018 年度是加速的，只有由我科技是同比减速的。实际上无线耳机，尤其是 TWS 耳机在 2019 销售异常火爆，由我科技的存货周转减速就需要进一步分析原因，是成本的原因还是期末结存余额高的原因，该变化背后的业务逻辑是否合理。这些都将是财务尽职调查的重点方向，带着这些问题，财务尽职调查工作也就会有的放矢。

（2）存货余额与营业收入的合理性分析

期末存货过高对财务报表会带来什么样的影响？最直接的影响就是减少结转成本，从而虚增利润。如果期末实际存货 5,000 万元，减少结转存货 500 万元，则对净利润的影响为 375 万元（假定企业所得税率为 25%）。若该企业的净利润率为 10%，等于是放大销售 3,750 万元。从造假的难度来看，虚增销售 3,750 万元要比少结转存货 500 万元难得多，因此存货也就成了造假的高发区。

存货只有销售出去了才能为企业带来现金流，实现其价值，否则就是占用资金，消耗企业的价值。一家企业期末结存余额是否合理可以用常识来判断，结合存货周转率、当年度已实现营业收入、毛利率等可以分析判断结存货物是否存在虚高的可能。

假设一家企业当年度实现营业收入 1 亿元，毛利率为 45%，当年度存货周转率为 6（周转天数为 60 天），期末结存存货为 5,000 万元，分析其合理性。

我们来看，在毛利率为 45% 的情况下，5,000 万元的存货如果全部是成品，则在下一年度可以实现的营业收入约为 9,090 万元。也就是说下一年度无须大规模生产，储备的存货就几乎够全年销售（不增长的情况下）。合理吗？可能吗？正常的商业逻辑中几乎没有一家企业会储备如此高额的存货（除非预计下一年度收入会出现数倍增长或是特别的战略需要），因为存货是需要占用资金的，资金是有成本的。

也不是说存货期末余额高就一定会有问题，需要结合下一年度的销售情况来进一步判断其合理性。如果下一年度各月份销售额同比上期增幅很大，说明企业真的是处于一个快速发展阶段，需要大量备货。如果销售额没有特别显著的变化，存货余额也没有明显的减少，就值得警惕了。

6.4 企业的"血脉"——现金流

财务管理中这样描述企业价值：它最终体现为一系列自由现金流的折现。也就是说一个企业如果没有赚到现金流，那价值就为 0。一个企业只消耗资金，不能产出资金，这就如同一头奶牛只吃食物不产牛奶一样，是没有价值的。

围绕现金流对企业进行分析时，可以从下面 3 个阶段来进行。

第一阶段，活下来，合理运用有限的资金，不因资金短缺而倒闭。这一阶段也可称为"鬼门关"，最核心的指标是净利润与经营活动现金流量净额的匹配度。

第二阶段，能"造血"，脱离襁褓，能够独立"生活"，一边"打工赚钱"，一边"自我升级"，随时准备"鲤鱼跳龙门"。这一阶段用自由现金流这个指标会看得很清晰。

第三阶段，能分红，开始"反哺"，真正地"成年"，带着股东走上发财致富的"康庄大道"。

绝大多数的企业跨越不了第一阶段，哪怕是看起来很大的企业也不能例外，众所周知的共享单车 ofo 就是典型。也有些企业即使看起来有数千万元的净利润，但依然在"鬼门关"前徘徊，因为它的经营活动现金流净额常年为负。

企业挺过第一阶段，就战胜了绝大多数的对手，能够赚取利润，更能够赚取现金流。但为了应对外部竞争，还需要不断地升级技术、扩张资本，赚了 1 元钱，可能还得投出去 1.2 元，用于购买设备、扩大生产线、招兵买马等，表现出来的财务指标就是自由现金流可能会为负。自由现金流为负也就意味着没有更多的钱能够用于分红，股东还不能着急要回报。

能够进入第三阶段的企业绝对是市场中的佼佼者。但投资千万不要投长期不给股东分红的企业。据不完全统计，A 股至少有超过 90 家企业连续 10 年没有分红，超过 300 家企业连续 5 年没有分红，有的甚至自上市以来从来没有分红。当然市场也给足了他们"面子"，不分红的企业股价自上市至今，基本没有涨幅，甚至还跌了。

作为投资人，当然希望投资一家能够步入第三阶段的企业，即使这家企业最终没有上市，有稳定的分红收益，投资也不会亏损。为了投中这样的企业，我们就必须把一些有问题的企业排除掉。下面介绍一些常用的指标与方法。

1. 净利润与经营活动产生的现金流量净额比

先用一个例子说明。

某企业从事 A 产品的销售，产品的毛利率为 35%，扣掉各项费用后净利率为 15%。该企业年初有现金 1 万元，一年经营下来实现了营业收入 3 万元，净利润 4,500 元，企业财务人员小张向老板汇报财务报表列示的情况。

老板听后对小张说：小张，你是不是搞错了，你这里显示我赚了 4,500 元，可是现在账上才 8,000 元，我这不是还亏了 2,000 元？

小张：老板，是这样的，我们总共卖了 3 万的货，核算下来确实赚钱了，现在账上只有 8,000 元，是因为还有一些货款没有收回来。

老板：明白了，算账是赚了，但赊账的也比较多，得抓紧时间把钱收回来，不然等于是白忙活一年，还搭进去 2,000 元。

在这个例子中，小张核算的净利润是根据《企业会计准则》，遵循权责发生制来编制的，老板的"亏了 2,000 元"是基于收付实现制，从现金流的角度来说的。案例中这样的情形，财务专业术语称为净利润与经营活动现金流量净额不匹配。如果当期的销售都收到钱了，且企业的其他业务行为也都已付款，理论上经营活动产生的现金流量净额和净利润是一致的。

实务中要完全达到这种状态是很难的事情，经营过程中的销售难免有未及时收款的，各项采购支出也并非立即支付。因此净利润和经营活动产生的现金流量净额不一致是一种常态，我们需要警惕的是经营活动产生的现金流量净额长期大幅小于净利润的情况。

在正常的商业往来中，没有任何一家企业愿意只卖产品不收钱，除非它就只想要一个"漂亮"的利润表，这类企业是我们需要回避的。

是否经营活动产生的现金流量净额与净利润一致，或是高于净利润，企业赚取利润的含金量就高呢？答案是否定的。前文已说过，企业是通过对人、财、物的综合运用来赚取收益的。对物的运用就包括了投资购买设备、上新项目等，这类支出在现金流量表中列示为投资活动，而投资活动可能会影响企业的盈利质量，有些企业甚至会操纵投资活动现金流，营造出经营活动产生的现金流量净额为正的假象。为更全面地了解企业现金流的情况，就需要引入自由现金流的概念。

2. 自由现金流

自由现金流是每个期间企业的全部现金流入扣除全部成本费用和必要的投资后的剩余部分，它是一定期间内可以提供给所有投资人（包括股权投资人和债权投资人）的税后现金流量。它的计算方式有若干种，为简化，这里介绍两种计算方式。

- 自由现金流 = 息前税后经营利润（EBIAT）+ 折旧和摊销 – Δ 营运资本 – 资本支出
- 自由现金流 = 经营活动产生的现金流净额 – 投资活动产生的现金流出

用通俗的话来说，自由现金流是企业每年净赚的钱（已经放到口袋里的钞票）扣掉还需要的一些投入（如建房子、买设备、多备点货等），剩余可提供给投资人的钱。

在对一家企业进行分析时，非内部专业人士很难用第一个公式来计算企业的自由现金流，用第二个公式通过企业披露的现金流量表则可以直接计算出。

试想，如果一个企业每年有 3,000 万元的净利润，有 2,500 万元的经营活动现金流净额，按理说这样的盈利能力含金量相当高，但若该企业每年投资流出 5,000 万元呢？流出了两年甚至三年但没看到效益，该企业还能持续经营吗？

我们可以运用这一指标来分析 C 和 D 两家上市公司的情况。

C 公司简要自由现金流，如表 6.11 所示。

表 6.11　C 公司简要自由现金流

单位：万元

2001~2017 年	金额
净利润	1,882,637.58
经营活动产生的现金流量净额（A）	972,574.59
投资活动产生的现金流出小计（B）	1,444,235.71

续表

2001~2017 年	金额
吸收投资收到的现金	1,823,461.01
分配股利、利润或偿付利息支付的现金	820,925.08
其中：分配股利支付的现金	492,313.87
计算的自由现金流（C）= A −B	−471,661.12

注：数据源自公司公开披露的年报

如上表所述，自 C 公司上市（2001 年）至 2017 年期间，合并报表实现净利润约 188 亿元，经营活动产生的现金流量净额约为 97 亿元，占净利润的比例接近 52%，从盈利与现金流匹配的角度来看不算差。通过简单公式计算的自由现金流约为 −47.16 亿元，也就是说赚来的钱在进行投资后，没有可供支配给投资人的现金流。但该期间，C 公司累计支付现金股利约 49.23 亿元，占净利润的比例约为 26.15%。在自由现金流为负数的情况下，有现金分红，显然依靠的是融资，该期间 C 公司吸收融资的金额达到 182 亿元。

再来看看 D 公司简要自由现金流，如表 6.12 所示。

表 6.12 D 公司简要自由现金流

单位：万元

2010~2018 年	金额
净利润	841,348.83
经营活动产生的现金流量净额（A）	702,901.01
投资活动产生的现金流出小计（B）	804,022.35
吸收投资收到的现金	1,063,551.46
分配股利、利润或偿付利息支付的现金	308,724.41
其中：支付现金股利	85,810.00
计算的自由现金流（C）= A −B	−101,121.34

注：数据源自公司公开披露的年报

自 D 公司上市（2010 年）至 2018 年期间，合并报表实现净利润约 84 亿元，经营活动产生的现金流量净额约 70 亿元，占净利润的比例超过 80%，从盈利与现金流匹配的角度来看，这已经可以算作优秀。通过自由现金流简单公式计算的该期间自由现金流约为 −10 亿元，而该期间，D 公司累计支付现金股利约 8.58 亿元，占净利润的比例约为 10%，说明其背后依靠的是大规模融资，该期间 D 公司吸收融资的金额达到 106 亿元。

从数据来看，不管是 C 公司，还是 D 公司经营活动产生的现金流量净额占净利润的比例都不算低，并不是只有账面利润而没有现金流的企业。那为什么还是出了问题？关键就在于投资活动，也许投资的钱不是真的拿去投资了，也许投资产生的效益是真的差，总之投资把钱消耗掉了。过去在整个货币环境宽松的政策下，企业可以比较容易地从各个渠道融资，2015 年以后在去杠杆的背景下环境变得紧张了，"暴雷"就成了一种不得已的选择。

3. 资本性投入占经营活动产生的现金流量净额的比例

资本性投入即现金流量表中购建固定资产、无形资产和其他长期资产支付的现金，该指标反映企业为保持竞争力而不断地投入的效益比，与企业现金流的第二阶段相呼应。我们以中国贵州茅台酒厂（集团）有限责任公司（以下简称"贵州茅台"）、泸州老窖股份有限公司（以下简称"泸州老窖"）、安徽古井贡酒股份有限公司（以下简称"古井贡"）3 家公司的数据为例。

贵州茅台、泸州老窖、古井贡的资本性投入占经营活动产生的现金流量净额的比例分析，如表 6.13 所示。

表6.13　3家公司资本性投入占经营活动产生的现金流量净额的比例分析

单位：亿元

2018年度	贵州茅台	泸州老窖	古井贡
资本性投入	16.07	14.68	3.07
经营活动产生的现金流量净额	413.90	42.98	14.41
资本性投入占经营活动的现金流量净额的比例	3.88%	34.16%	21.33%

注：数据源自公司公开披露的年报

单从2018年看，贵州茅台资本性投入占经营活动产生的现金流量净额的比例最低，这与行业地位密切相关，其经营活动收入并不需要投入更大比例在目前的业务上，也就有更多的资金用于分红，或用于其他的投资以谋求更大的利益。

在实务分析时，如果企业处于快速成长期，我们应当查看连续3年甚至5年以上的数据。如果一直是持续投入状态，我们需要警惕企业用长期支出转移资金或企业的商业模式可能存在根本性问题。在去杠杆的环境下，这种财务指标下的企业更是要高度注意。

我们可以进一步通过数据看C公司是如何大手笔投资的，如表6.14所示。

表6.14　C公司资本性投入分析

单位：亿元

项目	2018年	2017年	2016年	2015年	2014年
资本性投入	45.93	21.48	15.67	13.75	6.821
经营活动产生的现金流量净额	−31.92	−48.4	16.03	5.089	11.32
资本性投入占经营活动产生的现金流量净额的比例	−143.89%	−44.38%	97.75%	270.19%	60.26%

C公司在2014~2018年间，每年都在大笔投入，收入远比不上对外投资，显然就只有高度依赖杠杆，货币环境一收紧，出问题就是必然的。

第 7 章

洞察企业行为

　　企业的行为最终会通过若干种方式反映出来。如本书中所提及的某咖啡公司因为抑制不住对规模的追求而刻意造假，最终受伤的还是自己。那么企业的哪些行为是我们要重点关注的，这背后又隐藏了什么含义，是本章需要探讨的问题。

7.1 企业财务真实性调查

财务真实性通常是指业绩真实性，业绩真实性通常体现在收入、利润两个指标上。一个企业不论商业计划如何宏伟，如果不能产生收入、利润，最终必然无法长久。企业本身是要自负盈亏的，脱离这个本质谈其他的，就是自我陶醉。既然是尽职调查，就一定要抓本质，抓不住本质，就会被幻象所迷惑。当然财务真实性也不局限于收入和利润，这两个指标只是假的结果体现，为达到这个结果，整个财务报表都会"动"起来。要想知道财务真实性如何，我们就得先了解企业"造假"惯用的一些手法。由于本书的重点并不是揭示财务造假的问题，介绍点到即止。

我们先来了解财务造假的基本逻辑。为了谋求上市，或者是获得贷款、获得投资，企业就需要"漂亮"的业绩，造假的结果是收入增加，利润增加。收入来源于客户，要有收入必须构建相应的客户，必然也会带来采购的增加，这就需要建立更多的供应商或是加大对供应商的采购，而完成这一切需要与之匹配的现金流，那又需要通过建立更多的资产来转移资金，进而形成资金流动的闭环。

总结起来就是，虚增（构）客户和供应商，虚构与业务匹配的现金流，虚构资产"消化"现金流。具体来说，有以下一些方法。

1. 提前确认收入，期后做退货处理，或形成应收账款长期挂账

企业的每一项业务都是真实存在的，体现在交易对方是真实的，交易合同是真实的，交易内容也是真实的，唯一不真实的就是交易对方的付款意愿。

有的企业在临近期末，为了冲击当年度业绩，把一些还不符合收入确认条件的业务也确认了收入，然后在下一年度又进行冲回。

2016 年 7 月 20 日，证监会公布了对某公司的处罚，公告中提到如下内容。

2013 年某公司提前确认收入 87,446,901.48 元，虚增利润 68,269,813.05 元。2013 年 12 月，某公司针对售价在 3.8 万元以上的软件产品（3.8 万元策略投资终端、9.8 万元投资家机构版、19.8 万元投资家 VIP 版、58 万元投资家至尊投顾版）制定了包含"若在 2014 年 3 月 31 日前不满意，可全额退款"条款的营销政策。2013 年 12 月 3 日至 11 日，此营销政策在某公司官方网站上进行过公开宣传；后虽在某公司管理层要求下将"可全额退款"的条款从网站上删除，但 2013 年 12 月全月，某公司所有营销区域的销售人员在营销中，均向客户承诺"可全额退款"。

在无法预计客户退款可能性的情况下，某公司仍将所有销售认定为满足收入确认条件，并按收入确认方法确认为当期销售收入。由此导致某公司 2013 年 12 月提前确认收入 87,446,901.48 元。

从公告的描述看，很显然某公司的营销策略是为了冲击 2013 年度业绩所采取的激进措施。从业务的角度看，策略本身没"毛病"，问题就出在该业务在报表上被确认了收入。合同条款约定了"若在 2014 年 3 月 31 日前不满意，可全额退款"，那么某公司在无法预计客户退款可能性的情况下就不应该确认收入。

这类型的问题在尽职调查过程中是比较容易发现的，我们可以运用以下方法。

- 充分了解企业的业务模式，结合业务合同约定的条款来选择收入确认的方法，以及收入确认必需的支持性单据。

- 统计各月收入，进行分析性复核，观察某些月份是否存在异常的情形。抛开企业季节性周期因素，没有特别的原因，各月份的经营数据不应当呈现大起大落，异常的就是可疑的。证监会对某公司的处罚公告还显示，2013 年，某公司（合并财务报表）前三季度收入总额为 54,106.90 万元，利润总

额为 -18,896.40 万元，第四季度单季收入为 35,319.34 万元，利润总额为 23,188.51 万元，全年利润总额为 4,292.11 万元。第四季度实现收入占全年收入的 39.49%，实现利润占全年的 540.26%。从数据看，这显然是违背常理的。

■分析期后退货及实际收款情况。如果企业是刻意提前确认收入，造成的结果就是账面形成较大额的应收账款。未来如果无法"坐实"这部分收入，应收账款就会长期挂账，要么通过退货减少应收款，要么通过其他资金回流来解决。此时查阅下一年度各月收入变化情况可以发现一些问题，如果同比上年各月份收入大幅下降，需要进一步细看收入构成明细，是否存在大量的退货，同时也可以针对上一年末形成的大额应收账款进行回款检查。

2. 通过壳公司、关联公司虚构收入

不同于提前确认收入，虚构收入的性质非常严重，属于欺诈。典型案例如某上市生物科技公司，2004 年至 2007 年 6 月间虚增业务收入 296,102,891.70 元。它虚增收入的手法正是通过注册一些壳公司，掌握关联企业的银行账户来虚构交易。

面对可能的虚构交易，在尽职调查时可以用哪些方法呢？

■列示标的公司近 3~5 年新增的主要客户及供应商，观察与这些客户或供应商各年度的交易金额。如果从新增一开始交易额就很大，或者是其中某个年份交易额很大，下一个年份又几乎没有交易，这种客户或供应商就值得进一步关注。

从一般的商业逻辑来讲，交易都是建立在互信的基础上，互信就需要一个过程，一个从没有过交易的企业突然成为重要的客户或供应商，这有违商业逻辑。也许标的公司会说双方的实际控制人互相很熟悉，本身就有很好的信任基础。这是不可信的，商业行为和私人行为是两回事，良好的私人关系可以加速商业行为的合作，但不能取代商业行为本身的规则。

■仔细分析主要客户、新增客户、供应商的成立时间、经营范围、注册资本、地址、业务活动区域等信息。

如果一个企业刚成立不久就与标的公司发生大量的交易，这也有违常识，看到类似的情况第一反应就是，这个企业是不是为了专门做标的公司的业务而生的。

查询注册资本和经营范围能给我们什么信息？一个想要做大、做久、真正经营的企业，注册资本既不会过低，也不会高得夸张。实务中，我们会遇到一些企业的注册资本为 50 万元或者 100 万元，然后跟标的公司一年有几千万元的交易额，这几乎可以确定就是壳公司。经营范围有时也能提供很重要的线索，某些企业与标的公司业务关联度很低，但人员的关联度很高，为了虚增销售，这些企业也"卖命"地采购，但是企业经营范围里面绝大多数说明与该项业务无关。这说明什么？标的公司的业务不是它的主业，大量的交易就纯属"帮忙"。

企业的地址也大有玄机。我曾经负责一家公司的审计，注意到它的一个供应商、一个客户就处在同一栋楼的上下层。当然也不是说一定不可能，但遇到这种这么奇特的事情，一定要再多追问几个为什么。你或者会想，对方要造假还不至于犯这么低级的错误吧，实际上实务中事后看起来很愚蠢的事情经常上演。比如曾经有一家拟 IPO 企业，被举报造假上市，尽职调查团队调查其客户时，打电话给客户，客户的电话彩铃竟然还是该拟 IPO 企业的。

要了解交易对方的业务活动区域的难度相对大一些，但现在互联网很发达，一家企业如果要做业务通常都会在网络上留下一些信息，也可以以供应商或者客户的身份打电话直接询问，以获得信息。

▪ 分析是否存在大客户、供应商突然消失的情形。在某上市生物科技公司的案例中，有另外两家公司，这两家公司在 2005 年 11 月 15 日同一天注册成立，与某上市生物科技公司发生交易后，2008 年 6 月 5 日又进行了工商注销。他们以为注销了就万事大吉了，但已经有的痕迹是抹不掉的。

3. 虚增固定资产等长期资产构建资金流

为了使虚构的收入看上去更真实，虚构收入所对应的应收账款一定也要有资金回流，不然应收账款会无比庞大，让人一眼就能看穿这个企业在造假。

既然应收账款本身是假的，又要有资金回流，资金来源于哪里呢？要么是实际控制人拿自己的其他资产真实地往里面填，要么是实际控制人想办法从企业里"套"一部分钱出去，虚增固定资产等就是从企业转移资金出去的手段。

（1）分析最近几年的无形资产、在建工程、固定资产的增减变动

在实务中进行分析时，我们需要考虑宏观环境及行业状况。如果同行业企业都在大规模地扩张，企业作为行业中的成员，要想获得市场，大量的投入也是必需的。反之，如果企业逆市而行，无论是扩大还是缩小投资都是一个不好的信号。

对长期资产分析区间的选择也有一定的技巧。如果已经选择了最近 3 年作为企业的收入分析区间，那么分析长期资产变动的区间则往前、往后均延长 1 年，即分析的时间为 5 年。这是因为企业若刻意地、系统性地造假应该提前就会筹划资金，收入的造假结束后回收应收账款也还需要一段时间，所以对资产的造假可能在收入造假结束后依然在进行。

一个理性的企业家，在企业快速发展阶段一定会讲究资金的高效使用，即投入后必须有相应的产出。如果账面列示的长期资产年年增加，但这些资产总是不能投入使用，或者使用率很低，或者是实际产出率很低，我们就有理由怀疑该资产对应资金支出的合理性。

2019 年某激光公司被诟病的在欧洲设立研发中心的问题，其实审计报告里面已经有反映。如果该项目经过连续几年的投入没有多少变化或者没有投入使用，往往就可以认为那只是一个故事而已，很多上市公司的募投项目更是如此。投资者需要独立思考，认真分析，不要被一时的概念、故事所骗，表 7.1 所示为某激光公司在建工程连续 3 年数据。

表7.1　某激光公司在建工程连续 3 年数据

在建工程	2018 年 12 月 31 日	2017 年 12 月 31 日	2016 年 12 月 31 日
欧洲研发中心（元）	671,364,123.81	420,541,898.23	269,040,962.31

注：数据源自某激光公司 2016 年、2017 年、2018 年年度审计报告

　　至少 3 个完整年度过去，某激光公司在欧洲设立的研发中心一直处于在建状态，先不论该事项的真假，单这种投资周期、资金运用效率就令人担忧。

　　某激光公司是一个上市公司，有资金，有实力，也许真的能让资产闲置，能耗得起。我们如果面对的是未上市企业，正在快速发展，同时缺钱，若也是如此的办事效率，投资的必要性又在哪里呢？

　　（2）分析资产提供方

　　任何交易都不是一方能够完成的，企业为构建长期资产究竟把钱付给谁了是尽职调查时需要重点关注的。和分析供应商、客户的思维一样，我们也需要对这些大额资产的提供方进行包括成立时间、注册地、经营范围、业务活动范围等在内的分析。

　　（3）分析资产单位价值的合理性

　　调研时最怕的情形就是真中有假，假中有真。对于长期资产的造假基本上都是这种"假亦真来真亦假"的状况，这也是因为固定资产、在建工程都是看得见摸得着的，不可能纯粹虚构一项出来，通常的作假方式就是"做高"资产价值。但因为这些资产有具体的实物形态，也给我们判断其应有的价值提供了一个很好的参考。

　　对一项房屋建筑物而言，需要检查分析这几个关键数据：工程预算数、工程决算数、建筑面积、单位造价。单位造价是一项很有用的指标，同类型房屋的造价成本是比较容易获取的一个值，两相比较，如果差异太大就需要进一步调查。

　　对购置的重要机器设备而言，务必对比合同、发票、资金流水等原始单据。若对该项设备的价值依然存在重大疑虑，可以直接联系供货方，以采购者的身份沟通获取资产价值信息。

　　无形资产价值的核定是一件难度比较大的事情，尤其是技术类资产，作为外行根本无法评估，必要时就需要借助专家的力量。财务分析能起到合理推导的作用，假设某年度某项专利技术类支出达到总资产的 20%，这无论如何都是值得关注的。此时需要衡量该专利技术购买的作价依据、产生收益的可能性等。

企业虚增资产到底有什么用？前文已说过，企业实际控制人可以从其他方将多支付的资金拿走，在外部支付一些成本费用，或者是以企业虚假收入所对应的应收账款回笼的方式将资金再收回。这样一增一回，企业的资金没有增加也没有减少，但资产增加了，收入增加了，利润也增加了。

举个简单的例子。

某企业年初账面有现金3,000万元，按照过往的经营经验及对市场的预判，预计今年能实现营业收入1.5亿元，净利润3200万元，经营活动现金流量净额2,000万元。

该企业想将当年度营业收入做到2亿元，净利润做到4,500万元。于是找到某建筑公司，说准备盖一栋大楼，作为未来的办公研发大楼及生产基地。总预算6,000万元，签订合同后预付1,000万元，正式开工后再付1,000万元。

为扩大销售，该企业找到M、N、P3家公司。洽谈合作，提出可以放宽账期，但采购量要达到一定规模。

经过一年的运营，年底时，该企业账面实现销售2亿元，净利润4,500万元，在建工程增加2,000万元，账面结存现金3,000万元。

背后的交易可能是，该企业支付给建筑工程公司2,000万元，建筑公司将其支付给企业实际控制人，由此企业的资金转变为实际控制人的资金。

实际控制人再将资金分别支付给M、N、P公司的实际控制人，由其加大对该企业采购，并利用多余的现金支付回款，收入虚增路径图，如图7.1所示。

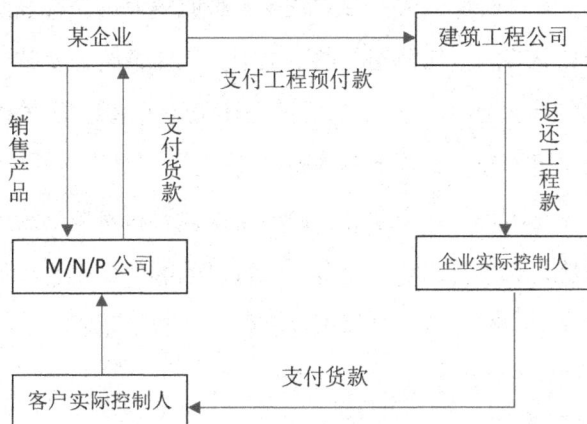

图 7.1　收入虚增路径图

随着社会的进步、科技的发达、认知的提升，财务造假的方法越来越多，手段也越来越高明，本书无法穷尽各种手法及针对性措施，书中提到的几点只是冰山一角。但不论手法如何变，我们一定要抓住企业经营的本质，遵循客观规律，相信常识，不要用想象去分析判断一家企业，如此，大概率能排掉很多"雷"。

7.2　企业盈利能力调查

财务分析中常用的盈利能力指标包括销售毛利率、销售净利润率、净资产收益率、总资产报酬率等。在对上市企业进行分析时，通常会先从这几个指标来看其盈利情况。在对未上市企业进行分析时，是否是也可以直接用这几个指标呢？如果可以用又该怎么用呢？不同的结果到底意味着什么不同的含义呢？

一般来说，上市企业通过公开渠道披露的信息较多，机构对其的研究也比较多,市场透明度相对较高,各类数据也经过审计,有一定的参考、可比性。

但非上市企业，被社会公众关注相对较少（类似华为技术有限公司、贵阳南明老干妈风味食品有限责任公司这类不上市，但知名度已超过上市企业的除外），企业内控体系还不健全，各类数据还很不完善，数据失真也是一种常态，因此需要用一套"组合拳"来进行调查。

我们需要先对盈利做一个定义，简单来说，盈利就是企业赚取的有含金量的利润。从社会的角度理解，有含金量可以理解为企业创造了增量财富。从财务的角度理解，有含金量是指不仅有账面利润，还要有现金流。下面我们介绍一些具体的方法。

1. 充分了解企业所处的行业及产业链

一个企业有如一个生命一样，它来到这个社会中，自成立之日起就有自己的使命与责任。使命的不同，造就了商业模式的不同、社会分工的不同，也导致财富来源的不同。不可能每个人都从事芯片研发，也不可能每个人都生产口罩，实际控制人的专业背景、认知能力决定了他所能从事的行业。

企业一旦进入某个行业，在产业链上它处于什么位置，也就是它的社会分工也就明确下来了。一个企业不可能把整个行业的事情全部做完，尤其是在高度专业化的今天。芯片有设计、晶圆、封装、测试等若干环节，企业能在这个产业链上的某一环节占有一席之地就已经足够优秀。

尽职调查不是搞科研，也不是搞行业研究，在财务尽职调查过程中，了解产业链对我们有什么用？不同的环节所要求的技术、能力等不同，所分配的利润率也不同，这不以某个企业的意志为转移，是社会分工所导致的必然结果。利润率属于财务数据，也是前文讲过的财务尽职调查的一个锚。行业发展处于什么阶段、有什么产业政策、产业链是什么格局都对企业的盈利能力有着重大影响。

（1）了解企业所处的宏观环境，判断其会带来哪些影响

PEST 分析法是一种常用的分析方法，它从政治、经济、社会、技术4个维度来分析企业所面临的状况。实务中，虽然很难做到每一项都能很精准地分析到位，但只要具有这样的思维并运用一二，对财务尽职调查来说就足矣。

以智能汽车产业链为例。智能汽车这个概念已经说了很多年，每次提起的时候资本也都会热炒一波，但现实情况就是始终无法落地，这是什么原因呢？不能说这不是个好行业，也不能说从业者没有技术，更不能说没有市场，但这个行业的企业盈利能力就是没有提升。运用 PEST 分析法，我们就会知道，相关技术还不足以支撑大规模运用，要能做到智能，很重要的一点就是网络传输速率，而目前普及的 4G 网络还不能支撑汽车自己上路跑。这个基础条件不具备，哪怕个体的技术再牛，也不可能普及，从事这个行业的企业只能是苦苦等待。

对宏观环境的了解，落实到财务数据上就是对企业收入、利润、应收账款等的预期。对于核心客户是国企的企业来说，宽松的货币环境、友好的行业政策所带来的结果一定是收入、利润呈现一定幅度的上升，销售回款良好，应收账款较少。反之，所面临的就是截然不同的处境。

为更好地理解宏观环境对企业带来的影响，用一个例子说明。

深圳欣锐科技股份有限公司（以下简称"欣锐科技"，代码为 300745）是一家为新能源汽车企业提供车载电源整体解决方案的公司，核心产品为新能源汽车车载 DC/DC 变换器。DC/DC 变换器是任何一辆新能源汽车必须配置的部件，在国家大力支持新能源汽车发展的年份，公司的业绩也得到迅速增长，具体财务数据，如表 7.2 所示。

表 7.2　欣锐科技 2014~2019 年度简要利润表

单位：万元

项目	2019 年度	2018 年度	2017 年度	2016 年度	2015 年度	2014 年度
一、营业总收入	59,646.89	71,706.16	49,066.51	58,527.79	34,559.89	10,483.07
营业收入	59,646.89	71,706.16	49,066.51	58,527.79	34,559.89	10,483.07
二、营业总成本	60,661.71	68,169.97	43,506.74	46,396.02	25,285.69	9,312.34
营业成本	48,852.24	52,529.03	30,089.36	32,446.61	19,253.66	6,514.94
营业税金及附加	484.48	586.70	439.94	426.83	247.37	59.23
销售费用	3,467.38	3,661.05	2,763.98	3,085.81	1,474.54	626.07
管理费用	3,410.06	3,273.69	9,393.30	9,851.25	3,294.91	1,798.28

项目	2019 年度	2018 年度	2017 年度	2016 年度	2015 年度	2014 年度
财务费用	−117.63	−134.54	0.29	15.38	22.23	56.43
资产减值损失	−530.55	2,360.81	819.87	570.14	992.98	257.39
三、其他经营收益	—	—	—	—	—	—
公允价值变动净收益	8.62	—	—	—	—	—
投资净收益	708.22	781.04	826.83	212.20	152.87	21.65
四、营业利润	2,766.56	8,621.06	9,243.48	12,343.97	9,421.30	1,192.38
加：营业外收入	89.99	227.27	784.15	2,951.18	1,350.26	306.01
减：营业外支出	92.23	38.89	5.82	5.52	6.47	0.76
五、利润总额	2,764.32	8,809.43	10,021.81	15,289.62	10,765.09	1,497.63
减：所得税	60.19	563.70	872.13	2,658.21	1,574.71	278.79
六、净利润	2,704.13	8,245.73	9,149.68	12,631.42	9,190.38	1,218.84

注：数据源自欣锐科技公开披露的年报

对数据整理后的趋势，如图 7.2 所示。

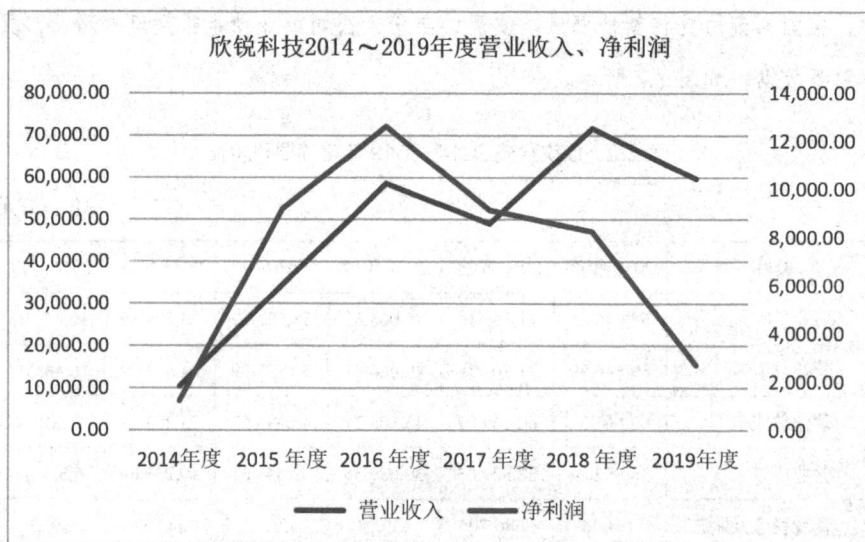

图 7.2　欣锐科技 2014~2019 年度收入及净利润变动

注：营业收入为主坐标轴，净利润为次坐标轴

从上述数据我们可以看到,欣锐科技的营业收入在 2014~2016 年快速增长,净利润更是急速增长,在 2016 年达到近几年的峰值 1.26 亿元,约为 2014 年净利润的 10 倍。高速增长期也正是国家对新能源汽车扶持政策密集出台的时期,2017 年之后新能源汽车政策方面持续降温,企业的利润也有所下降。

仔细阅读欣锐科技的招股说明书会发现一个很有意思的现象,那就是上市之前以 PE 方式投资的几家机构如果在刚解禁时没有减持,目前将处于大幅亏损状态(以截止到 2020 年 7 月 3 日收盘价计算)。

招股说明书显示 2016 年 8 月 30 日,欣锐科技召开 2016 年第一次临时股东大会,同意引进 8 家机构投资者,新增股份 588.2352 万股,每股价格 42.5 元,共募集资金 2.5 亿元,按此计算的投后估值达到 36.5 亿元。当时新能源汽车行业发展如日中天,公司有底气要如此高的估值。

2018 年 5 月 23 日,欣锐科技在深交所创业板上市,至 2019 年 5 月 23 日解禁时,股价仅为 28 元,上市前的机构投资者亏损幅度达到 35%。事实上当时的 8 家投资机构,每家都大有来头,但现实就是如此残酷。

（2）了解企业的盈利模式

在前文讲利润的含金量时有提到增量财富这个概念,下面用一个例子来说明增量财富。

解放路上人流量很大,汇集了各类餐饮店,小明观察了很久,觉得能赚钱,于是找人买了桂林米粉的配方,租了一个门面后就开张了。他每天卖米粉,收钱,如此循环,一年下来确实赚了点小钱。

年终时,小明一盘算,感觉挣得不算多,自家的店与其他家店其实也没什么区别,再仔细一想,如果这条路上再多开几家店,自己的生意是不是就会变差?

小明感到了危机,觉得不能坐以待毙,于是他升级了自己的门店,再投入重金进行新配方的研发,让粉的口味变得更好,更重要的是更有营养,还解决了外带不方便的难题，让人随时随地都可以吃到可口的桂林米粉。小明还申请了专利，由此名声大震，生意也是蒸蒸日上。

在上面的例子中，小明一开始的米粉店与其他店无异，但小明升级后的米粉店就不一样了，有了自己的核心竞争力，构建了壁垒，扩大了消费群体，是别的米粉店所不能复制的，也确实提升了消费者对米粉店的认知，这可以称为创造了增量财富。

由此来推测，传统做商贸的企业能够做增量吗？一般的代工厂能够做增量吗？从中我们发现了什么规律？我们其实在找这个企业到底赚的是什么钱。

小明的第一代米粉店，赚的是辛苦钱，靠出卖自己的劳动力，再加上一部分风险溢价的钱，这是任何米粉店都在做的事；第二代米粉店赚的是技术、创意的钱。传统的商贸企业呢，投入一些资本，依靠简单的买卖差，赚的是资本应有的利差。如果有更多一些的技术、创意思考，那就变成了苏宁、国美这样的卖场，价值瞬间放大。

所以，尽职调查时，我们需要围绕企业赚的是什么钱来做全方位的思考，通过与实际控制人仔细交谈，深度观察、体验企业的产品、服务来了解其盈利点。

2. 了解产品或服务的毛利率

一家企业挣不挣钱，落实到财务数据上就是毛利率、净利润率高不高。很多企业会说自己的技术很先进，成本可以降到最低，这些说法都是被允许的，投资人也一定是最喜欢这类企业的，但归根结底还得看数据。

（1）可比同行业毛利率分析

在前文我们讲过财务尽职调查的第一个锚，即各个角色都应该有这个社会给它的平均利润率，因此通过对同行业毛利率的分析总能得出一些结论。以由我科技、佳禾智能、朝阳科技3家公司的毛利率为例做简要说明。

这 3 家公司的毛利率，如表 7.3 所示。

表 7.3　由我科技、佳禾智能、朝阳科技毛利率对比分析

项目	由我科技		佳禾智能		朝阳科技	
	2019 年度	2018 年度	2019 年度	2018 年度	2019 年度	2018 年度
毛利率（%）	36.33	36.49	14.97	20.14	22.04	25.41
净利润率（%）	15.76	12.39	5.35	8.19	10.04	12.93

由我科技为新三板挂牌公司，佳禾智能、朝阳科技为深交所上市公司。从数据看，由我科技的毛利率要显著高于另两家上市公司；从毛利率的变动趋势来看，在 2018~2019 年，另两家上市公司的毛利率呈现下降态势，而由我科技几乎不变。

通过进一步分析这 3 家公司的业务构成得知，由我科技的营业收入全部由 TWS 耳机构成，另两家公司还存在其他耳机产品。TWS 耳机作为最近几年兴起的产品，毛利率相对较高，这样的理由能解释得通。

但我们必须注意的是，看待一家公司不能静态地看，必须用发展的眼光来看。这时候另两家公司毛利率大幅度下滑的现象就值得关注了。尽职调查人员必须思考由我科技会不会也面临同样的问题，若是如此，将大幅度影响投资时对它的估值。朝阳科技在它的招股说明书中写到，毛利率下降主要受蓝牙耳机毛利率影响，而蓝牙耳机又主要受到终端客户小米科技有限责任公司的影响，蓝牙耳机在 2019 年的毛利率仅为 5.59%。

5.59% 的毛利率几乎是低到极致，扣掉一些费用，一年的收益率将跟理财收益差不多。从企业的角度来说，即使毛利率如此低，也还得做，因为量大。有量就能分摊一些固定成本，为其他产品盈利争取更多的机会。那么 TWS 耳机市场呢，这两年无疑是高光时刻。我们看到二级市场上，在 2019 年里有 TWS 耳机概念的股票股价大涨，未上市的企业在积极拿地建厂扩张，外面还有很多资本蠢蠢欲动，如果不是 2020 年上半年有所冲击，相信资本一定已经在 TWS 耳机市场掀起一股狂热的浪潮。

这就启发我们进一步思考，未来影响毛利率的可变因素有哪些，企业是否有能力来保持一定的毛利率，或者是即使会出现下滑，也不会冲击企业整体的盈利能力。

（2）分析毛利率构成

单件产品毛利率 =（不含税单价 – 成本）/ 不含税单价

单价最终受供求关系的影响。根据经济学的基本原理，供大于求时，产品价格会下降，供小于求时，产品价格会上升。我们还得进一步想一想，供求关系受什么影响呢？这就涉及更底层的问题了。依然以 TWS 耳机为例，2016 年苹果公司（以下简称"苹果"）向市场推出 TWS 耳机，但相当长一段时间内并没有掀起多大"浪花"，直到 2018 年市场 AirPods 开始如过江之鲫，这个市场才开始狂热起来。

需求是来自消费者的，而供给是企业提供的。我相信 TWS 耳机的需求一直存在，就像人人都想拥有一辆汽车这么确定。但为什么即使在苹果发布了相关产品后，TWS 耳机市场还沉寂了一段时间呢？一言概之，技术条件不成熟，价格下不来，市场上只有苹果一个"玩家"，供给也上不来。也就是说这还并不是一个成熟的市场，成熟的市场必然有众多的"玩家"。

在技术未成熟时，行业领先的从业者能够保持较高的毛利率，一旦技术成熟后资本将会迅速涉足该领域，毛利率必然会降下来。在数据上我们看到的就是单价、成本的双下降，这在电子消费品领域里体现得尤为明显。

3. 运用杜邦财务分析体系

杜邦财务分析体系是利用各主要财务比率之间的内在联系，对企业财务状况和经营成果进行综合评价的系统方法，它以净资产收益率为核心进行层层分解，找到最底层的影响经营成果的因子。财务管理学书籍都会提到这个分析方法，本书不对涉及的指标做详细讲解，仅从尽职调查的角度阐述关注点。净资产收益率指标分解，如图 7.3 所示。

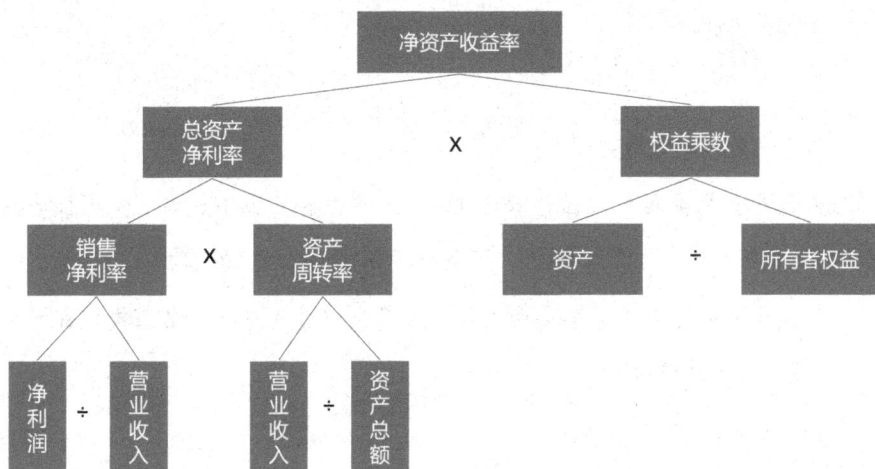

图 7.3 净资产收益率指标分解

很多初学者只要一看到净资产收益率比较高，就教条般地认为企业整体盈利能力强。实际上，我们只要往下再看一层，就会发现它由总资产净利率和权益乘数构成，而权益乘数是一个财务杠杆指标。也就是说高净资产收益率也有可能是由企业的高财务杠杆带来的，如果是，那就需要更进一步考虑杠杆的可持续，同时要考虑如果企业不得不降低杠杆，会带来什么后果。

4. 运用因素分析法定量分析盈利变动

在尽职调查过程中，我们会听到很多类似于"今年赚了不少钱，因为成本降得厉害"的话，这些其实都只是定性，并没有指出成本到底降了多少，影响了多少利润。而企业作为一个多因素系统，又不可能只受单因素的影响，因此从财务的角度进行一些定量分析对投资决策很重要。

因素分析法是依据分析指标与其影响因素的关系，从数量上确定各因素对分析指标的影响方向和影响程度的一种方法。

以某个产品收入变动为例，来分析销量和单价对收入的影响。

收入 V ＝单价 P× 销量 S

因素分析法可以通过依次替换单价、销量的变化来定量分析各个变量的影响。

基期 $V_0 = P_0 \times S_0$

第一次替代单价 $V_1 = P_1 \times S_0$

第二次替代销量 $V_2 = P_1 \times S_1$

假设 E 公司去年 M 产品销售 1,000 件，单位售价为 100 元，今年 M 产品销售 1,200 件，单位售价为 96 元，定量分析各自对收入的影响。

显然销量的因素更重要，所以第一次进行销量的替换，第二次再进行单价的替换，计算过程如下。

$V_0 = 100 \times 1,000 = 100,000$

$V_1 = 100 \times 1,200 = 120,000$

$V_2 = 96 \times 1,200 = 115,200$

$V_1 - V_0 = 20,000$（因为销量的提升使得收入增加 20,000 元）

$V_2 - V_1 = -4,800$（因为售价的降低使得收入减少 4,800 元）

综合因素使得收入增加 15,200 元。

本小节介绍了企业盈利能力调查的思路及工具，在调查思路上重点提到了 PEST 分析法，这是从宏观层面考虑问题。股权投资不像证券投资能够随时交易，具有时间长、流动性差的特点，时间越长就越需要考虑宏观政策可能带来的财务影响。本小节还提到了杜邦财务分析体系及因素分析法这两个重要的工具，能够帮助读者对企业进行定量分析。

7.3 企业现金流运用及筹资能力调查

我们经常会听说某企业的资金链断裂了。从财务管理的角度看，资金链断裂至少包含了两个信息，一是企业把现有的资金消耗完了，二是企业没有能力筹集到更多的资金。存量资金消耗完了，增量资金还没有到位，于是资金链断裂了。

投资人最怕自己投资的企业发生这种情况，在这种情况下，投资基本就是"颗粒无收"了。那能不能避免这种情况呢？还是那句话，我们要相信大概率。我们可以从以下几个维度来进行调查。

1. 企业的花钱行为

先看一下拜腾汽车的例子。

2020 年 6 月的拜腾董事会上，拜腾汽车 CEO 戴雷表示，公司决定自 2020 年 7 月 1 日起在海外申请破产，并暂停中国业务运营。公开消息称，拜腾自 2017 年以来共进行过 4 轮融资，总金额约 84 亿元，然而几年时间过去，拜腾不但花光了这些钱，还拖欠了近千名员工 4 个月的工资，另外还有高达 4.7 亿的外债未清。

这些钱都是怎么花的？有媒体报道称，拜腾的员工服装为量身定制，德国进口；名片用环保材料，一盒高达上千元；2018 年，300 余人规模的北美办公室，仅零食采购费用就花掉了 700 多万美元；高管出差是头等舱，五星级酒店。

看这些数据，再看拜腾最终的局面，一切似乎早已注定。中国有句古话，"勤俭持家"。有什么样的行为，就有什么样的结果，这些行为也都会被记录在财务报表上。所以我们一定不要担心企业不给我们发现问题的机会，就怕我们尽调时自己不用心。

查阅高管工资、报销单据，以及管理费用、销售费用的明细都能见微知著，这也是尽职调查过程中我们应当履行的程序。如果一个还处于亏损阶段的企业，高管报销费用动不动就是几万，一定得仔细关注这些钱到底都是怎么花出去的。别看一次只是几万，企业还在亏损呢。钱，该花，但得花在刀刃上。

2. 企业的现金管理行为

如果给你1亿元资金，你会怎么用？注意，这笔资金不是给你随意投资的，而是用于主业经营的，只不过资金并不是一下全部用完，闲置资金你会怎么用？

对大多数人而言，立刻想到的就是买理财产品，因为要兼具安全性和流动性；有的人可能就直接让它"躺"在活期账户里面，认为企业经营面临不确定性，也不确定下一笔资金什么时候要用，就这么"躺"着更灵活；也有的人会通过一定的方式，在保证资金安全性、流动性的情况下获得比理财更高一些的收益。

不管企业采取哪一种方式，都有它的合理性，但是我们可以通过企业的不同行为来分析判断它的现金管理能力。显然采取第三种方式的企业在这个问题上花了更多的心思，不是简单地处理闲置资金。

除了闲置资金管理外，企业资金的预算与实际情况的偏差度也是尽职调查人员需要关注的。钱，要花在刀刃上，也要花得有计划。每次融资时，企业都会对针对资金的运用做一个规划，那么实际情况与计划又有多少相吻合呢？即使没有融资，企业每年初或上一年末也需要对资金做一个详细的预算，这些执行结果与预算的偏差度也是尽职调查的突破口。

3. 企业投资能力分析

投资是很好的花钱幌子，投资不得不花钱。花，没有问题，但效益呢？我们先从上市企业的角度来看一看投资的效果。

我们都知道企业首次公开发行会募集一笔资金，上市后的再融资会募集更大一笔资金，募集来的资金怎么用？是真的产生了效益，还是会被"乾坤大挪移"，这里面着实值得深究。怎么分析呢？有两个很关键的量。一是本次募集的资金替代原来的投入。翻阅上市企业的公告，会发现很多企业在募集资金后都喜欢用募集资金替代原来的投入，而这些投入是否真的都属于募投项目的范畴呢？二是累计投入产生的经济效益。拿了钱总归还是会做一些事情的，那产生了什么绩效呢？也许半年没结果，一年或者两年总该有结果了吧。

举两个例子。

例1，某上市公司2016年的时候募了近20亿元，随后该公司一连串眼花缭乱的置换公告，包括投入资金的置换、项目实施地的变更等，一年过去了也没有产生任何实际效益。一度十分风光的公司，最后老板跑路了，当然募集的资金也没有了。

例2，华谊兄弟传媒集团（以下简称"华谊兄弟"，代码为300027），上市时募集了12亿元，2年过后，钱花完了，效益却不如预期。根据瑞华核字【2014】第44040007号《募集资金年度存放与实际使用情况的鉴证报告》显示，该公司募集资金使用情况，如图7.4所示。

单位：万元

募集资金投向	投资金额	至2013年累计收益	至2014年累计收益
1．承诺投资项目			
（1）电影制作	23,480.00	4,949.62	4,931.19
（2）电视制作	38,520.00	10,809.82	10,020.64
（3）影院投资	12,966.32	-2,276.34	-1,100.24
2．超募资金投向			
（1）收购北京华谊兄弟音乐有限公司股权	6,365.40	2,699.98	3,275.59
（2）收购北京华谊巨人信息技术有限公司51%股权	5,725.00	35.60	35.60
（3）增资实景娱乐	11,161.12		
（4）补充流动资金	18,347.05		
合计	116,564.89	16,218.68	17,162.78

图7.4　华谊兄弟募集资金效益分析

从数据中，我们看到公司自2009年上市，到2014年时5年过去了，近12亿的资金只产生了约1.7亿的收益。

上市企业作为一个公众企业，有着相对完善的治理结构、内部控制机制。上市企业都可能出现各种问题，未上市的企业就更不必说了。我们一定要审慎看待大额资本投入的企业，不是说不能投，而是要考虑现阶段投入的必要性及效益的实际达成情况。企业的快速发展阶段是最需要资金的阶段，正常情况下企业都应该考虑如何提高资金的周转率，以谋求收益的最大化。如果连这一点都做不到，在如此"年轻"的阶段就反映出如此"老态龙钟"的面孔，对投资方来说，放弃未必不是一种选择。

4. 企业的融资管理能力分析

最直观的指标是，企业历次融资融了多少钱，融的钱越多，说明市场对企业的未来越看好，但投资机构看好，并不代表企业未来一定就会好。

我们更应该关注的是企业多渠道融资的能力，以及对融资成本的控制能力。有的企业能融到权益性资本，也能向银行贷到款，还能运用供应链的机会获得无偿占用的流动资金……能够全方位地从各个渠道获得经营发展的资金，这本身就说明了企业被多方认可，而不局限于投资机构。投资机构本身是风险投资，风险偏好度高，但其他渠道，如银行，其风险偏好度是很低的。

融资成本是值得深入研究的一个问题，除了正常的成本外，还要关注企业是否还存在其他一些不易明说的成本。有的企业向机构融资会找专门的财务顾问（Financial Advisor，FA），一般会按照募资金额给予财务顾问 1%~3% 的返点，这属于正常成本。有的企业明面上没有这类成本，但实际上也是给了的，这就要看实际控制人是否在成功融资后会与企业有一些异常的往来款，或者是管理费用里面出现一些异常的咨询费、服务费等。有的企业向银行融资，通过运用各种政策最终计算下来的贷款利率甚至比基准利率还低，而有的企业不仅贷款利率高，还需要支付高额的第三方顾问、担保费。

我曾经遇见过一家企业账面固定资产近 4 亿元，年营业额近 2 亿元，现金流良好，但从银行及其他类银行机构获得的贷款不足 1 亿元，而且成本极高。我与企业实际控制人沟通，问为什么这么高的贷款利率还不考虑调整？对方说，这已经很低了，能拿到贷款就不错了。我也遇见过一家几乎没有固定资产，年营业额在 1 亿元左右，现金流良好的企业，在合理运用政策后贷款利率比基准利率还低。如此大的差距，背后体现的是认知的差异。当然，也许我所看到的并不是问题的全部，但从投资的角度来说，前一家企业该扣分。

什么时候融资也很有讲究，一方面涉及企业的估值，另一方面直接影响现金流。太早进行融资，企业还没有体现出"成绩"来，估值上不去，引入少量资金就会导致原股东股份被大量稀释；若过度强调估值，在此阶段又可能会失去难得的融资机会。在尽职调查过程中，我们可以通过分析企业历次融资时所处的时点、估值的变化及融资额综合分析企业权益性融资的能力。

7.4 企业战略规划落地能力调查

企业的定义是通过运用各种生产要素（土地、劳动力、资本、技术和企业家才能等），向市场提供商品或服务，实行自主经营、自负盈亏、独立核算的法人或其他社会经济组织。从定义中看到，它不仅需要土地、资本、技术等各类资源，更需要企业家及其他劳动力才能，因为企业一切行为背后反映的是人的意志。一个企业行不行，本质是人行不行。俗话说，"三百六十行，行行出状元"，也说明了每个行业都有优秀的从业者。

行业无绝对的优劣，新兴产业下的企业最后倒闭的也多，所谓的夕阳行业中也有利润率很高的企业。当然，投资一般是针对新兴产业。在尽职调查过程中，我们不要看企业说得怎么样，一定要看企业做得怎么样。我们可以依据以下两个方面的信息进行验证。

1. 公司近 3 年的年度总结、规划报告

一个正常经营的企业，尤其是还想着融资做大的企业，每年必然会进行详细的总结与规划，这些报告对尽职调查人员有着很重要的意义。将年初的规划与年末的总结对比起来看，不仅仅只看营业收入和利润指标，更应该关注产品研发进度、市场战略执行的进展、人员的优化等影响企业持续发展能力的非财务指标。实务中，我发现有的企业执行得比较好，给人的感觉就是企业运营井然有序，各项工作按计划推进很好；而有一些企业是说一套做一

套，计划归计划，执行归执行，这反映的是企业规划落地能力差。虽然说成功不是规划出来的，但一个没有规划，或者说有规划不去执行的企业成功也是小概率事件。

有时候，有规划不执行，甚至可能产生比没有规划更差的效果。闫世平教授在他的著作《制度视野中的企业文化》中提出，有制度不执行比没有制度更糟糕。这其实就是对游戏规则的破坏，对其他遵守规则的人是严重的不公平，久而久之，相互的信任会被破坏殆尽。

2. 企业历次融资承诺的完成情况

每次融资时，企业都会提供一份商业计划书给投资机构，商业计划书中有针对未来的产品、技术、市场的规划。企业在与投资方签署协议时还会签署补充协议，约定在某些时间节点要实现的任务或者具体的财务指标等。

尽职调查人员在获得这些资料后将其与实际情况进行对比，达成率有多少就会一目了然。依我过去调研数百家企业的经验来看，达不到是大概率事件，这符合投资成功是小概率事件的规律，也有部分企业是超预期的。无论是未完成还是超预期，尽职调查人员都需要详细分析原因，不是说未完成的就一定不行。

除此之外，我们还应当比较其与同行业企业战略规划的差距，尤其是行业内本身已经存在上市企业的。上市企业的信息披露比较完善，通过年报及日常公告可以获得很多信息。年报的"经营情况讨论与分析"部分通常都会介绍企业年度经营情况及未来的规划等，将几个年度的信息连贯起来看可以比较清晰地看到企业的规划与执行结果。

分析这些并不属于财务的内容，对财务尽职调查能有多少帮助呢？我们反复地讲过，财务数据是业务经营效果与效率的集中体现，而战略规划是业务本身的方向，是源头的东西，抓住它，是用来判断方向的。我不可能去相信一个没有规划，或者实际总是偏离规划（方向）很远的企业的话。

相信奇迹，获得的往往不是惊喜，而是惊吓。

第 8 章

盈利预测与估值

投资作为一项买卖行为，归根结底是要追求收益增值的，卖得贵还是便宜将直接影响最终的收益。贵和便宜是相对概念，并非绝对值。那么怎么才算贵，怎么又算便宜，如何进行估值是本章重点讨论的问题。

8.1　盈利预测与实际的偏差

根据统计学结论，投资成功总是小概率事件。

二级市场上一直流传着"七亏两平一胜"的说法。一级市场上（股权投资），被认为是一流投资机构的红衫资本、美国国际数据集团（International Date Group，IDG）等，从公开的业绩来看其 IPO 成功率也不超过 20%，这意味着还有超过 80% 的项目存在不确定性。

在投资时，我们总是会通过各种模型对企业未来的发展做一个预测，然后将其作为很重要的投资或不投资的依据。通常情况下，预期该企业未来会实现 30%，50% 甚至更高的增长，然后 3 年后上市，但结果往往是不尽如人意的。这就必须思考一个问题，为什么我们的盈利预测与现实总是存在偏差？

看一下著名的蝴蝶效应——一只蝴蝶在巴西扇动翅膀，就有可能在美国的得克萨斯州引起一场龙卷风。

蝴蝶效应由爱德华·诺顿·罗伦兹（Edward Norton Lorenz）于 20 世纪 60 年代初发现，其大意为，一只南美洲亚马孙河流域热带雨林中的蝴蝶，偶尔扇动几下翅膀，可能在两周后引起美国得克萨斯州的一场龙卷风。罗伦兹是美国科学院院士，气象学家，20 世纪 60 年代的某个冬天，他如往常一般在办公室操作气象电脑，将温度、湿度、压力等气象数据输入电脑，电脑依据内建的微分方程式，计算出下一刻可能的气象数据，并模拟出气象变化图。当时电脑程序运行不快，输入数据后罗伦兹就同友人去喝咖啡了。一小时后，结果出来了，不过令他目瞪口呆。结果和原资讯两相比较，初期数据还差不多，越到后期数据差异越大，就像是不同的两个资讯。而问题并不出在电脑，是他输入的数据差了 0.000127，正是这些微小的差异造成结果的天壤之别。

此效应说明，事物发展的结果，对初始条件具有极为敏感的依赖性，初始条件的极小偏差，将会引起结果的极大差异。

尽职调查时进行盈利预测，目的是希望通过对企业未来业绩的预测，对企业进行合理的估值。因为无论是格雷厄姆的"捡烟蒂"方法，还是巴菲特的价值投资理念，背后的逻辑都是估值。投资人不可能花 10 元钱去买只值 1 元钱的东西，但现实中这样的事情又经常在上演，是哪里出了问题？

我们来看一个基本模型，如图 8.1 所示。

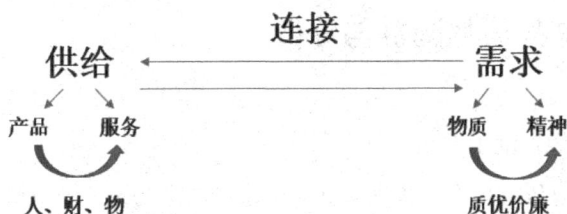

图 8.1　价值实现供需链模型

通过对企业供给、社会需求、企业营销模式的分析，建立起供需链的基本模型，在此基础上构建盈利预测模型是投资分析的一般方法。企业通过向社会提供产品或服务来获取利润，进而实现持续发展，因此产品或服务就是它的供给，研究这些也就是盈利预测的起点。社会的需求多种多样，需要的是有价值的产品或服务，质优价廉的产品或服务对客户而言就是需求。将供给与需求充分匹配，这是营销策略，需要的是连接。

围绕上述模型，建立量化的数据模型，再输入预测数据，基本能够得出最终的数据。但正如蝴蝶效应，事物的发展对初始条件具有极强的依赖性，任何偏差都将对结果产生根本性的影响。

进一步，把企业放在社会中来看，其发展与兴衰必然受到国家政策、经济形势、社会环境、技术发展等各方面因素的影响，而这其中的任何一项都并非某个人所能控制，都是集体行为所导致的最终结果。

前文所说的上市公司欣锐科技，2016 年时一众投资机构在一级市场上投资了它。欣锐科技在上市后竟然出现亏损幅度高达 35% 的情况，这其实就是受到国家政策的影响，盈利预测输入的某些因子与实际存在偏差，也就必然导致实际估值结果出现根本性变化。

既然这么难，这么不受控制，盈利预测还有存在的价值吗？当然有。通过对大量错误案例的总结，对大量正确案例的分析，总能找到一些最关键的量，盯住这些量，将大幅度降低失误率。

8.2 企业盈利预测调研与分析

我们先从几个例子说起。

F企业，创始人是海归博士，具有跨国药厂的研发、管理经验。他回国创办企业，经过多轮融资，产品已经研发成功，处于批文申报阶段，产品生产必要的基础设施也已经建设完成。F企业正在进行的新一轮融资，主要解决规模化量产需要的流动资金问题。

我对这个企业进行调研后，根据盈利预测模型提炼了几点。

第一，产品已经确定，且经检测及下游客户使用，各项指标、性能不低于国外进口产品，但售价大幅低于进口产品，完全具备质优价廉的标准。

第二，订单已经非常明确，部分已经落实为采购单，且客户均为知名大企业。

第三，生产人员已培训到位，小规模生产练兵中，运转有序。

从盈利预测供需链模型来看，供给、需求都很明确，连接也不用再花精力（订单已经在手）。毫无疑问，这是一个优质项目，只要机器转起来就会是一台"印钞机"。但，结果并不顺利。

问题出在哪儿？

它将是一台"印钞机"，这是一个结果。要实现这个结果有一个前提，那就是机器得转起来。在盈利预测时，通常是假设它一定会转起来，而忽视了要转起来必须具备的条件。对 F 企业而言，产品在小规模生产时没有任何问题，可加大生产规模问题可能就来了，机器的正常运转都成一句空话，更不要谈"印钞"了。由此就会带来多米诺骨牌效应，多出来的一天、一月、一季度都是成本消耗，盈利预测成了"镜中花，水中月"。

再看 G 企业，它是新能源产业链细分龙头，收入达数亿元，净利润达数千万元，在行业产业链上处于关键要道，核心客户为知名企业。G 企业经过多轮融资已经建立了相对完善的产品、市场体系，本轮融资主要用于 IPO 申报期间的资金储备。

同样，我也基于盈利预测模型提炼了几点。

第一，行业受政策驱动影响，呈现爆发式增长，企业财务指标达到 IPO 要求，处于最后的规范阶段。

第二，产品与下游客户具有很强的黏性，是生产终端产品的必备品，也是刚需。

第三，客户订单明确，合作多年，与企业创始人在公、在私都有很好的关系。

从行业、产品、规范等多个维度来看，这是一个很好的 Pre-IPO 项目，估值也不高，上市可期，值得投资。结果是，下游的知名客户出了问题。客户的问题迅速传导到企业本身，对企业的现金流、生产排班、上游采购等均产生了重大影响。这对 G 企业来说，就像是本来是在高速公路上开车，毫无征兆地，高速公路变成了崎岖的山路，技术好的经过一段痛苦后能调整到位，技术不好的可能就直接翻车了。

根据上面两个例子，我们思考一下不论是 F 企业的规模化量产问题，还是 G 企业的客户问题，在预测之初，会是一个已知的参考变量吗？

是，也不是。

是，就是说知道企业发展过程中可能会遇到这些问题。

不是，是指谁也无法预计它究竟在什么时候会发生。

投资人不知道，企业自己也不知道。F 企业的创始人没想到规模化生产的工艺难度系数如此之高，G 企业的创始人更没想到如此好的客户说倒就倒。更何况局外的投资人呢？这种状态就犹如"薛定谔的猫"，盈利预测根本没法做。但我们也别忘了，投资是做大概率事件，盈利预测同样也是做大概率事件，我们不要因为企业经营过程中出现的个别现象而否定一切。企业发展从小到大，总会遇到一些不可预测的事件，但只要企业确实足够优秀，从长时间来看，这些都只是平坦路上的一颗颗小石子。

那么在实务中，如何在有限的时间内进行盈利预测的分析与研究呢？

产品或服务是企业价值实现的载体，是盈利预测的起点

企业有产品，有服务才有可能有收入。对于一个产品已经成熟的企业来说，销售规模的上限取决于产能，销售增长的动力来自产品本身的竞争力、销售策略及市场需求的增长。如果企业有多个产品，我们就需要针对各个产品来进行预测。在既定的产能范围内，对各个产品收入的预测可以基于已有的订单，结合企业业绩历史增长速度、企业的布局和行业增长速度，给出一个合理的增长率。

H 企业过去 3 年的主要业绩指标，如表 8.1 所示。

表 8.1　H 企业过去 3 年的主要业绩指标

单位：万元

主要指标	20×5 年	20×6 年	20×7 年
主营业务收入	7,145.20	16,070.42	29,380.39
扣非后净利润	639.7409	1,991.64	4,631.12
毛利率（%）	34.87	36.49	36.33
净利润率（%）	8.95	12.39	15.76

H 企业从事某电子产品的研发、生产及销售，产品类别可以归为一个大类；H 企业的产能受设备数量及员工人数的限制，现有设备及人员规模预计能够支持的最大产值为 5 亿元；产能的提升依靠工人及设备，预计能在 6 个月内

完成产能的提升，每次提升的产能预计不超过上次基数的 30%；下游需求呈现爆发式增长，同行业其他企业增长迅速，即使营收规模在 5 亿元以上的企业，增幅也超过 50%；从对主要客户的访谈来看，均表示当前市场处于上升期，预计采购需求将持续增加，增长幅度超过 50%。

根据尽职调查获取的上述信息，假设 H 企业未来 3 年营业收入增长率为 50%、40%、35%；毛利率为 33%、30%、28%。据此测算的营业收入、成本，如表 8.2 所示。

表 8.2　预测 H 企业未来 3 年的营业收入、成本

单位：万元

主要指标	20×8年	20×9年	20×0年
主营业务收入	44,070.58	61,698.81	83,293.40
主营业务成本	29,527.29	43,189.17	59,971.24

根据 H 企业历史情况、战略规划等，预测未来 3 年的销售费用、管理费用。

H 企业过去 3 年销售费用构成及占收入比，如表 8.3 所示。

表 8.3　H 企业过去 3 年销售费用构成及占收入比

单位：万元

项目	20×5年度		20×6年度		20×7年度	
	金额	占收入比	金额	占收入比	金额	占收入比
职工薪酬	54.59	0.76%	84.24	0.52%	155.91	0.53%
业务宣传费	77.18	1.08%	634.49	3.95%	660.43	2.25%
运输费	56.81	0.80%	108.34	0.67%	179.63	0.61%
广告费	52.15	0.73%	48.77	0.30%	128.24	0.44%
其他费用	15.95	0.22%	24.39	0.15%	184.94	0.63%
合计	256.68	3.59%	900.23	5.60%	1,309.15	4.46%

H 企业实行大客户销售模式，单个客户对 H 企业的营业收入贡献较大，所

需要的销售人员相对较少，销售人员的薪资实行固定薪资＋销售提成奖励的方式；业务宣传费、广告费是 H 企业最大的支出，未来 H 企业计划加大对这部分的投入；H 企业所有产品的销售采取送货的方式，运输费用均由 H 企业承担。

结合历史信息及未来的规划，下一年预计 H 企业职工薪酬占营业收入的比例为 0.5%；业务宣传及广告费占营业收入的比例为 2.5%；运输费用占营业收入的比例为 0.6%；其他费用占营业收入的比例为 0.5%；销售费用合计占营业收入的比例为 4.1%。未来每年基于营业收入规模的扩大，预计 H 企业各项费用占营业收入的比例在上一年的基础上降低 10%。

H 企业过去 3 年管理费用构成及占收入比，如表 8.4 所示。

表 8.4　H 企业过去 3 年管理费用构成及占收入比

单位：万元

项目	20×5 年度		20×6 年度		20×7 年度	
	金额	占收入比	金额	占收入比	金额	占收入比
职工薪酬	562.03	7.87%	1,021.67	6.36%	1,732.55	5.90%
办公费	93.51	1.31%	119.89	0.75%	100.03	0.34%
业务招待费	11.67	0.16%	15.73	0.10%	31.01	0.11%
折旧和摊销	191.16	2.68%	317.42	1.98%	226.63	0.77%
差旅费	37.10	0.52%	40.66	0.25%	72.48	0.25%
中介费用	80.62	1.13%	207.53	1.29%	280.37	0.95%
其他费用	40.58	0.57%	43.40	0.27%	62.41	0.21%
合计	1,016.66	14.23%	1,766.29	10.99%	2,505.48	8.53%

职工薪酬是管理费用中占比最大的支出，下一年预计 H 企业还会继续增加相应管理人员，一是基于产品设计的需要，二是生产人员的增加，也需要配备相应的管理人员，占营业收入的比例为 5%；折旧和摊销费用相对固定，即使考虑未来将要投入使用的设备，预计总额也不会超过 350 万元；中介费用也相对固定，预计不会超过 400 万元；其他费用合计预计占营业收入的比例为 0.5%。未来每年基于营业收入规模的扩大，各项费用占营业收入的比例在上一

年的基础上降低 10%。

　　根据上述信息，预测 H 企业未来 3 年的销售费用及管理费用，如表 8.5、表 8.6 所示。

表 8.5　预测 H 企业未来 3 年销售费用

单位：万元

销售费用	20×8 年	20×9 年	20×0 年
职工薪酬	220.35	277.64	374.82
业务宣传费及广告费	1,101.76	1,388.22	1,874.10
运输费	264.42	333.17	449.78
其他费用	220.35	277.64	374.82
合计	1,806.89	2,276.69	3,073.53

表 8.6　预测 H 企业未来 3 年管理费用

单位：万元

管理费用	20×8 年	20×9 年	20×0 年
职工薪酬	2,203.53	2,776.45	3,748.20
折旧和摊销	350.00	500.00	700.00
中介费用	400.00	480.00	600.00
其他费用	220.35	277.64	374.82
合计	3,173.88	4,034.09	5,423.02

　　至此，盈利预测中最核心的部分我们已经简要介绍完了，完成对收入、成本、费用的预测后，再考虑非经常性损益、税费、减值损失等的预测，最后就能得到完整的预测利润表了，这部分建议读者自己尝试完成。

　　如前文所说，盈利预测是一个非常复杂的工作，需要理论、经验，以及对企业业务的深刻理解，单凭本书的讲解很难全面掌握，市面上也有很多专门讲解盈利预测的书籍，有兴趣的读者可以购买后阅读。

8.3 企业估值模型与应用

一笔投资能不能实现盈利，估值有重大的影响，做盈利预测的目的也是给尽职调查对象一个合理的估值基础。

财务管理学中，对企业价值进行评估有以下几种模型。

1. 现金流折现模型

现金流折现模型的基本思想是增量现金流原则和时间价值原则，也就是任何资产的价值是其未来产生的现金流按照含有风险的折现率计算的现值。它用公式表达如下。

$$价值 = \sum_{t=1}^{n} \frac{现金流}{(1+ 资本成本)^t}$$

n 是指产生现金流量的时间，一般用年来表示，理论上现金流的持续时间应当等于企业的寿命，但企业的寿命是不确定的，因此通常采用持续经营假设，即认为企业是能够无限期地经营下去的。面对一个无限的时间，要把每年的数据都预测出来是不现实的，因此实务中往往将预测期分为两个阶段，第一阶段是有详细预测数据的，称为预测期；第二阶段为永续期，在此期间假设企业进入稳定状态，有一个稳定的增长率。因此企业价值就由两部分构成。

企业价值 = 预测期价值 + 永续期价值

$$永续期价值 = \frac{现金流_{t=1}}{资本成本 - 增长率} \times (P/F, i, t)$$

上述公式中有两个核心变量，现金流和资本成本。

资本成本指加权平均资本成本，是分别以股权与债权的实际出资额的占比作为权重，得到的股权投资的必要收益率及债权投资的必要收益率的加权平均值。实务中，我们面向的是未上市企业，一般不会有债券的发行，因此资本成本就可以理解为股权投资成本。假设投资机构与企业约定，一定时间内没有成功完成 IPO，则要求按年化 12% 的利率回购，站在投资机构的角度那就可以将 12% 作为计算企业价值的资本成本。

现金流分为股利现金流和实体现金流。顾名思义，股利现金流就是企业分配的股利，同样的，面对还处于发展期的非上市企业谈股利分配太早，因此实体现金流是常用的一个指标。

实体现金流也称去杠杆的自由现金流（Unlevered Free Cash Flow，UFCF），是指可供包括股东和债权人在内的所有资本提供者支配的现金。该指标用以衡量支付股东和债权人之前的现金流。一般情况下，实体现金流的计算公式如下。

实体现金流 = 息前税后利润（EBIAT）+ 折旧摊销

－经营营运资本增加 － 资本性支出

在公式中，由于折旧摊销并没产生现金流，在计算时需要将其加回。

扣除了企业持续经营所需要的现金以后，剩下的才是可以"自由"支配的现金流，因此需要减掉资本性支出，即买设备、建房产这类的投入；同时由于经营规模的扩大，包括人员增加、备货量的扩大、收款政策的放宽等都会使得经营营运资本增加，也需要扣减掉。简单地理解实体现金流，就类似于经营活动赚取的现金流再扣掉资本性支出。

实体现金流模型适用于行业发展成熟，产品、商业模式稳定的企业，进行预测时一般以销售收入为预测起点，结合宏观环境、行业状况和企业的经营战略等设定企业营业收入预测期及永续期的增长率。我们以 8.2 节中 H 企业为例，运用实体现金流法进行估值。

假设 H 企业在预测的第四年进入永续期，永续期内预计营业收入增长率为 8%，毛利率为 26.5%；销售费用和管理费用占营业收入的比例分别为 3.5%、6.2%；研发费用占营业收入的比例为 5%；企业所得税率为 15%；预计每年营运资本增加占营业收入的比例为 6%，永续期为 2%；每年资本性支出占营业收入的比为 2%，永续期为 0.5%；公司没有有息债务，股东要求的回报率为 12%。预测的 H 企业实体现金流，如表 8.7 所示。

表8.7　预测的H企业实体现金流

单位：万元

年份	20×8年	20×9年	20×0年	永续期
一、营业收入	44,070.58	61,698.81	83,293.40	89,956.87
减：营业成本	29,527.29	43,189.17	59,971.24	66,118.30
销售费用	1,806.89	2,276.69	3,073.53	3,148.49
管理费用	3,173.88	4,034.09	5,423.02	5,577.33
研发费用	2,644.23	3,455.13	4,331.26	4,497.84
二、税前经营利润	6,918.29	8,743.73	10,494.35	10,614.91
减：经营利润所得税	1,037.74	1,311.56	1,574.15	1,592.24
三、税后经营净利润	5,880.54	7,432.17	8,920.20	9,022.67
减：营运资本增加	2,644.23	3,701.93	4,997.60	5,397.41
资本性支出	881.41	1,233.98	1,665.87	449.78
四、实体现金流	2,354.90	2,496.26	2,256.73	3,175.48

　　根据上述数据，采用实体现金流模型，可以计算出H企业的价值为50,745.17万元。评估的H企业估值，如表8.8所示。

表8.8　评估的H企业估值

单位：万元

年份	基期	20×8年	20×9年	20×0年	永续期
实体现金流		2,354.90	2,496.26	2,256.73	3,175.48
资本成本		12%	12%	12%	12%
折现系数		0.8929	0.7972	0.7118	
预测期企业现值	5,698.89	2,102.59	1,990.01	1,606.29	
永续期价值	45,046.28			79,386.94	
企业价值	50,745.17				

　　如果用到下文的相对价值评估模型，在企业价值约为5.07亿元，预测

期第一年净利润为 5,880.54 万元的情况下，市盈率约为 8.6，可以算是一个比较合理的估值。

2. 相对价值评估模型

现金流折现模型在理论上很全面，但在实际运用过程中会存在诸多技术问题，有一种相对容易的估值方法，就是相对价值法。它是将我们所要估值的企业与规模相当、产品相似的企业进行比较，利用这类企业的市场定价来估计目标企业价值的一种方法。

相对价值评估模型分为两大类，一类是以股票市价为基础的模型，包括市盈率、市净率、市销率等；另一类是以实体价值为基础的模型。本书主要讨论第一类模型。

（1）市盈率模型

可比企业市盈率 = 可比企业市值 ÷ 可比企业净利润

目标企业价值 = 可比企业市盈率 × 目标企业净利润

市盈率模型有比较明显的优点。首先，市盈率的数据容易获取，找到可比企业后，利用它的市值和净利润就能计算出市盈率来；其次，市盈率把价格和收益联系起来了，可以直观地反映投入和产出的关系；最后，市盈率涵盖了风险、增长率、股利支付率的影响，具有很高的综合性。

市盈率模型适合对处于发展期、成熟期，且已经实现了规模利润的企业进行估值。如果可比企业的净利润为负值，该模型显然就失去了意义。

（2）市净率模型

可比企业市净率 = 可比企业市值 ÷ 可比企业净资产

目标企业价值 = 可比企业市净率 × 目标企业净资产

我们已经知道净利润为负值的企业不适用市盈率模型，而在市净率模型下，一个企业的净资产是很难出现负值的，出现了就意味着资不抵债，我们基本不会调研这类型的企业。另外，账面净资产相比于净利润会稳定些，不容易受操纵。

但市净率模型也有明显的局限，对于很多高科技或服务类企业，它们的核心资产是人，并没有大额的资本性投入，企业价值与净资产的关系不大。

（3）市销率模型

可比企业市销率＝可比企业市值 ÷ 可比企业营业收入

目标企业价值＝可比企业市销率 × 目标企业营业收入

一个企业的净利润、净资产都有可能出现负值，但营业收入不会，因此该模型的适用场景会更多。但是它没有反映出企业成本的变化，而成本是影响企业现金流和价值的重要因素之一；另外可比企业可能存在一些与目标企业并不完全一样的产品销售，这就加大了计算可比企业市销率的难度。

3. 基于梅特卡夫定律的估值模型

梅特卡夫定律是一个关于网络价值、网络技术发展的定律，其内容是一个网络的经济价值等于用户数量的平方。一般的经济财产性质是使用的人数越多，则每个人能使用物品的范围就越小，物品的效用或价值就变得越低。但网络对用户的效用却相反，这个效用会随着用户数量的增加而增加。如BT下载，用户数量越多，下载速度越快。

由于梅特卡夫定律的内在特点，通常被用于互联网企业估值，或者是类互联网企业估值。从投资的角度看，互联网企业的核心指标包括月活跃用户数量（Monthly Active Users，MAU）、日活跃用户数量（Daily Active Users，DAU）、每用户平均收入（Average Revenue Per User，ARPU）、用户生命周期价值（Life Time Value，LTV）等。一个新成立的互联网企业，哪怕营业收入还是 0，但只要 MAU、DAU 等数据较好，也能得到比较好的估值。在 2013 年时，手游类企业被市场热捧，我也有机会受某上市企业的委托对手游类项目进行收购前的财务尽职调查，委托方强调很重要的一点就是落实 MAU、DAU 及 ARPU。

那么 MAU、DAU 等指标影响企业估值的逻辑究竟是什么呢？梅特卡夫定律用数学公式可以表示为 $V=K \times N^2$，V 是网络价值，N 是网络规模（用户数量），K 是价值系数。K 通常包括溢价率系数、用户黏性、变现能力等因素。进一步，根据梅特卡夫定律的原理，将其估值模型公式可以表述为

规模价值 $V = \text{ARPU} \times \dfrac{N \times M}{R^2}$

ARPU 是企业用户贡献值，N 是客户数量，M 是产品数量，N 乘以 M 就代表运营规模，R 是企业获取用户的成本。从公式看，我们的分析如下。

在其他因素不变的情况下：

ARPU 增加，V 增加，即用户贡献加大，等于是企业的变现能力加强，企业价值增加。

N 增加，V 增加，即用户数量上升，表示市场占有率提升，企业价值增加。

R 减少，V 增加，即获取企业用户的成本下降，企业价值加速提升。

由此得出一个结论，该模型中用户数量是最大的影响因子。这也是为什么很多投资者在企业还没变现或者还没盈利的情况下，就敢于投资用户量增加的互联网企业，如亚马逊、京东等。

市场占有率同样也是一个关键因子，所谓"互联网企业里的赢家通吃"，讲的就是这个道理。

而网络上的一些"大 V"、名人、大 IP，则是公式中 R 的体现。这些"大 V"、名人、大 IP，是网络中的高联通节点。他们的存在缩短了节点的距离，这就解释了为什么快手的大 V 一次直播带货销售额高达 3,000 万元，"抖音一哥"李佳琦口红卖得这么好。

4. 其他方法

除上述模型外，在实务中，根据实际情况我们还会采取其他一些典型的估值方法，包括历史投入分析法、先例交易分析法等。下面我们做一些简单的介绍。

（1）历史投入分析法

如果企业属于研发类企业，尚未产生收入，也没有形成大量的固定资产，但历史研发投入已经很多，这类企业就无法运用前面讲到的任何一种模型。此时分析历史投入也是一种估值方法，这也类似于重置成本，即假设投资人自己组建一支团队要做到企业现在的水平，预计需要的投入及耗费的时间。

这种类比，尤其是在上市企业进行收购时是一种比较好的思路。这也促使投资方认真思考，为什么标的企业已经投入这么多资金还没有产生效益，究竟是哪一个环节出了问题，是资金的问题，还是战略、技术的问题，思考清楚这些更有利于做出决策。

（2）先例交易分析法

先例交易分析法一是指标的企业在不同时期引入投资人的估值，二是指可比同类企业最近引入投资人的估值。

标的企业在发展过程中往往不止进行一次融资，在下一次融资时前次融资时的估值就是很好的参考指标。在进行估值参考时，我们可以比较两次融资时企业的质地发生了何种变化，只有质地变好才存在估值提升的可能，如果企业的质地没有变好或者在往更糟糕的方向演变，那就并不能纯粹因为时间原因，认为后轮估值必须比前一轮估值高。

标的企业会有一些竞争对手，他们也会进行融资，他们完成融资的估值也是一个参考指标。在分析竞争对手的估值时，一定要比较标的企业是否与他们处在同一水平，这可以从收入规模、利润水平、市场地位等多方面来评估。为进一步介绍企业估值方法在实务中的运用，以傲基科技股份有限公司（以下简称"傲基科技"）的融资为例来进行估值分析。

傲基科技是一家位于深圳的跨境电商企业，成立于2010年9月，于2015年11月在新三板挂牌上市，股票代码为834206，后由于资本市场规划的调整，于2019年4月16日终止挂牌。通过公开披露的信息，我们能够很清晰地看到傲基科技的融资及业绩发展历程，如表8.9所示。

表8.9　傲基科技2012~2016年外部融资情况

单位：万元

融资时间	融资金额	融资估值	融资当度收入	融资当年度净利润	市盈率	市销率
2012年3月	3,000.00	15,000.00				
2014年11月	3,350.00	28,350.00	47,718.80	527.97	53.70	0.59

融资时间	融资金额	融资估值	融资当度收入	融资当年度净利润	市盈率	市销率
2015 年 6 月	4,000.00	40,000.00	91,093.50	1,756.00	22.78	0.44
2015 年 12 月	10,000.00	90,000.00	91,093.50	1,756.00	51.25	0.99
2016 年 12 月	22,997.70	272,972.70	221,822.23	12,854.56	21.24	1.23

注：数据源自公开披露的年报

说明：表格中所列示的部分数据由傲基科技披露的融资金额、持股比例计算而来，由于小数位数的差异，可能会导致计算的融资估值与实际估值存在些许差异。

图 8.2 能更清晰地反映出傲基科技估值变化的过程。

融资估值

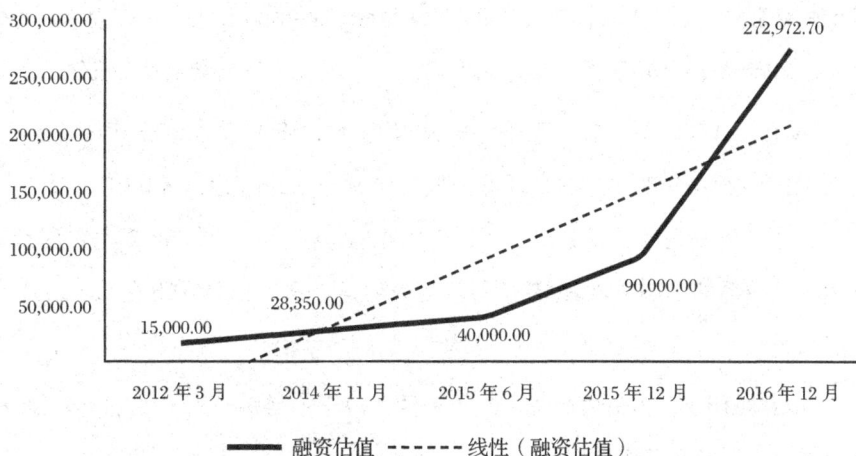

图 8.2　傲基科技融资估值变化

从上述数据及图表可以看到，傲基科技从 2012 年到 2016 年，5 年的时间中，企业估值从 1.5 亿元增长到约 27 亿元，实现了近乎 20 倍的增长。而这背后支撑估值增长的核心因素正是企业业绩的高速发展，营业收入从 2013 年的约 2.1 亿元增长约 10 倍达到约 22 亿元，净利润从 2013 年的约 300 万元增长超过 40 倍，达到近 1.3 亿元。

　　穿越时空，假设我们站在 2014 年投资的时点，该如何对傲基科技进行估值？

　　2014 年要投资跨境电商，就不得不提到当年山西百圆裤业有限公司（以下简称"百圆裤业"，代码为 002640，后更名为跨境通）对深圳环球易购电子商务有限公司（以下简称"环球易购"）的收购。2014 年 7 月 17 日，百圆裤业发布公告，称将通过发行股份及支付现金的方式购买环球易购股东合计持有的 100% 股权，交易价格约为 10.32 亿元。公告发布后，百圆裤业股价在 30 个交易日内由 2.49 元上冲到最高 8.67 元，股价涨幅达到 248%。一项收购为何会引起股价如此大幅度的上涨？

　　当时，环球易购为国内领先的跨境出口零售电商之一，以高性价比的中国制造产品，为全球用户提供高性价比的海量选择，产品直销美国、加拿大、英国等全球 200 多个国家和地区。截至 2014 年 6 月底，环球易购旗下平台合计注册用户数量超过 600 万人，在线产品 SKU（Stock Keeping Unit，库存量单位）数量超过 20 万个；最高月活跃人数超过 90 万人，最高月访问量超过 1,600 万次。

　　截至 2014 年 3 月末，环球易购总资产为 1.38 亿元，净资产为 1.17 亿元。2012~2014 年度 3 月各期间营业收入分别为 1.98 亿元、4.66 亿元和 2.01 亿元；净利润分别为 1,391.04 万元、3,014.61 万元和 1,163.54 万元。创始股东承诺环球易购 2014~2017 年度实现的净利润分别不低于 0.65 亿元、0.91 亿元、1.26 亿元和 1.70 亿元。

　　而百圆裤业提出的收购价较环球易购的净资产增幅达到 7.82 倍，以 2014 年承诺的净利润来算市盈率也达到了 15.38 倍。

　　百圆裤业对环球易购的估值给傲基科技的估值提供了一个很好的参考，有了一个公开可查的先例交易。从收入来看，2014 年度傲基科技的收入约为 4.7 亿元，环球易购的收入约为 14.16 亿元，傲基科技的收入约为环球易购的 1/3，直接类比采用市销率法则可考虑给予傲基科技 3 亿元的估值。但这显然会偏高，第一，此时傲基科技的净利润率明显低于环球易购；第二，由于是被上市企业收购，环球易购的流动性明显高于傲基科技。

通过对比，傲基科技的估值该处于什么区间，投资者心中就会有底，至于在 3 亿的基础上究竟按八折还是九折投资，取决于谈判的水平以及对企业未来发展的进一步判断。事实上不管是傲基科技还是环球易购，在当时的经济环境下，每年收入都能翻番增长，这实际上已经表明了这个行业肯定是处于快速发展期的，也预示着投资可能会获得较好的回报。

8.4　科创板、创业板注册制下的估值探讨

2019 年 7 月 22 日科创板正式开市，首批 25 家企业在上海证券交易所挂牌上市。这是我国资本市场改革的又一重大成果，也意味着我国正式开启了企业上市的注册制通道。从宣布将在上海证券交易所设立科创板并试点注册制，到科创板企业的正式上市，表面上看这前后不过 8 个多月时间，但实际上它已经走过了很长的一段路。

2012 年，市场就热议过 IPO 不审到底行不行。2015 年 6 月国务院印发的《关于大力推进大众创业万众创新若干政策措施的意见》指出，推动在上海证券交易所建立战略新兴产业板，并一度将其列入资本市场改革 2016 年的重要工程。也许是受当年资本市场环境及国家政策的调整的影响，该工程在 2016 年后又归于寂静，此后我国的 IPO 市场也一度收紧，资本市场活跃度大幅降低。直到科创板正式开市，我们发现，IPO 市场其实一直备受关注。科创板快速推出后，2020 年 4 月 27 日《创业板改革并试点注册制总体实施方案》"出炉"。6 月 12 日，证监会发布了创业板注册上市的管理办法，7 月 13 日创业板上市委员会第一次审议会议结果"出炉"，这离科创板开市也就近一年的时间，一个资本市场的大时代更加清晰地呈现在我们面前。

科创板的推出及创业板的改革不仅仅是由审核制转为注册制，更重要的是上市规则的改变，它们都引入了市值的概念，而且也允许未盈利企业上市。科创板与创业板上市条件，如表 8.10 所示。

表 8.10　科创板与创业板上市条件

科创板上市条件	创业板上市条件
标准一，市值＋净利润＋营业收入：预计市值不低于人民币 10 亿元，最近两年净利润均为正且累计净利润不低于人民币 5000 万元；或者预计市值不低于人民币 10 亿元，最近一年净利润为正且营业收入不低于人民币 1 亿元； 标准二，市值＋营业收入＋研发投入：预计市值不低于人民币 15 亿元，最近一年营业收入不低于人民币 2 亿元，且最近三年累计研发投入占最近三年累计营业收入的比例不低于 15%； 标准三，市值＋营业收入＋经营活动现金流净额：预计市值不低于人民币 20 亿元，最近一年营业收入不低于人民币 3 亿元，且最近三年经营活动产生的现金流量净额累计不低于人民币 1 亿元； 标准四，市值＋营业收入：预计市值不低于人民币 30 亿元，且最近一年营业收入不低于人民币 3 亿元； 标准五，市值＋核心产品：预计市值不低于人民币 40 亿元，主要业务或产品需经国家有关部门批准，市场空间大，目前已取得阶段性成果；医药行业企业需至少有一项核心产品获准开展二期临床试验，其他符合科创板定位的企业需具备明显的技术优势并满足相应条件	标准一，净利润：最近两年净利润均为正，且累计净利润不低于人民币 5000 万元； 标准二，市值＋净利润＋营业收入：预计市值不低于人民币 10 亿元，最近一年净利润为正且营业收入不低于人民币 1 亿元； 标准三：市值＋营业收入：预计市值不低于人民币 50 亿元，且最近一年营业收入不低于人民币 3 亿元

　　在科创板发行上市的 5 条标准中，只有标准一强调了净利润，而其他 4 条标准都提到了市值。创业板上市条件的标准三也没有提净利润，只是强调市值和营业收入。通过对上述标准的综合分析，就会发现市值是一个核心被关注的问题，而未上市企业的市值又从何而来？它并不像已上市企业，"市场先生"每天会给一个报价。在缺乏流动性的一级市场上，市值的确定的确是一个令人头疼的问题。前面我们已经讲了一些估值方法，但运用于科创板及创业板注册制下的企业时会遇到诸多问题。

1. 企业特点决定了估值难度大

（1）企业处于生命周期的中偏前期阶段

　　2020 年 7 月 21 日，成立仅 4 年的中科寒武纪科技股份有限公司（以下简称"寒武纪"，代码为 688256）在科创板发行上市。4 年，对于很多企业来说可能还处于打磨产品、找市场的阶段。事实上，寒武纪也不例外。2019 年寒武纪亏损 11.79 亿元，但这并不影响它在科创板上市，上市发行估值 200 亿元，上市之后市值破千亿元。

（2）经营具有高风险性

在创业门槛越来越高的今天，竞争越来越激烈，技术的更新迭代越来越快，消费者的偏好不断发生改变，这些都让企业的经营充满了不确定性。而科创类企业更是处于高风险领域，尤其是生物医药和信息技术行业的企业，从研发投入到样品问世，再到批量化生产、规模化经营，每一步都是惊险的跳跃，有成功的概率，但更多的是失败。

（3）研发投入大

科创板强调企业的硬科技属性，这需要大量的研发投入，而研发投入要么被费用化，要么被资本化，无论哪一种会计处理方式都会对财务指标产生重大影响，这也会使企业的账面资产产生"失真"的现象。

如寒武纪 2019 年度费用化的研发支出达到 5.43 亿元，超过了当年营业收入总额 4.439 亿元，为亏损 11.79 亿元贡献了一半的"力量"。单从财务数据看，无论是净利润还是净资产都因为每年大额的研发支出而显得极其难看，但作为一个硬科技企业，这些投入正是企业保持核心竞争力的关键。

（4）收入具有高成长性

企业收入在成长期往往会呈现爆发式增长，而非线性变化，特别是互联网企业和生物医药行业企业。

2020 年 1 月 23 日，从事创新药研发的泽璟制药在科创板发行上市，而它近几年的营业收入均为 0 元，上市后的市值已达到 270 亿元（截止到 2020 年 7 月 31 日收盘价）。市场之所以愿意给一个尚未产生收入的企业这么高的估值，也是基于其研发的新药上市后预计能实现大额的收入。

2. 估值难点

正是因为科创类企业存在这样的一些典型特点，在对它们进行估值时，直接运用现金流折现模型、相对价值评估模型等都会存在很多的挑战。

（1）较难获得市场公开数据

科创类企业面对一个崭新的市场，有一项新的技术，可参考的历史数据少，再加上收入的不确定性，会导致对现金流进行预测的难度增大。同时由于可比企业几乎没有，也很难找到合理的估值倍数。

（2）以现有财务数据为基础进行预测容易造成结果"失真"

寒武纪和泽璟制药就是非常典型的例子，巨额的研发投入造成巨额亏损，市盈率模型、市净率模型等这些方法都无法采用。如果我们再拘泥于过去的财务数据，据此做一定的增长再进行估值分析就很难得出正确的结果。

第9章

财务尽职调查报告的编写

到现在为止针对财务尽职调查对象我们已经执行了很多程序。首先是了解企业的商业模式，所处产业链地位，行业政策，紧接着分析财务数据并提炼出重要问题，实地考察企业的生产业务流程，有针对性地与企业高管、员工、供应商、客户、竞争对手及信贷机构访谈，对重要的原始单据进行详细检查，充分运用分析性复核程序，围绕财务报表中的"人""财""物"及现金流进行详细分析，与访谈、观察等获得的信息进行钩稽验证，最后对企业的盈利预测及估值进行了分析。做完这些，对项目的财务尽职调查也就基本结束，需要开始编写财务尽职调查报告了。

9.1 召开项目小组总结会

在编写尽职调查报告前，项目小组的全体成员应当充分讨论，并形成会议纪要，作为重要的底稿存档。

讨论的目的在于汇总信息，钩稽验证，揭示对方认知的盲区，发现企业的价值以及可能存在的重大风险。小组讨论一般可以围绕以下几个方面来进行。

1. 与初始认识的企业存在哪些偏差

进入项目小组总结阶段，意味着这个项目已经完成了大部分，那么需要分析此时认识的企业是否与初始认识的企业存在重大偏差，造成这种偏差的因素有哪些，这些因素是否已经在尽职调查过程中得到了落实。

如果此前、此后我们对企业的认识有完全不同的看法，这将迫使我们去思考，是对方给了我们错误的初始印象，还是我们原来的认知很局限，进而用头脑风暴发现更多的问题。

2. 企业所属行业究竟处于什么阶段

一个处于衰退期的行业难以产生实力强的企业，同样一个还处在从 0 到 1 阶段的行业要孕育出实力强的企业也还早了点。通过尽职调查我们必然已经注意到了若干现象，将这些现象进行归类整理，行业所处的阶段以及行业的增速等情况就会比较清晰。

3. 企业商业模式的可行性

尽职调查结束后，我们应该全面了解和体验过企业的产品了，就需要充分讨论产品的价值，对客户而言是不是伪需求，后续发展的动力等。

4. 重大的财务问题

如收入的真实性、资金链、关联交易、核算规范性、IPO 的可行性等若干问题。

5. 企业的估值

参与讨论的每个人都应当对估值发表自己的意见，估值是一件既客观又主观的事情。客观是指我们可以通过一系列的估值模型来计算出一个数值。主观是指估值模型中的很多条件都具有主观意志，且计算出来的企业估值被认为是贵还是便宜也是一件主观的事情。因此，多人讨论就显得非常有价值。因为有成交才会有真实的价格，而成交的价格就是在多人、多轮沟通中产生的。

6. 重要的细节

这可以看作是"质证"，钩稽验证。比如说这是一个很勤奋的团队，那么从董事长到下属成员，经常晚上 9 点钟才下班，这就是一个细节；再比如说，企业实际控制人将自己个人的爱好带给团队成员，那这可能是一个缺乏民主的团队。尽职调查人员应该充分讲述尽调过程中注意到得细节，尤其是观察到的一些下意识的动作，因为不经意的动作，往往是内心最真实的反映。

9.2　编写正式的财务尽职调查报告

财务尽职调查报告是财务尽职调查人员提供给委托方的唯一产品，是专业能力的唯一体现，它的重要性不言而喻。它需要从财务的角度来讲清楚标的企业如何运营，如何盈利以及存在何种风险。本书阐述的报告以一般制造企业为背景进行编制。制造业是一个国家的重要基石，无论是 5G、芯片，还是生物制药，背后都需要制造业的支持。以一个相对成熟的制造企业为例，一篇完整的财务尽职调查报告包括以下几部分内容。

1. 企业基本情况

这部分内容涵盖企业简介、历史沿革、组织架构、投资架构等重要信息。这是对企业的基本轮廓进行勾勒，让报告阅读者能够快速知道企业的大体情况。

（1）企业简介

将查阅到的工商信息予以列示，包括全称、法定代表人、注册地（经营地）、注册资本、经营范围、成立时间等。

成立时间是一个非常重要的指标，一个企业如果 10 年，或者十几年都没获得很好的发展，那么企业的实际经营者或者业务本身可能存在根本的缺陷。因此，在财务尽职调查过程中，如果遇到成立时间已经很久，现在的结果看起来并不好，但在实地调研后认为确实非常有价值的企业，应当客观地陈述企业过去发展遇到的问题、采取的措施以及带来的成效。

（2）历史沿革

翻阅工商底档，以及历次增资协议阐述股权变动情况。财务角度的关注点在于历次增资时资金是否实缴到位；利用非货币出资的，各类资产是否已进行了产权转移；是否存在资金抽逃问题；引进外部机构投资人的，是否存在对赌协议，且协议是否已经履行完毕。

（3）组织架构

说明目前企业的人员配置，有助于了解企业的规模、业务布局，以及薪资整体规模。

（4）投资架构

企业对外投资的情况，全资子公司、控股子公司、参股的公司等下属各个企业的定位分别是什么，目前的经营概况如何。

2. 业务及行业情况

财务尽职调查报告需要涉及业务及行业部分，因为财务是对业务的反映，看得清业务，才可能搞得懂财务，离开业务谈财务都是"空中楼阁"。

（1）商业模式

需要从财务的角度讲述清楚企业是怎么赚钱的，涵盖企业的产品或服务是什么，客户是谁，产品或服务通过什么样的方式到达客户。

（2）行业产业链及利润率

通过画产业链图，找到企业所处的位置。根据目前的情况说明产业链各个核心环节的利润率，并列示对应的上市企业的情况。

（3）行业政策演变及对企业产生的影响

梳理与企业发展相关的政策，阐述对业务可能带来的影响。分析可比同行业企业的表现（营业收入、利润、资本性投入等），一方面是说明政策确实会带来的影响，另一方面也可以看一看企业与同行业其他企业的差距。

（4）行业的周期性、区域性和季节性特征

行业会受到什么宏观因素的影响，是否存在周期性波动，目前是否处在上升期。行业发展是否受区域限制，一方面是指业务只适合在特定区域发展，另一方面是指跨区域发展的规则限制。

有关业务及行业的阐述，需要与业务及行业调研人员仔细沟通，然后用财务的语言将事实陈述出来，切忌离开事实谈观点。

3. 财务情况

（1）财务报表情况

1）直观地列示资产负债表、利润表、现金流量表简表，让报告阅读者对企业财务状况有直观、完整的认识。

2）从财务报表看企业的特点

将对财务报表的分析形成基本结论进行汇总说明，一是提醒报告阅读者后续重点阅读这些方面；二是提示报告阅读者注意思考之前他所听到、所看到的是否与企业确切的数据存在重大偏差。

（2）分析财务报表中的"人"

1）企业组织架构及人员变动情况

为清晰地展示企业发展轨迹，至少应当说明企业近3年的人员变动情况。

2）企业薪资支出情况

一方面需要列示近几年实际薪资支出（现金流量表中支付给职工以及为职工支付的现金），另一方面也要分析单位人均支出的变化。

3）企业人员计划及对支出的需求

阐述企业未来3年内的人力资源计划，如果全部执行，预计带来的人力成本。

4）同行业可比企业的"人"

对于企业关键岗位，需要说明其行业的平均薪酬，如果明显高于现有人员水平，就得考虑未来不得不增加该部分支出；还需要说明同行业可比企业最近几年的发展情况，包括人员变动、薪资变动等。

（3）分析财务报表中的"财"

1）创始股东投入

创始股东在什么时间，以什么形式，投入了多少。为投资安全性考虑，还应当进一步说明创始股东的个人资产情况，包括但不限于房产、车辆、金融资产等的说明。

2）外部投资者投入

需要列示历次融资的估值、投资者名称、投入金额、持股比例、业绩承诺（对赌）等。

3）银行借款

列示银行借款获得的方式、金额、利率、借款期限等，有担保、抵押的应当详细说明担保方、抵押物的情况。

　　4）货币资金

　　说明截至最近时间企业账面货币资金情况，包括账户数量、账面余额、是否存在受限制等；估算月度支出，判断资金是否够用，以及在极端情况下会出现怎样的状况。

（4）分析财务报表中的"物"

　　根据企业业务的特点，选择从固定资产、无形资产、存货等方面进行阐述，阐述的思路详见本书 6.3 节财务报表中的"物"。

（5）销售情况

　　1）前十大客户

　　详细列示近 3 年针对前十大客户的销售情况，包括销售内容、销售额、销售数量、占比等信息。

　　2）前十大应收账款

　　详细列示前十大应收账款明细，包括客户名称、应收账款余额、账龄、占应收账款总额的比例等信息。

　　3）应收账款周转率分析

　　列示企业自身及 2~3 家同行业可比企业近 3 年应收账款周转率变动情况，说明企业应收账款的合理性，以及可能存在的问题。

　　4）收入分析

　　分地区、分产品列示近 3 年收入、成本及毛利率情况，对比同行业其他企业的收入变动趋势，说明收入变动的原因。

　　5）毛利率分析

　　与同行业可比上市企业的毛利率进行比较分析，重点阐述未来毛利率变动的趋势。

（6）采购情况

　　1）前十大供应商

　　详细列示近 3 年向前十大供应商采购的情况，包括采购内容、采购额、采购数量、占比等信息。

2）应付及预付款项

按明细列示对主要供应商的欠款，并说明款项性质。

3）存货

如果存货已经在财务报表中的"物"部分进行了阐述，则此处不必赘述。存货相关的报告内容一般包括存货余额的列示说明、存货周转率、跌价等。遇到存货占资产比例大的需要特别说明其合理性。

（7）期间费用

重点说明销售费用、管理费用、研发费用的合理性。

（8）其他需要特别说明的事项

4. 关联方及关联交易

（1）关联方及关联关系

详细列示从财务角度被认定为关联方的企业名称及与企业的关系。

（2）关联交易

列示企业与关联方的交易，一般列示最近 3 个年度的数据，可分采购、销售、担保、资金拆借 4 个方面列示。

（3）关联往来

列示企业与关联方的往来余额。

（4）关联交易分析

分析关联交易的必要性、交易定价的公允性、交易的合规性、同业竞争情况等。

5. 税收政策及风险

（1）涉税情况

1）主要税种及税率

列示企业的税种、税率、计税依据。

2）税款缴纳情况

列示最近 3 年主要税种的税费缴纳情况（现金流）。

　　　　3）各期末应交税费余额

　　　　4）两套账的税收差异说明

　　（2）税收优惠

　　说明企业有哪些税收优惠，是否能够持续，如果没有这些优惠对利润会产生多大的影响。

　　（3）税收处罚

　　说明企业历来受到的税收处罚情况，分析判断对企业上市的影响。

　　（4）税收风险分析

6. 盈利预测与估值

　　（1）构建财务模型

　　（2）盈利预测估算

　　（3）估值计算

7. 财务尽职调查结论与建议

　　（1）企业资本市场可行性分析

　　（2）重要风险提示及解决方案建议

　　（3）投资建议

9.3　财务尽职调查报告模板

　　在介绍完财务尽职调查报告应包含的内容后，为更好地指导读者进行实务操作，我们编写了详细的财务尽职调查报告模板供大家参考。本报告模板以一般生产制造业企业为背景，假设已经实现收入、利润，且企业处于成长期。

××公司财务尽职调查报告

尽职调查委托人：_____

尽职调查对象：_____

尽职调查机构：_____

报告时间：_____

声明

本财务尽职调查报告（以下简称"本报告"）仅供委托人参考使用，委托人可按实际情况将本报告抄送给有关的单位及个人，但我们对该等单位及个人不存在合同责任及义务的承诺。本报告因使用不当产生的责任与我们无关。

××有限公司（以下简称"××"）的责任是提供与本次财务尽职调查事宜相关的资料，并对所提供资料的真实性、合法性和完整性负责。我们的责任是在××所提供资料的基础上，按照行业通行的标准和方法履行调查程序、出具财务尽职调查报告。

本报告所有内容是在有限时间和有限资料条件下，对××进行书面调查、口头访谈、分析性复核和实地观察后给出的。受时间、调查程序和提供资料所限，我们不保证发现××的所有情况和存在的问题，对于管理层予以保留的部分我们不承担相关责任和义务，我们依赖所获得的信息和资料的真实性和完整性来完成我们的工作。

××财务尽职调查报告

××（尽职调查机构简称）财务尽调字（年度时间）第×号

××（委托方名称）：

××（尽职调查机构）（以下简称"本公司"或"我们"）接受贵公司委托，对××公司（以下简称"××"、"公司"或"目标公司"）截至××年×月×日的财务情况进行财务尽职调查，并出具相应的财务尽职调查报告。

本次调查是基于贵公司拟对 ×× 进行投资之目的而实施。

　　×× 的责任是提供与本次财务尽职调查事宜相关的资料，并对所提供资料的真实性、合法性和完整性负责。我们的责任是在 ×× 所提供资料基础上，按照行业通行的标准和方法履行调查程序、出具财务尽职调查报告。

　　根据我们调研的情况，重点提示 ×× 面临以下几项风险，该等风险提示并不意味着目标公司一定会出现其所描述的不利结果，仅供贵公司投资决策之分析所用。

　　风险揭示一：

　　风险揭示二：

　　风险揭示三：

　　关于目标公司更详细内容及建议请仔细阅读本财务尽职调查报告。

1. 企业基本情况

　　（1）企业简介

企业名称	
成立时间	
注册资本	
注册地址	
法定代表人	
经营范围	
统一社会信用代码	

　　（2）历史沿革

发生时间	股东	类型	投资总额	投资估值	持股比例	出资方式	具体事项

　　举例，×× 年 × 月 × 日（发生时间），（股东）M 以增资（类型）的方式投资 2,000 万元（投资总额），（投资估值为）1 亿元，获得 20%

的股权（持股比例），M 公司以货币出资（出资方式），并与公司约定于 20×8 年完成 IPO 上市（具体事项）。

截至 ×× 年 × 月 × 日，目标公司股东构成如下。

股东名称	认缴出资额	实际出资额	持股比例	说明

（3）组织架构

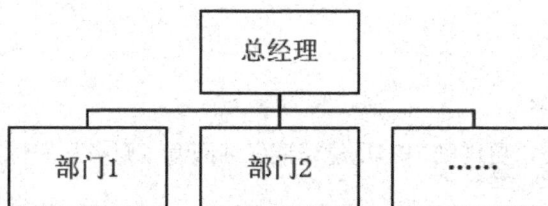

截至 ×× 年 × 月 × 日，公司组织架构如图所示，在职员工 × 人，月度薪资支出总额为 ×× 万元。

（4）投资架构

被投资企业名称	成立日期	注册资本	实际出资额	持股比例	主营业务	经营概况

注：经营概况应大致说明年度营业收入、利润及业务定位等情况。

2. 业务及行业情况

（1）商业模式

（2）行业产业链及利润率

（3）行业政策演变及对企业产生的影响

（4）行业的周期性、区域性和季节性特征

说明：本部分内容需要根据目标公司的实际情况进行编写，可以相对简略。

3. 财务状况

（1）财务数据对比及分析

1）资产负债表

项目	××年×月×日	××年×月×日	××年×月×日
流动资产：			
货币资金			
……			
流动资产合计			
非流动资产：			
长期股权投资			
……			
非流动资产合计			
资产总计			
流动负债：			
短期借款			
……			
流动负债合计			
非流动负债：			
长期借款			
……			
非流动负债合计			
负债合计			
所有者权益：			
实收资本（股本）			
……			
所有者权益合计			
负债和所有者权益总计			

2）利润表

项目	××年度	××年度	××年度
一、营业总收入			
二、营业总成本			
其中：……			
加：……			
三、营业利润（亏损以"-"号填列）			
加：营业外收入			
减：营业外支出			
四、利润总额（亏损总额以"-"号填列）			
减：所得税费用			
五、净利润（净亏损以"-"号填列）			
六、其他综合收益的税后净额			
七、综合收益总额			

3）现金流量表

项目	××年度	××年度	××年度
一、经营活动产生的现金流量：			
销售商品、提供劳务收到的现金			
……			
经营活动现金流入小计			
购买商品、接受劳务支付的现金			
……			
经营活动现金流出小计			
经营活动产生的现金流量净额			
二、投资活动产生的现金流量：			
收回投资收到的现金			
……			
投资活动现金流入小计			

续表

项目	××年度	××年度	××年度
购建固定资产、无形资产和其他长期资产支付的现金			
……			
投资活动现金流出小计			
投资活动产生的现金流量净额			
三、筹资活动产生的现金流量：			
吸收投资收到的现金			
……			
筹资活动现金流入小计			
偿还债务支付的现金			
……			
筹资活动现金流出小计			
筹资活动产生的现金流量净额			
四、汇率变动对现金及现金等价物的影响			
五、现金及现金等价物净增加额			
加：期初现金及现金等价物余额			
六、期末现金及现金等价物余额			

4）财务数据分析概论

①目标公司资金紧张，截至××年×月×日，账面余额仅××万元，需高度关注后续资金来源。

②目标公司资产负债率较高，过去3年以来的资产负债率分别为×、×、×，需重点关注还款能力。

③目标公司应收账款、存货占资产总额的比重较高。最近一期末占资产总额的比分别达到×、×，需关注变现能力。

④目标公司非经常性损益对公司利润的影响较大，最近3年非经常性损益占利润总额的比例分别达到×、×、×。

⑤目标公司各年度经营活动产生的现金流量净额明显低于

净利润，结合应收账款余额较大的现象，需重点关注真实盈利能力。

⑥其他需要说明的事项，重点是两期异常变动，占资产负债总额的比较大的项目。

（2）财务报表中的"人"

1）公司人员及变动情况

项目	××年×月×日	××年×月×日	××年×月×日
行政管理人员			
技术人员			
生产人员			
销售人员			
财务人员			
……			
合计			

近3年来，公司人数一直在增加，这与业务的扩张需求一致，尤其是生产人员的快速增加，说明公司产品的市场需求在增加。

2）公司薪资支出情况

项目	××年度	××年度	××年度
人员总数			
支付给职工以及为职工支付的现金			
人均薪酬			

3）公司人员计划及对支出的需求

基于公司业务持续增加，公司将于今年新增人员×人，截至×年末，预计总人数将达到×人，年度人工薪资总支出预计为×万元。

4）同行业可比公司的"人"

以 × × 年度为例，目标公司与同行业其他公司的人数、人均薪酬及人均产值情况列示如下。

项目	目标公司	× × 公司	× × 公司
行政管理人员			
技术人员			
生产人员			
销售人员			
财务人员			
合计			
年度人均薪酬			
年营收规模			
年人均产值			

与同行业相比，目标公司目前人均薪酬偏低，单位人均产出偏高。但从人性的角度来说，如果薪资持续低于同行业，公司将可能会面临人员流失的情况，公司管理层应当高度注意。投资方应当考虑如果提升人均薪资带来的利润影响。

（3）财务报表中的"财"

1）创始股东投入

创始股东名称	投入资金总额	出资形式	说明

创始股东 N 累计权益性投入 2,000 万元，其中货币出资 1,200 万元，专利技术作价出资 800 万元，该专利技术是 × × 产品的核心技术，所有权属已经转移至目标公司，专利价值经 × × 评估师事务所 × 号报告评估确认。

经访谈获知，实际控制人拥有房产 × ×，金融资产 × ×，车辆 × ×，目前育有一女（年龄），婚姻状况稳定。

我们获得了实际控制人的征信报告，没有发现除正常信用卡消费以外的其他消费（根据实际情况描述）。

2）外部股东投入

股东名称	投资总额	投资估值	持股比例	出资方式	具体事项

3）银行借款

截至 ×× 年 × 月 × 日，账面银行借款总额 ×× 万元，通过比对企业信用报告，信用报告上列示的贷款均已记录在账面，具体明细如下。

金融机构名称	借款金额	起始日期	到期日期	借款利率	抵押、担保情况
合计					

4）货币资金

截至 ×× 年 × 月 × 日，账面货币资金余额 ×× 万元，其中受限制的货币资金为 ×× 万元，存放于境外的货币资金为 ×× 万元。

银行账户	开户银行	账户性质	开户时间	×× 年 × 月 × 日余额	说明
合计					

过去6个月，公司月均费用支出 ×× 万元，主要是薪酬支出、房屋租金等，这类固定支出不随业绩变动而变动，只与公司既定的战略规划相关。根据公司的规划，公司将在接下来的 2 个月时间内增加人员 ×× 人，合理预计每

个月的固定支出将达到 ×× 万元。

（4）财务报表中的"物"

1）固定资产

①固定资产折旧政策

公司固定资产占资产总额的比例较高，年度折旧金额对利润影响较大。我们复核了公司采取的折旧政策，在合理范围内，具体折旧政策如下。

类别	折旧方法	残值率	折旧年限
房屋及建筑物			
机器设备			
运输设备			
电子及其他设备			

②截至 ×× 年 × 月 × 日，公司固定资产情况

类别	原值	净值	占比	备注
房屋及建筑物				
机器设备				
运输设备				
电子及其他设备				
合计				

公司的核心机器设备均已抵押给银行，抵押物的原值为 × 万元，净值为 × 万元。

③房屋及建筑物情况

名称	账面原值	产权证号	用途	启用日期	建筑面积	单位造价
合计						

公司的房屋建筑物均已抵押给银行。

④固定资产营运能力

项目	×× 年度	×× 年度	×× 年度
固定资产周转率			
固定资产更新率			

近 3 年来，固定资产周转率呈现下降趋势，与新建厂房及新购置设备密切相关。这类资本性投入金额较大，但产生效益的时间较长，预计到 ×× 年能够正式投产，届时资产周转率会有较大幅度的提升。

2）在建工程

截至 ×× 年 × 月 × 日，公司在建工程余额 ×× 万元。

项目名称	预算总额	动工时间	账面金额	完工进度	说明

我们查阅了公司的立项申请、环评、施工许可等重要原始单据，并实地察看了工程进度，合理确认公司在建工程账面余额。

3）无形资产

①无形资产摊销策略

公司非专利技术的金额较高，其摊销年限的选择对利润影响较大。公司选择了按 10 年摊销，这符合《企业会计准则》中的摊销年限的规定。但基于技术的快速更新，我们建议在做投资预测时按照 5 年来计算，如此将减少目标公司每年的净利润 × 万元。无形资产的摊销策略具体如下。

类别	摊销年限
土地使用权	
软件	

续表

类别	摊销年限
非专利技术	
……	

②截至 × × 年 × 月 × 日，公司无形资产情况

类别	原值	净值	占比	备注
土地使用权				
软件				
非专利技术				
……				
合计				

③土地使用权情况

名称	账面原值	产权证号	地址	起止日	面积	单价
合计						

④非专利技术

非专利技术主要是自主研发资本化形成，近 3 年研发投入及资本化情况如下。

项目	× × 年度	× × 年度	× × 年度
开发支出			
费用化			
研发投入总额			
资本化占比			

公司资本化支出比例达到 × ×，高于同行业平均水平

××，如果将其资本化比例降低至同行业水平，将减少各年度的利润 ×× 万元。

（5）销售与收款

1）前十大客户

×× 年度：

客户名称	销售内容	销售额	占收入总额比（％）
合计			

根据实际情况列示最近 2 年或 3 年的数据。

2）应收账款

①账龄分析

账龄	×× 年 × 月 × 日	×× 年 × 月 × 日	×× 年 × 月 × 日
1 年以内（含 1 年）			
1~2 年			
2~3 年			
3 年以上			
……			

②坏账准备

公司现行的坏账计提政策如下。

账龄	计提比例
1 年以内（含 1 年）	
1~2 年	
2~3 年	
3 年以上	
……	

公司与客户签订的合同约定的收款账期为 3 个月，实际执

行过程中，收款时间在半年左右，公司与同行业采取的坏账策略一致。（若不一致的，则可以计算说明若按照同行业计算对利润的影响。）

③前十大应收账款余额

×× 年 × 月 × 日：

客户名称	余额	占应收账款总额比（%）	说明
合计			

根据实际情况列示最近 2 年或 3 年的明细。

④应收账款周转率分析

公司名称	×× 年度	×× 年度	×× 年度
本公司			
可比公司 1			
可比公司 2			
……			

将目标公司与同行业其他可比公司 ××、×× 的应收账款周转率进行对比分析。目标公司应收账账款周转速度偏低。

3）收入分析

①收入确认原则分析

公司于产品发出，并经客户签收后确认收入，与同行业可比其他公司一致。

说明：需重点说明公司的收入确认政策，并评价其合理性。

②按产品类别列示

产品类别	×× 年度	×× 年度	×× 年度

③按地区列示

地区	××年度	××年度	××年度
境内			
境外			

④同行业对比分析

据××统计，行业年度增长率为×，同行业可比主要公司收入增长情况如下。

营业收入	××年度	××年度	××年度
本公司			
增长率			
可比公司1			
增长率			
……			

注：针对收入变动进行详细的原因说明

4）毛利率分析

①分产品类别列示毛利率

产品类别	××年度	××年度	××年度
综合毛利率			

②同行业对比分析

公司名称	××年度	××年度	××年度
本公司			
可比公司1			
……			

③毛利率变动驱动因素

▪ 核心产品单价、单位成本对比

产品类别	××年度		××年度		××年度	
	单价	单位成本	单价	单位成本	单价	单位成本
产品 1						
产品 2						
……						

▪ 单价、成本变动对毛利率影响

针对核心产品毛利率的变动，采用因素分析法进行分析

××产品：

项目	××年度	××年度
单位售价变动的影响		
单位成本变动的影响		
综合影响		

（6）采购付款

1）前十大供应商

最近 3 年各年度主要供应商交易情况

供应商名称	采购内容	采购额	期末应付账余额	占采购总额的比（％）
合计				

2）应付账款

项目	××年×月×日	××年×月×日	××年×月×日
应付账款余额			
年度采购总额			
应付账款占采购总额的比			

3）预付账款

①总体情况

项目	××年×月×日	××年×月×日	××年×月×日
预付款项			

②预付款项余额前十名

供应商名称	余额	占预付款项总额比（％）	预付款项性质
合计			

4）存货

①整体情况

项目	××年×月×日	××年×月×日	××年×月×日
原材料			
库存商品			
在产品			
……			
合计			
存货跌价准备			

②仓库情况

公司存货分散放置在以下3个仓库，仓库及存货放置情况说明如下。

仓库名称	仓库地址	仓库面积	存放主要物品

③存货周转率分析

公司存货周转率与同行业其他可比公司对比情况说明如下。

项目	××年度	××年度	××年度
本公司			
……			

5）成本分析

①料工费

项目	××年度		××年度		××年度	
	金额	占比（%）	金额	占比（%）	金额	占比（%）
直接材料						
直接人工						
制造费用						
合计						

②主要材料各年度采购单价变化

主要原材料	××年度	××年度	××年度

受国际环境影响，A 原材料价格相比去年增加 × 元，该成本的增加暂时无法传递给市场，造成利润的下降。

说明：需说明原材料价格变化的原因，并合理判断未来的趋势。

（7）期间费用

1）销售费用

项目	××年度	××年度	××年度
合计			
占营业收入的比			

续表

项目	××年度	××年度	××年度
销售人员			
人均销售额			

公司的销售费用主要由××构成，随着销售收入的提高，销售占比逐渐下降；公司在不断培训销售人员，提升效率，近年来人均产出逐年提升。

说明：应当结合行业特点说明公司的销售模式以及费用特点。如医药行业存在大量的学术推广费，需要考虑公司是否已经足额计提，以及其处理的合规性等。

2）管理费用

项目	××年度	××年度	××年度
合计			
占营业收入的比			

3）研发费用

①总体情况

项目	××年度	××年度	××年度
合计			
占营业收入的比			

②研发项目情况

公司近一年度启动及尚未结案的项目情况，以及费用投入情况如下。

研发项目名称	启动时间	目前进度	已投入金额

（8）其他重要资产、负债及利润表项目说明

说明：除上述已经提到的重要事项外，财务尽职调查人员认为特别重要的其他事项也应当进行列示说明，如其他应收款、长期待摊费用、递延收益等。

（9）现金流

1）经营活动产生的现金流

项目	××年×月×日	××年×月×日	××年×月×日
净利润			
经营活动产生的现金流量净额			
销售收入收现比			

公司经营活动产生的现金流量净额明显低于净利润，与公司收款账期长密切相关。

2）自由现金流（简式）

项目	××年×月×日	××年×月×日	××年×月×日
经营活动产生的现金流量净额			
购建固定资产、无形资产等长期资产支付的现金			
自由现金流			

公司经营活动赚取的现金流主要用于购置长期资产，目前正在扩建厂房、产线，预计仍需投入××万元。

4. 税收政策及风险

（1）涉税情况

1）主要税种及税率

税种	计税依据	税率	备注
企业所得税			
增值税			
……			

2）税款缴纳

公司近几年主要税种实际缴纳税款如下所示。

税种	××年度缴纳	××年度缴纳	××年度缴纳
企业所得税			
增值税			
……			
现金流量表中支付的税费总额			

3）各期末应交税费余额

税种	××年×月×日	××年×月×日	××年×月×日
企业所得税			
增值税			
……			
合计			

4）两套账的税收差异说明

我们仔细核查了公司的账面收入及税收申报收入，对比列示如下。

项目账面收入	××年度		××年度		××年度	
	增值税	企业所得税	增值税	企业所得税	增值税	企业所得税
账面收入						
税收申报收入						

说明：若账面收入与税收申报收入存在重大差异，应当说明会产生的影响以及预计的处理方式。

（2）税收优惠

考虑高新技术企业、退税政策等的税收优惠，并说明其实际给公司带来的好处（用数字表示）。

（3）税收处罚

说明公司获得的税收处罚及该处罚可能给公司带来的影响。

（4）税收风险分析

如股权转让过程中涉及转让个税（包括资本公积转增的个税、分红产生的个税）、账外核算少申报收入、税收优惠政策的持续性等风险。

5. 关联方及关联交易

（1）关联方及关联关系

关联方名称	与目标公司关系

（2）关联方交易

1）采购情况

关联方名称	采购内容	××年度		××年度		××年度	
		采购额	占比	采购额	占比	采购额	占比

2）销售情况

关联方名称	销售内容	××年度		××年度		××年度	
		销售额	占比	销售额	占比	销售额	占比

3）担保情况

担保方名称	被担保方名称	担保金额	担保起始日	担保到期日	是否已经履行完毕
合计					

4）资金拆借

拆出方	拆入方	拆借金额	拆借起始日	拆借到期日	说明
合计					

（3）关联方往来

项目名称	关联方	××年×月×日	××年×月×日	××年×月×日

（4）关联交易分析

说明：是否存在同业竞争的情况，若存在，应如何解决，关联方间交易价格是否公允等。

6.盈利预测与估值

（1）盈利预测背景及假设说明

从公司产品出发，结合产能、市场需求、行业增速、已经获取的订单及历史增长速率，形成对收入的增长预期；根据公司技术、市场竞争、材料成本等因素合理估计公司未来的毛利率；分析费用的构成以及与营业收入的比例，结合公司战略规划假设费用占营业收入一定的比例。

（2）盈利预测

在预测收入、毛利率、费用率的基础上编制形成预测利润表。

（3）估值方法的选择

根据公司特点说明可以采取的估值方法及理由，可以引用同行业已有的估值案例及可比上市公司估值。

（4）估值结论

7.财务尽职调查结论

（1）资本市场可行性分析

　　1）标的公司核心指标与上市要求指标对比说明

　　2）同行业资本市场上市情况。

公司名称（股票代码）	主营业务	上市时间	上市审核关注核心问题

　　若存在并购案例的，详细说明并购情况。

（2）重要风险提示及解决方案

　　1）财务规范性风险

　　从收入确认、成本核算、财务系统运用、独立性等方面说明存在的问题，以及后续处理建议。

　　2）持续盈利能力风险

　　重点说明是否存在对大客户的依赖、对某单一产品的依赖，以及对非经常性损益的依赖等。

　　3）不良财务指标风险

　　重点说明资产负债率、现金流、应收款项及存货变现能力等。

　　4）其他重要风险说明

（3）投资建议

就财务尽职调查过程中注意到的特别风险提醒投资方写入投资协议中。

第 4 篇

财务尽职调查的实战演练

前 3 篇分别从财务尽职调查的理论、财务尽职调查的现场工作、财务尽职调查的分析性思维三大方面进行了阐述，基本涵盖了财务尽职调查工作的全流程。为更好地帮助读者理解财务尽职调查，本篇主要以一些案例的形式进行进一步的探讨。本篇的具体内容如下。

- 企业不同阶段的财务特点。
- 半导体行业和生物医药行业财务特点。
- 在案例中学会财务尽职调查。

第 10 章

分析企业不同阶段的财务特点

    处于不同阶段的企业就如处在不同阶段的人一样，会表现出不同阶段所独有的一些特征。了解这些特征才能对不同阶段的企业所表现出的现象有更为客观的判断，也有助于在开展财务尽职调查工作时制定更有针对性的策略。

10.1　企业生命周期与财务特征

企业生命周期理论由伊查克·爱迪思（Ichak Adizes）提出，他用 20 多年的时间研究企业如何发展、老化和衰亡。他在《企业生命周期》一书中，把企业生命周期分为 10 个阶段，即孕育期、婴儿期、学步期、青春期、壮年期、稳定期、贵族期、官僚化早期、官僚期、死亡。企业在每个阶段都会呈现出不同的特点，面临着不同的战略决策及制约因素等，相应的也会呈现出不同的财务特点，因此分清企业所处的阶段对财务尽职调查有非常重要的指导意义。企业生命周期可以用图 10.1 表示。

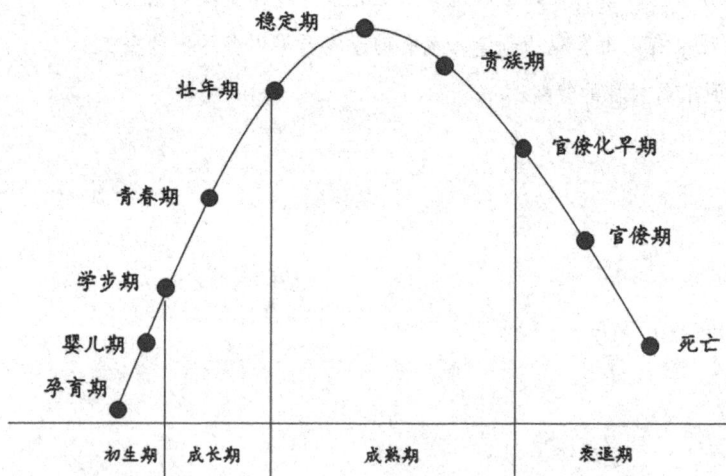

图 10.1　企业生命周期

为更好地进行财务特征分析，企业生命周期也可以划分为初生期、成长期、成熟期、衰退期 4 个阶段。

初生期包括孕育期、婴儿期、学步期 3 个阶段。在该期间，企业往往可以看作是一个项目，所有的投入都是围绕这个项目开展，投入多少，产生什么结果都能清晰地计算出来。该期间企业的主要任务是活下去，有机构统计称我国中小企业的平均寿命为 2.5 年。由于活下去比什么都重要，在初生期，企业的财务核算往往也不规范，记账不及时、核算方法错误、财务附件不完整、往来混乱等可能是大多数企业存在的典型现象。

成长期包括青春期、壮年期 2 个阶段。进入到成长期，意味着企业的产品或服务、商业模式均得到市场认可，企业开始迅速增长。财务数据上，该期间的典型特征是固定资产、存货（制造企业）大幅增加，企业杠杆利用率上升，利润率波动幅度大等。

成熟期包括稳定期和贵族期 2 个阶段。进入成熟期后，企业盈利能力达到最强，盈利水平也达到最高，利润率基本稳定下来，不再大起大落。现金流、产能、销售等基本都可以进行比较准确的预测。

衰退期包括官僚化早期、官僚期、死亡 3 个阶段。在该期间，企业缺乏上升动力，收入、利润等指标均呈现下滑趋势。

我们可以对企业各个阶段的财务特征进行汇总，如表 10.1 所示。

表 10.1　企业生命周期财务问题比较

生命周期 财务问题	初生期	成长期	成熟期	衰退期
销售额	低	快速上升	达到最高	下降
利润率	负	波动大	最高，趋于稳定	下降
筹资	天使投资及VC，难度大	VC 及 PE，相对容易	PE 及银行，较容易	困难
投资	较少	需求大，面临资金压力	并购，寻求协同效应	资本扩张，投资失败
目标	活下来	持续稳定的业绩增长	持续的财务获利	企业价值重估

了解企业生命周期对财务尽职调查有什么意义呢？比如了解企业生命周期后对于处在初生期的企业，我们就不会苛求它的财务核算很规范、赚了很多钱等，因为此时就是婴儿的样子。

10.2　Gartner 曲线带来的启示

Gartner 曲线是描述技术发展周期的专业图表，它认为，技术同人一样也有生命周期。它将一项技术从胚胎萌芽到茁壮成长划分为 5 个阶段，如图 10.2 所示。

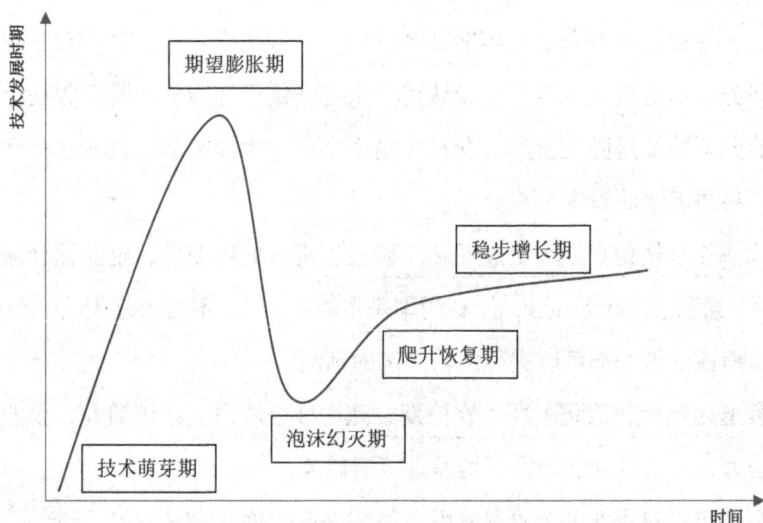

图 10.2　Gartner 曲线

阶段一为"技术萌芽期"。一项新技术从 0 到 1，从无到有，开始时这项技术多为一个虚有的概念，尚未成熟的方案或者作品，但是有人看到了商机，抢先涉足，争吃"第一只螃蟹"。

阶段二为"期望膨胀期"。经媒体的大肆宣传，越来越多的资本涌入，这项技术被推向风口浪尖，"媒体宣传＋资本炒作"产生共振。于是，越来越多的人了解并且开始相信这项技术，并予以很高的期望值，这时企业的估值也会在非理性中达到顶峰。

阶段三为"泡沫幻灭期"。方案、设想终归是要落地的，当这项技术投入生产之后，人们发现其并不是那么完美，各方面的技术还不成熟，应用难以落地。资本家开始怀疑技术的可行性，接着大量的资本撤离出去，技术发展举步维艰。

阶段四为"爬升恢复期"。慢慢地，新技术开始找到它的突破点，原先未曾预测到的领域开始被发现，技术逐渐应用落地，但这时仍然处于亏损较大的阶段。

阶段五为"稳步增长期"。产品技术进入到成熟阶段，并应用到实际场景中，越来越多的人开始享受技术红利。至此，这项技术才真正开始改变我们的生活。

Gartner 曲线虽然针对的是一项技术，实际上也是一个创新企业的发展过程，因为企业的持续发展是以产品为载体的，而产品又源自技术。我们可以通过华大基因科技研究公司（以下简称"华大基因"）发展无创产前检查（Noninvasive Prenatal Testing，NIPT）技术的历程来更具象化理解Gartner 曲线。

NIPT 技术是一种非侵入性的产前检测技术，一般是通过采集孕妇外周血，并从中提取胎儿游离 DNA，以此判断腹中胎儿的基因型和发育状况。目前主要用于筛查胎儿染色体非整倍体中的 21 三体综合征（又称唐氏综合征，先天愚型或 Down 综合征，以下简称"T21"）、18 三体综合征（又称 Edwards 综合征，以下简称"T18"）、13 三体综合征（又称 Patau 综合征，以下简称"T13"）。

在 NIPT 技术运用之前，临床上一直采用血清学生化筛查及影像学检查来完成唐筛，对筛查阳性患者采取绒毛采集、羊水穿刺等侵入性产前诊断手段进行染色体分析从而获得相对准确的诊断结果，但这些方法假阳率高，造成很多不必要的侵入性检查，给孕妇带来身体及心理的伤害。NIPT 技术就很好地解决了这一点，它仅通过体外采血的方式就能进行一些病症的筛查。

据文献资料（中国科学：生命科学，2016 年第 46 卷第 12 期，NIPT：产前诊断发展史上的里程碑）记载，NIPT 技术的发展可以追溯到1997 年，香港中文大学教授卢煜明等人在《柳叶刀》上发表文章指出，母体血浆中的 DNA 片段有 5% 左右来自胎儿。2010 年，通过对母体血浆中胎儿游离 DNA 的分析测绘出胎儿的全基因组图谱。凭借在无创产前胎儿 DNA 检查方面做出的开拓性贡献，卢教授获得了 2016 年未来科学大奖中的"生命科学奖"。

卢教授的科学研究成果是企业对 NIPT 技术的商业化应用的基础，华大基因认准了该领域的行业前景，开始大规模投入，并在全国范围内推广应用。因为它与传统技术相比确实存在巨大的优势，一度被资本热捧。结合 Gartner 曲线来看，可以被认为是从技术萌芽期发展到期望膨胀期。但就在 NIPT 技术发展得如火如荼之际，2014 年 2 月 9 日，国家食品药品监督管理总局（现称"国家市场监督管理总局"）与国家卫生和计划生育委员会（简称"国家卫计委"，现称"国家卫生健康委员会"）办公厅发文，紧急叫停了基因测序相关产品和技术在临床医学上的使用，NIPT 技术属于被停止应用的技术之一。一时之间，NIPT 技术的前景蒙上了一层阴影，谁也不知道未来的政策走向。此后从国家层面到企业层面都做了大量的研讨工作，2015 年 1 月 15 日，国家卫计委妇幼司发布了《关于产前诊断机构开展高通量基因测序产前筛查与诊断临床应用试点工作的通知》，通知中针对 NIPT 技术的应用就一些技术标准制定了详细的规定，这也意味着 NIPT 技术得到了官方的认可，在政策的指引下将走得更远。

2016 年 3 月，华大基因 NIPT 全球样本量已经突破 100 万例；截至 2017 年 6 月，全球样本已经突破 200 万例，其中阳性样本超过 1.5 万例。从华大基因披露的招股说明书也可以看到，生育健康类服务收入从 2014 年的 3.56 亿元增加到 2016 年的 9.29 亿元，年复合增长率达到 61.54%。随着政策的不断完善，企业技术的不断成熟，现在 NIPT 技术已经成了很多准妈妈的选择，这也体现在华大基因的财务数据上，其 2018 年财务报表显示生育健康基础研究和临床应用服务已达到 13.76 亿元。

从 NIPT 技术的发展，我们能清晰地看到一项技术从理论到实践，再到规模化应用的艰难过程。这中间有过探索，有过疯狂，也有过彷徨，但最终在技术日趋成熟的环境下得到社会的认可，也打开了企业的上升空间。

在投资领域，出现在企业成立之初的一项新技术、新应用，往往会给投资人带来无尽的想象，它的估值变化也呈现出 Gartner 曲线的特点。以共享单车 ofo 为例，根据网络报道整理的其融资估值变化历程如表 10.2 所示。

表 10.2　ofo 融资历程

融资时间	融资轮次	融资金额	投资机构
2015 年 3 月	天使轮	数百万元	唯猎资本
2015 年 12 月	Pre-A 轮	900 万元	东方弘道、唯猎资本
2016 年 1 月	A 轮	1500 万元	金沙江创投、东方弘道
2016 年 4 月	A+ 轮	1000 万元	真格基金、王刚
2016 年 6 月	B 轮	数千万美元	经纬中国、金沙江创投、唯猎资本
2016 年 9 月	B+ 轮	数千万美元	滴滴出行
2016 年 10 月	C 轮	1.3 亿美元	Coatue Management（一家投资机构）、中信产业基金、元璟资本、Yuri Milner（尤里·米尔纳）、经纬中国、金沙江创投等
2017 年 3 月	D 轮	4.5 亿美元	DST 领投，滴滴出行、中信产业基金、经纬中国、Coatue Management（一家投资机构）、Atomico（一家投资机构）、新华联集团等
2017 年 4 月	D+ 轮	数亿元	蚂蚁金服
2017 年 7 月	E 轮	7 亿美元 +	阿里巴巴、弘毅投资和中信产业基金、滴滴出行、DST Global（一家风险投资机构）
2018 年 3 月	E+ 轮	8.66 亿美元	阿里巴巴领投、灏峰集团、天合资本、蚂蚁金服与君理资本

ofo 创立于 2014 年，由于已有滴滴出行的先例，ofo 自诞生之日起就受到资本的关注。从融资金额来看，在 2016 年 4 月之前其融资金额还不是很大，这与 ofo 产品、技术还在不断完善、被市场验证有很大关系。2016 年 5 月，ofo 总订单量突破两百万，单日服务校园出行近十万次，疯狂的数据让资本也开始疯狂起来。此后 ofo 几乎每 3 个月就进行一次融资，而且融资金额越来越大，到 2017 年 7 月时累计完成超百亿元人民币的融资，估值达到了顶峰，应该说"泡沫"也达到了极致。进入 2018 年以来，ofo 负面新闻不断，许多用户甚至连押金都退不了。渐渐地，街头已经很少能见到 ofo 的"身影"，曾经高达数十亿美元的估值再也无人提起，未来 ofo 是否能够"起死回生"，

还有待时间的考证。

对于财务尽职调查来说，从 Gartner 曲线我们能有哪些感悟？在此，我整理了两点供读者参考，如果将这些运用到实务中，相信也能对读者有一些帮助。

第一，面对一项行为，越是疯狂时越是要保持冷静。前文说的"银广夏事件"，公司业绩的增长就堪称疯狂，而增长的背后却是一个虚幻的故事。

第二，面对一项新技术，在泡沫幻灭期之前的任何时点投资进入都可能是"灾难"，是对资本的毁灭，典型的案例如 ofo。如果资本的容忍度有限，最好不要选择在该时点投资。

相信理论的力量，千万不要相信奇迹。马云曾表示，风来了，猪都能飞上天，但风停了，摔死的还是猪。

10.3　企业不同阶段的财务尽职调查

从企业生命周期看，股权投资主要集中在婴儿期、学步期、青春期、壮年期。婴儿期的融资可以称为天使轮融资，学步期和青春期的融资可称为 VC 融资，壮年期的融资可称为 PE 融资。

天使轮融资时，投资机构单次出资的金额较小，多为 200 万~500 万元。此时，企业的产品和商业模式虽然不是很成熟，但已经能够比较具象地呈现给投资人。投资人通过对产品、创始团队及行业等的分析，对企业未来的发展进行合理预期，进而决定投资还是不投资。在该阶段，对于投资方来说，因为企业具体的运营数据有限，判断企业价值更多取决于投资方对行业的认知，以及创始团队所展现出来的综合素质，财务尽职调查人员在此阶段能够发挥的作用有限。但作为投资决策中的一环，即使是面对一个成立时间仅一年、产品刚成型、尚未产生收入的企业，财务尽职调查依然可以从以下这几个方面进行。

（1）未来两年内的资金需求

活下来才有成长的机会。对于初创企业来说，要活下来，就必须时刻警惕现金流情况，因此企业现金的来源、预计的投入情况就是财务尽职调查的重点。

（2）同行业可比企业成长历程及盈利能力

如果业务类似，所处细分行业类似，可以通过观察可比企业的成长历程来分析企业在各阶段需要的投入。如一些医药企业，在初始研发阶段不需要过多的资本投入，但一旦产品步入拿证件阶段，则必须考虑建设厂房的问题，所需要的资金投入也会大幅度增加。通过对可比企业盈利能力的分析，我们可以知道企业的机会有多大。如果同行业可比企业现有利润率就已经很低了，那企业要想胜出的概率是比较小的。

（3）围绕企业的产品或服务构建盈利模型

产品或服务是企业实现价值最重要的载体，即使企业还没有更详细的运营数据，财务尽职调查人员应当通过与企业的详细沟通，测算可能获得毛利率以及所需的费用，并构建盈利模型。

VC 融资阶段，企业的产品及商业模式已经成型，也已经得到了市场验证，并且有了一些运营数据，从产品、商业模式到数据都能够非常清晰地展示给投资人。针对 VC 类项目进行投资时，投资机构单次出资金额多为 2,000 万元以内。投资方希望在投资后，企业的治理能力、管理能力都能上一个台阶，能够成长为一个优秀的企业。投资时的专业判断非常重要，如果说天使轮融资主要靠感觉，那 VC 融资绝对需要拼专业。

在财务尽职调查时，业务团队一般围绕团队、市场或商业模式、产品、盈利能力四大方面进行，财务尽职调查团队需要尽可能地量化这些因素。下面介绍一些实务过程中会运用到的具体方法。

1. 拆解产品

产品是企业的生命，企业未来的盈利就靠它，其重要性不言而喻。

（1）拆解产品，分析构成产品的成本

获取产品物料清单（Bill of Material，以下简称"BOM"）是最快速了解产品构成的方式，目的是弄清楚关键材料、各组成部分成本。

（2）了解产品工艺生产过程

如何将这些零散的材料制成最终的产品，对产品最终的成本有着重要影响。财务尽职调查人员一定要反复询问企业确认关键环节，了解哪个环节会对成本、产量及质量产生重大影响，未来能够采用何种方式进行提升，提升的效率怎么样。

（3）了解产品生产所需要的环境

将产品生产出来需要哪些设备，对应产量下需要的设备量，了解这些信息的目的是用来测算未来的资金投入；产品生产必需的人工，一方面是对人员素质的要求，另一方面是人员的成本。

不论企业是重资产还是轻资产，只要企业是以产品为载体（贸易除外）来实现销售，财务尽职调查人员都非常有必要了解上述几个方面的信息，最后可以形成以下几个结论。

第一，企业生产必需的资金投入；第二，产品的成本构成；第三，产品成本的变动趋势，定量分析对毛利的影响；第四，同其他类似已有的产品相比，产品具备的成本优势，以及未来可能存在的劣势。

2. 市场或商业模式的数字化转换

财务尽职调查人员必须同企业、行业研究人员仔细探讨企业的社会角色，目的是预计企业未来能够获得的平均利润率。企业的商业模式表面看起来都很复杂，必须要能洞穿本质，找到企业在社会中的位置和所扮演的角色。

（1）客户在哪里

通常企业会说是 ×× 大客户找到他们团队，或者是看到产品都是从国外买进的而自己又能做，于是就这么开始了。总之客户很明确，都在那里，就等着生产出来发货给他们了。事实上，"生意"真的没有这么好做。不管企业说的是真是假，财务尽职调查人员有一项工作必须要做，即了解有类似产品的企业的客户是谁，它们在多长时间内实现真正出货。要掌握这些信息一方面可以直接访谈竞争对手，另一方面可以访谈潜在客户，通过对比等方式弄清楚真相。

（2）要到达客户还需要哪些条件

产品不会无缘无故到达客户那里，财务尽职调查人员需要了解客户的准入要求是什么，有什么证据支撑；与客户之间可能采取的结算周期；与客户的利益分配；为获取客户所必需的支出等。

比如通信、电子行业内的企业，如果是华为、苹果这类超级大企业的供应商通常都会获得投资人的青睐，因此就有很多企业即使还没有真正出货给华为、苹果，也会说已经进入他们的供应链体系、产品正在进行二验等。那此时，财务尽职调查时就需要确实搞清楚二验后还会有什么环节，即使通过验证了真实出货还需要多长时间，同类型产品还有其他哪些供应商。以上这些信息都是可以数字化的，这些也将直接影响企业的利润，对盈亏平衡点的计算具有关键性作用。

（3）市场空间的量化

这个很难，行业研究通常对这方面会做比较深入的研究。对市场空间的预测，大多数是实力强的企业需要去触及的。而多数企业是普通者，"三百六十行，行行出状元"，能在一个极细分领域做得出色已经是成功。因此类比法通常是一个可以采用的方式。

能创造一个全新的产品出来的企业必然是极其罕见的，也就是说我们看到的绝大多数企业在做的产品，市场上基本都能找到可比企业，将这些企业作为样本分析有一定的参考意义，尤其是可比上市企业，或是企业的直接上游及下游。

分析3家及以上可比企业的成长轨迹，很可能找出一些共同点，我们需要重点关注的是它们的问题。这里的逻辑还是相信大概率，而不是奇迹。上下游的分析也很重要，它们的崛起与爆发会直接影响企业本身的发展，我们需要将这些因素也进行定量分析。

上述调研结束后，应当形成几个基本结论。

第一，潜在客户有哪些，他们的准入门槛以及出货时间；第二，获客成本（销售成本）；第三，可比企业的成长轨迹。

3.对现金流的分析、预测

天使轮阶段的企业，现金流以流出为主，在VC融资阶段会好一些，但多数企业的现金流依然还是处于净流出状态。财务尽职调查人员需要与企业仔细讨论每一分钱的用途，一是便于投资之后的投后管理跟踪、监督，二是考虑下一次融资的时点。

（1）经营活动现金流

需要把企业运营涉及的所有活动尽可能列全，这是企业最基本的资金需求，没有这些资金企业将无法生存，应思考什么时候可能会耗完，可以采取何种方式来压缩。

（2）投资活动现金流

在这个阶段，购置生产要素类资产将是一项很重要的支出，实务中很多企业往往过于乐观，尤其是有大型设备安装、厂房建设需求的企业，财务尽职调查人员有必要像一个工程人员一样来研究这些支出的合理性。但是，财务尽职调查人员又千万不要成为企业的预算编制人员，要充分理解巴菲特说的"宁要模糊的正确，不要精确的错误"。探讨的目的是让企业意识到自己的问题，现金流容不得"放飞机"。

（3）融资活动现金流

尚处在VC融资阶段的企业，大概率都是要再进行下一轮融资的，需要做极限假设，即如果不能融资，现有资金能够支撑多久？对企业的现金流调研结束后，应当形成以下几个基本结论。

第一，如果不融资，企业还能支撑多久；第二，如果融资，企业下次的融资时点会在什么时候；第三，企业为达到合理生产状态还需要的资本支出；第四，企业的基本运营支出。

PE融资阶段，投资机构此时介入往往是希望企业能够快速步入资本市场，从而尽快地增值退出。从投资的目的可以看出，这时财务尽职调查的重点是企业的合规性、真实性，以及短期内是否满足上市的条件，是否存在实质性障碍等，这就要求财务尽职调查人员对上市规则相当熟悉。在财务尽职调查的具体方法上，本书所提及的各类方法均可以采用。

第11章

从财务的视角认识行业及实战

要做好财务尽职调查，财务尽职调查人员需要对所属行业的财务特征有一定的了解。作为一名财务尽职调查人员会觉得太难了，这么多行业，每个行业又特别专业，该如何来掌握？时间、精力及知识储备都不允许财务尽职调查人员把每个行业都搞得很精通，要知道哪怕是一个专业做投资的，也就对两三个行业特别熟悉。那怎么办？行业财务不等于行业，作为财务尽职调查人员需要掌握一些重点行业特别的会计规定，知道惯用的一些"造假"手法，也就是俗称的"套路"。如前文提到的建筑工程行业，原企业会计准则规定下适用完工百分比法确认收入，利润是被"核算"出来的；医药类企业容易出现商业贿赂问题，费用率较高……

11.1　财务视角下的半导体行业

受国际环境影响，半导体产业链变得非常热门，在投资圈内各相关企业也变得大受追捧，然而人多的地方，也是充满风险的地方。为更好地做好该领域的投资财务风险控制，财务尽职调查人员可以从以下几个维度进行思考。

1. 半导体产业链

半导体产业链由上游支撑产业、中游制造产业及下游应用产业构成，其中上游支撑产业主要由半导体材料和半导体设备构成，中游制造产业的核心为集成电路（Integrated Circuit，IC）的制造，下游应用产业为半导体应用领域，如图 11.1 所示。

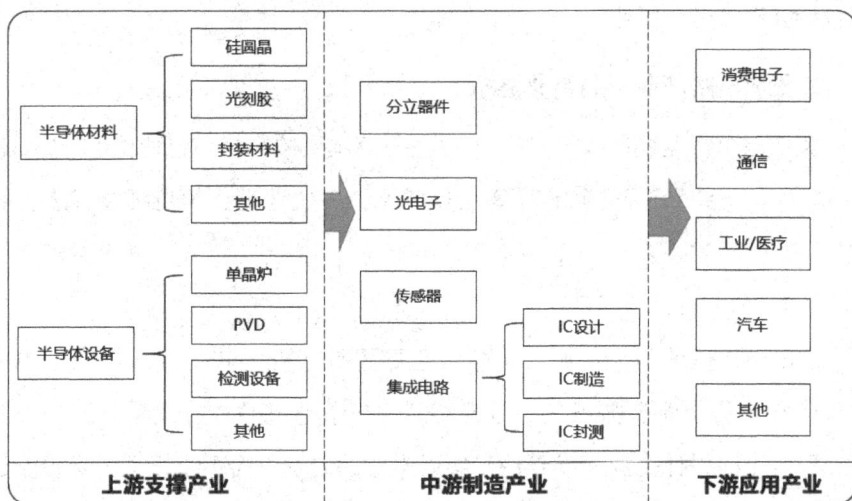

图 11.1　半导体产业链

目前我们谈论最多的企业集中在中游制造产业——集成电路这个模块。集成电路包括 IC 设计、IC 制造、IC 封测三大方面。其中 IC 制造是将设计落地为产品的关键环节，也是我国相关技术面临的难点。实力强大的 IC 制造厂商（晶圆代工）中芯国际集成电路制造有限公司（以下简称"中芯国际"），无论是技术还是销售额目前与世界排名第一的台积电都存在着巨大差距。根据 IC Insights 公布的 2018 年纯晶圆代工行业全球市场销售额排名，台积电全球纯晶圆代工市场的占有率为 59%，中芯国际的市场占有率仅为 6%，二者有着 10 倍的差距。

因为难，因为关键，所以在半导体产业链的投资中，对集成电路的投资从国家层面到社会层面都是最为集中的。2020 年 6 月 1 日，上海证券交易所受理中芯国际的科创板上市申请，中芯国际 7 月 17 日即正式挂牌上市，上市募集资金超过 500 亿元，速度之快让人意外。2020 年 8 月 4 日，国务院正式公布《新时期促进集成电路产业和软件产业高质量发展的若干政策》（以下称"8 号文"），在财税政策方面，《8 号文》明确提出，国家鼓励的集成电路线宽小于 28 纳米（含），且经营期在 15 年以上的集成电路生产企业或项目，第一年至第十年免征企业所得税。这样的支持力度势必会带动资金继续进入这个行业。

2. 集成电路产业下的企业类型

集成电路行业经过多年发展，产业分工不断细化，目前已形成 Fabless、Foundry、封装和测试及 IDM 等企业类型，各企业类型的特征及代表性企业如下。

（1）Fabless

Fabless 指的是无晶圆厂的集成电路设计企业，其主要从事集成电路的设计和销售，而晶圆制造、封装及测试环节通过委外方式进行。该模式下，集成电路设计企业可以专注于集成电路的研发，而不必投入大量资金建设晶圆生产线、封装测试工厂等。目前，全球绝大多数集成电路企业均为 Fabless 模式，包括美国高通公司（以下简称"高通"）、Synaptics（新突思科技）公司、深圳市汇顶科技股份有限公司（以下简称"汇顶科技"）等。

目前，芯片设计在产业中已起到"龙头"作用，Fabless 模式也成为国内创业企业选择的主要模式。其一般流程为组织研发人员进行芯片设计，形成设计版图；将版图交给晶圆代工厂商，委托其加工生产晶圆片；将加工好的晶圆片交给封装测试企业，委托其进行晶圆的切割、封装和测试，得到芯片成品；将芯片成品直接或通过经销商销售给方案商、模组厂或整机厂等下游客户。

与其他类型的企业相比，Fabless 模式有利于企业提升新技术和新产品的开发速度，确保企业始终站在行业技术前沿，保持并扩大自身技术优势。该模式有效降低了大规模固定资产投资所带来的财务风险。同时，Fabless 模式下的企业能够根据市场行情及时调整产能，从而进一步提升生产运营的灵活性。

（2）Foundry

Foundry 指的是晶圆代工厂商，其自身不进行集成电路的设计，而是受集成电路设计企业的委托，为其提供晶圆制造服务。由于晶圆生产线的投入很大，且工艺水平要求较高，这类企业一般具有较强的资金实力和工艺水平。典型的企业是台积电、中芯国际等。受制于资金、技术，现阶段新的创业企业很难采用该模式。

（3）封装和测试企业

封装和测试企业负责晶圆生产出来后的封装和测试工作，本身不从事集成电路的设计，而是接受集成电路设计企业的委托，为其提供封装、测试服务。该模式下的企业也需要较大的资金投入进行生产线的建设，典型的企业有江苏长电科技股份有限公司（以下简称"长电科技"）、南通富士通微电子股份有限公司（以下简称"通富微电"）、日月光集团等。

（4）IDM

IDM 指的是垂直整合制造商，即涵盖了集成电路设计、晶圆制造、封装和测试所有环节的模式。该模式对技术和资金实力均具有很高的要求，为少数国际大型企业所采纳，如英特尔公司（以下简称"英特尔"）、三星集团、德州仪器公司等。

3. 集成电路产业链下的利润率

在讲财务尽职调查的锚时，我们明确表达了每个角色都有它既定的社会分工，也有社会给予它的平均利润率。一般制造企业的利润率分布通常都符合微笑曲线，即上游设计环节和下游的市场环节属于微笑曲线的两端，盈利能力最高，中游的制造环节盈利能力最低。但集成电路产业链却有所不同，其制造环节的利润率甚至会超过市场环节。比如从事晶圆制造的台积电净利润就达30%以上，晶圆制造环节利润率高与晶圆制造厂所需的技术、资本门槛密切相关。为了能够跟紧技术的发展，它们每年都需要投入大量的资金。

根据台积电的数据，2019年台积电营业收入358亿美元，研发投入29.59亿美元，约占年营业收入的8.3%，研发人员高达6,000多人，预计2020年的研发投入将达到35亿美元。如此高额的研发投入是绝大多数公司、资本都无法企及的。高门槛也造就了高利润。台积电财务报表显示其2019年度的毛利率为46.05%，净利润率为33.09%；2020年上半年毛利率更是达到52.37%，净利润率上升到38.3%。单看台积电可能没什么感觉，对比苹果公司的盈利能力，你就会知道台积电的赚钱能力是多么疯狂。2019年度苹果公司的销售毛利率为38.35%，净利润率为24.22%。两相对比，台积电的毛利率、净利润率均比苹果公司高了约8个百分点；同行业内同为晶圆制造厂商的上海华虹（集团）有限公司（以下简称"华虹集团"）2019年度销售毛利率为30.29%，净利润率为16.62%，只有台积电的一半。台积电的绝对领先地位也与其目前在该领域没有实力相当的竞争对手，几乎处于垄断的地位密切相关。详细数据，如表11.1所示。

表 11.1 典型晶圆制造厂商毛利率、净利润率对比

公司名称	2020 年 1~6 月		2019 年度	
	毛利率	净利润率	毛利率	净利润率
台积电	52.37%	38.30%	46.05%	33.09%
华虹集团	21.06%	1.35%	30.29%	16.62%
中芯国际	21.58%	5.44%	20.83%	5.76%

注：数据源自各公司公开披露的财务数据

　　晶圆制造虽然利润率高，但由于资金投入太大，在现阶段创业企业从头开始已经不具备可能性，即便是中芯国际，其盈利能力与台积电相比也还存在很大的追赶空间。因此，从股权投资的角度来说，更多的机会将出现在 IC 设计及封装测试环节。从产业链的价值分布来看，一般是设计＞制造＞封测。

　　设计环节利润率高的原因在于高技术壁垒及低资本投入，从而避免了大规模折旧及潜在技术升级给制造环节（晶圆厂）带来的周期性冲击。英特尔、高通、英伟达公司（以下简称"英伟达"）是 IC 设计领域的翘楚，毛利率为 50%~60%，净利润率为 15%~30%，如表 11.2 所示。

表 11.2　高通、英特尔、英伟达毛利率、净利润率对比

公司名称	2020 年 1~6 月		2019 年度	
	毛利率	净利润率	毛利率	净利润率
高通	57.49%	17.27%	64.57%	18.07%
英特尔	56.94%	27.22%	58.56%	29.25%
英伟达	65.06%	29.77%	61.99%	25.61%

　　国内排名前列的 IC 设计公司包括深圳市海思半导体有限公司（以下简称"海思半导体"）、上海韦尔半导体股份有限公司（以下简称"韦尔股份"）、紫光展锐（上海）科技有限公司、汇顶科技、北京兆易创新科技股份有限公司（以下简称"兆易创新"）等。通过上市公司公开的财务信息我们也能获得其盈利能力情况，如表 11.3 所示。

表 11.3　韦尔股份、汇顶科技、兆易创新毛利率、净利润率对比

公司名称	2020 年 1~6 月		2019 年度	
	毛利率	净利润率	毛利率	净利润率
韦尔股份	32.23%	11.70%	27.39%	5.17%
汇顶科技	50.17%	15.16%	60.40%	35.8%
兆易创新	40.92%	20.82%	40.52%	18.9%

　　相比于设计和制造，封装对技术和资金的要求都有所降低，最大的封装

测试厂是日月光集团，国内排名前列的厂家包括长电科技、通富微电等。从盈利能力看，封装企业整体上比从事设计和制造的企业偏低，如表11.4所示。

表11.4　日月光集团、长电科技、通富微电毛利率、净利润率对比

公司名称	2020年1~6月		2019年度	
	毛利率	净利润率	毛利率	净利润率
日月光集团	16.59%	4.17%	15.56%	4.42%
长电科技	13.1%	2.35%	11.18%	0.41%
通富微电	13.06%	−0.43%	13.67%	0.45%

4. 芯片成品的诞生

从宏观上了解集成电路产业链后，我们再从微观层面做一些探讨。实务中，投资时我们更多的是遇到自主进行芯片设计，委托生产后再交付给客户芯片成品的企业，也就是类似于上市企业汇顶科技的模式，即 Fabless 模式。该模式下，企业生产成本的控制水平直接影响毛利率水平。因此，了解芯片的生产过程对判断企业的盈利能力非常重要。芯片生产的简要过程，如图 11.2 所示。

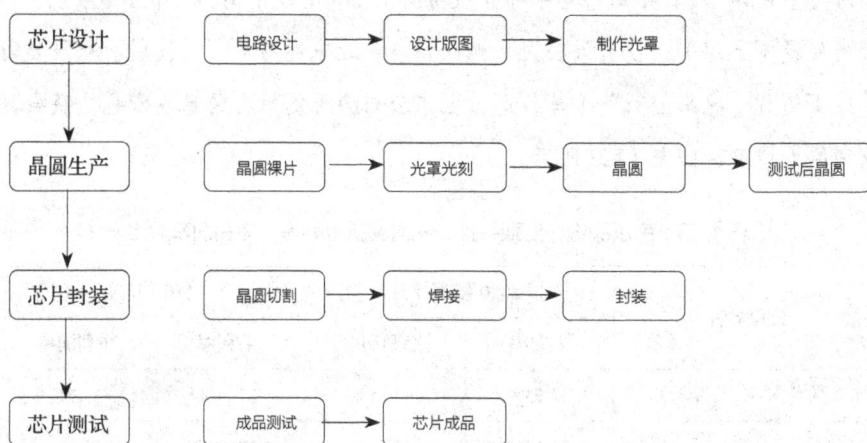

图 11.2　芯片生产的简要过程

（1）芯片设计

芯片设计是芯片的研发过程，具体来说，是通过系统设计和电路设计，将设定的芯片规格形成设计版图的过程。设计版图是一款芯片产品的最初形态，决定了芯片的性能、功能和成本，因此在芯片的生产过程中处于至关重要的地位，是集成电路设计企业技术水平的体现。

目前国内很多企业开始注重设计过程，这是保持核心竞争力的关键，相信未来越来越多的高层次人才会加入该行业。芯片设计完成后，应将图纸交给光罩企业进行掩膜板制作。如深圳市芯海科技有限公司招股说明书描述："公司研发中心在完成集成电路物理版图的设计后，交由光罩公司根据物理版图制作掩膜板。"光罩成功则表明芯片设计成功，可以进入晶圆生产环节。国内较为知名的光罩企业有深圳清溢光电股份有限公司（代码为688138），但比起国际知名的光罩企业，无论是技术还是规模，其都还存在较大的差距。

在进行财务尽职调查时，我们可以通过查阅企业的光罩成功率，以及光罩成本支出来分析判断其芯片研发能力。芯片设计得不好可能导致多次光罩，也可能光罩成功后到下一环节发现还是无法使用，若干次反复造成成本的浪费，也降低了效率。

（2）晶圆生产

晶圆生产过程是将光罩上的电路图形信息大批量复制到晶圆裸片上，在晶圆裸片上形成电路的过程，即晶圆的量产。晶圆生产后通常要进行晶圆测试，检测晶圆的电路功能和性能，将不合格的晶粒标识出来。

前面已经说过，这个环节中目前世界排名第一的企业是台积电，其市场占有率接近60%，华为麒麟芯片就是由其代工的。芯片设计厂商会将这个环节外包出去，但由于产量较小，能直接找到台积电代工的很少，其他企业的选择也有限。除了国内的晶圆制造商外，还有一些新加坡的企业可供选择。在规模化量产之前，企业需要进行样品的试产，行业内称为"流片"。每次流片的成本少则几十万元，多则上百万元，而一次"流片"需要的时间为1~3个月不等。一次流片不成功，损失的不光是金钱，还有时间。因此，财务尽职调查时，如果同一款芯片流片的次数较多，迟迟不能量产，则意味着芯片的设计可能出现了问题。财务尽职调查人员可以对流片成本、流片成功率、单位流片成本等关键指标进行不同年度的对比，或与行业惯例成本对比分析。

（3）芯片封装

芯片封装是将生产出来的合格晶圆进行切割、焊线、塑封，使芯片电路与外部器件实现电气连接，并为芯片提供机械物理保护的工艺过程。

（4）芯片测试

芯片测试是指利用集成电路设计企业提供的测试工具，对封装完毕的芯片进行功能和性能测试。测试合格后，即形成可供整机产品使用的芯片产品。

5. 芯片成本

在了解完芯片的生产过程后，我们再来探讨芯片成本的具体构成。芯片成本包括芯片硬件成本和芯片设计成本。芯片硬件成本由晶片成本、掩膜成本、封装成本、测试成本 4 部分构成，考虑良品率，芯片硬件成本＝（晶片成本＋掩膜成本＋封装成本＋测试成本）/ 良品率。对于 Fabless 模式下的企业来说，这 4 部分都是外包给专业厂商来处理的，因此一旦进入硬件制作环节，在成本控制方面，企业自身的作用很小，因为它购买的是一整项服务。Fabless 模式下的企业要想降低成本，只有在选定专业厂商的时候进行比较。目前集成电路产业链上各个环节的定价在圈内是比较透明的，所以这部分成本到最后将主要取决于生产量，量大则往往能获得优惠，量小成本则相对较高，这也是企业单次流片成本高的原因之一。

我们再来了解芯片设计成本。一家芯片设计企业的成本主要包括专利授权费用、开发工具费用和人力成本。ARM 公司就是一家知识产权供应商，芯片领域的很多核心设计都离不开它，需要获得它的授权。以苹果公司的 A9 芯片为例，这款芯片采用了苹果自主研发、兼容 ARMv8 指令集的 CPU 核心，GPU 部分则是从 Imagination 公司购买的 Power VR 7 系列核心。那么苹果公司需要向 ARM 公司购买 ARMv8 的指令集兼容授权，并向

Imagination 公司购买 GPU 核心的代码授权。

购买一项专利究竟需要多少钱呢？不同的 IP 核心代码授权、指令集授权的报价在数十万至上千万美元之间，这不像硬件成本那样有明确的报价，不同的企业在购买授权时支出的费用可能会有较大的差异。一枚芯片，尤其是集成诸多功能的 SoC（System on Chip，片上集成系统），其包含的 IP 核心种类可能有很多，如 CPU、GPU、内存控制器、视频编码解码单元等模块，而这些模块多是独立的 IP 核心。几乎没有一家芯片企业能够独自研发芯片上的所有功能模块，所以向其他企业购买 IP 核心是很常见的一件事。外购 IP 核心占总研发成本的比例，以及自研模块占总模块的比例是比较好的用以分析判断企业自主研发能力的指标。

芯片的开发工具统称 EDA（Electronic Design Automation，电子设计自动化，以下简称"EDA"），是辅助工程师进行代码编写、电路设计、仿真测试等一系列工作的软件平台。设计一款芯片，本质上就是编写出芯片的逻辑代码并将代码转化为硅片上的电路图的过程，这项工作就必然要用到相应的软件平台，这部分成本的占比也比较大。以 EDA 工具的行业领导品牌 Synopsys 为例，其销售的 EDA 工具软件一般是按照功能的多少来定价的。每个功能模块的报价都在每年数万至十几万美元。一款复杂芯片的设计过程中需要的 EDA 功能模块动辄几十上百项，因此仅仅是购买这套工具，每年的花费就会有几百万乃至千万美元。

有授权，有平台，还必须要有人才能将芯片设计出来。半导体行业作为知识、技术密集型行业，对人才的需求非常大，单位人力成本也不低，我国一家芯片设计企业研发人员的平均年薪超过 20 万元。以 100 人的芯片设计企业为例，研发人员一般会达到 70 人，单薪资这一项的支出就达到 1,400 万元。

除上述主要的支出外，还有房租、水电、其他管理费用等支出，当然相比于授权支出、开发工具支出和人力成本来说这些支出占比很小，但也不容忽视。实务中，有些企业"好面子"，在中心区租赁办公场地，一年下来租金成本也不低。对于很多创业企业来说，这笔现金流弥足珍贵。

从芯片设计企业成本的构成来看，不论是授权支出，还是开发工具支出，都属于固定成本，即使未来无法产出芯片成品，这些都是前期不得不支出的成本。因此芯片设计成功率的高低对利润的高低有重大影响。

11.2 财务视角下的医药行业

医药行业总体上可以分为两大板块：医和药。习惯上将其分为 7 个子行业，分别是以医为代表的医疗服务、医药商业、医疗器械；以药为代表的化学药、中药、生物制药，以及医药服务。

1. 医药行业产业链及利润率

说到医药，首先想到的一般都是药，因为它与我们的生活密切相关。医药行业产业链从大的框架来说由 3 部分组成：原料企业，生产企业和患者，其简图，如图 11.3 所示。

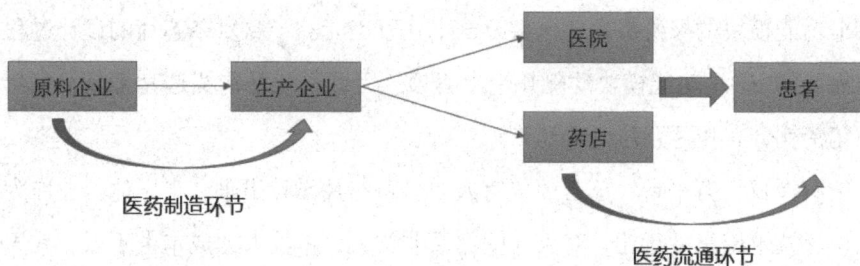

图 11.3 医药行业产业链简图

产业链上游的原料企业指化学药原料、中药材行业和生物原料；中游的生产企业主要生产化学原料药、化学制剂、中药、生物生化药；在流通环节，药品通过流通渠道到达医院、药店，最终到达患者手中。

药又分为若干类，它有三大支柱板块，即化学药、中药和生物药板块。投资时，只要是投资生产药的企业，基本都会在这三大板块中。

（1）化学药

化学药板块分为化学原料药和化学制剂两个子行业。化学原料药指的是用于制造各种化学制剂的原料药物，包括药用的粉末、结晶和浸膏等。化学制剂指的是直接用于人体疾病防治诊断的药品制剂，按制剂分可以分为抗感染用药、神经系统用药、抗肿瘤用药、心血管系统用药、血液和造血用药、呼吸系统用药、消化系统用药、免疫调节剂、内分泌及代谢调节用药等，患者日常拿到的药品都属于制剂。国比较典型的化学药企业包括深圳信立泰药业股份有限公司（以下简称"信立泰"）、江苏恒瑞医药股份有限公司（以下简称"恒瑞医药"）等。不同化学药业务模式的盈利能力，如图11.4所示。

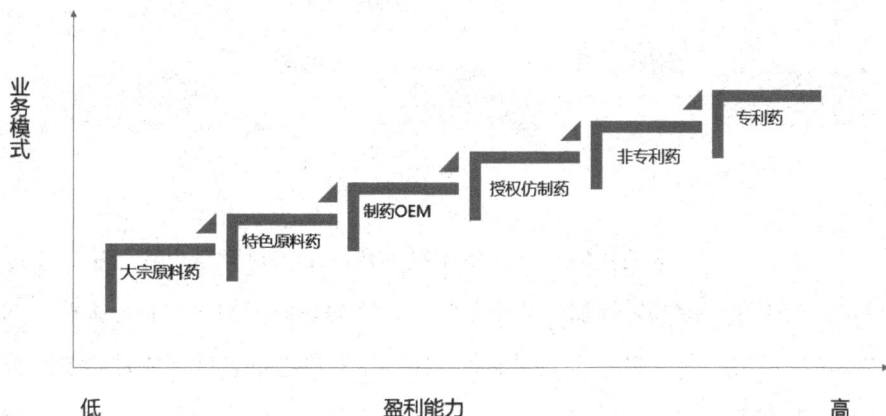

图11.4　不同化学药业务模式的盈利能力

从图中可以看到越往右上端，技术含量、附加值越高，进入壁垒也越高，我国当前的药企以提供大宗原料药和生产仿制药为主，附加值低，这与国情及经济发展阶段相关。一个专利药的成功研发，少则花费几十亿元，多则花费上百亿元，在资金不充足的情况下，一般的企业很难承担。近些年来，国内一些药企，尤其是生物医药领域的企业在各类资本的支持下开始往更上层发展，也有更多的高层次人才加入创新研发的队伍，他们大多有着海外大药企的研发经验，这对整个行业的发展具有极大的推动作用。

虽然目前国内企业在专利药方面还不占据优势，但从表11.5所示的数据可以看出，医药企业利润率并不低。

表 11.5　信立泰、恒瑞医药利润率

项目	2019 年度		2018 年度	
	销售毛利率（%）	销售净利润率（%）	销售毛利率（%）	销售净利润率（%）
信立泰	78.43	15.25	79.71	31.27
恒瑞医药	87.49	22.87	86.60	23.32

（2）中药

中药是指在中医药理论指导下使用的药用物质及其制剂，包括中药材、中药饮片和中成药等，中药产业链简图，如图 11.5 所示。

图 11.5　中药产业链简图

像当归、三七这类我们日常生活中经常用到的药材就是产业链中的中药材，经过中医理论的指导加工成中药饮片，因为财务造假而"名声大震"的C 公司就是生产中药饮片的重要企业。经过中药制造的方法，中药材最终被制成各类丸剂、片剂、颗粒剂、口服液等中成药，如六味地黄丸、板蓝根颗粒等。比较知名的中成药企业有云南白药集团股份有限公司、片仔癀医药有限公司（以下简称"片仔癀"）、北京同仁堂（集团）有限责任公司（以下简称"同仁堂"）、山东步长制药股份有限公司（以下简称"步长制药"）等，其盈利能力，如表 11.6 所示。

表 11.6　步长制药、片仔癀、同仁堂利润率

项目	2019 年度		2018 年度	
	销售毛利率（%）	销售净利润率（%）	销售毛利率（%）	销售净利润率（%）
步长制药	83.24	13.77	82.79	13.96
片仔癀	44.24	24.24	42.42	23.68
同仁堂	46.76	11.76	46.75	12.83

（3）生物药

生物药是利用基因变异或 DNA 重组等生物体技术，借助微生物、动植物细胞等生产的治疗药物（疫苗、抗体、血液制品和组织细胞等）。要了解清楚生物药的全貌是一个极其专业的工作，作为财务尽职调查人员因为没有相应的知识背景很难完全掌握，在此，我们仅对行业相关企业的盈利能力做一个简单的介绍。

1）疫苗

疫苗制品是为预防、控制传染病的发生和流行，用于人体预防接种的预防性生物制品。目前市场上的常用疫苗包括乙肝疫苗（10μg 和 20μg）、Hib 疫苗（及包含 Hib 的联苗）、狂犬病疫苗、肺炎疫苗（包括多糖和多糖结合）、HPV 疫苗、EV71 疫苗、流感病毒裂解疫苗及轮状病毒疫苗等。

国内生产疫苗的代表性企业包括中国生物技术股份有限公司、华兰生物工程股份有限公司（以下简称"华兰生物"）、北京天坛生物制品股份有限公司（以下简称"天坛生物"）、云南沃森生物技术有限公司（以下简称"沃森生物"）、重庆智飞生物制品股份有限公司（以下简称"智飞生物"）等，它们的疫苗毛利率情况，如表 11.7 所示。

表 11.7　华兰生物、沃森生物、智飞生物疫苗毛利率

单位：%

项目	2019 年度	2018 年度	2017 年度
华兰生物	85.03	83.66	69.53
沃森生物	79.75	80.39	67.78
智飞生物	93.23	95.42	95.41

注：数据源自上述企业披露的年报

2）抗体

抗体是指机体由于抗原的刺激而产生的具有保护作用的蛋白质。它是一种由浆细胞（效应 B 细胞）分泌，被免疫系统用来鉴别与中和外来物质（如细菌、病毒等）的大型 Y 形蛋白质。抗体是目前研究最多、临床发展最快的免疫疗法。

信达生物制药有限公司（以下简称"信达生物"）（01801.HK）是国内抗体药物研发的"明星"企业，于 2011 年成立，2018 年在香港上市，致力于开发、生产和销售用于治疗肿瘤等重大疾病的创新药物。信达生物 2018 年度主营业务收入尚不足 1,000 万元，年度总亏损达到 58 亿元，2019 年凭借信迪利单抗注射液的上市营业收入达到 10 亿元。信迪利单抗注射液于 2019 年 11 月成功进入国家医保目录，也是到目前为止唯一一个进入新版国家医保目录的 PD-1 抑制剂。从披露的财务数据看，其 2019 年度的毛利率达到 88%。

3）血制品

血制品（血液制品）是由健康人血浆或经特异免疫的人血浆，经分离、提纯或由重组 DNA 技术制备的人血浆蛋白组分，以及血液细胞有形成分的统称。它主要包括白蛋白、免疫球蛋白、凝血因子、抗凝血蛋白和蛋白酶抑制剂等。在医疗抢救及某些特定疾病的治疗上，血液制品有着其他药品不可替代的重要作用。

国内从事血液制品的企业有天坛生物、上海莱士血液制品股份有限公司（以下简称"上海莱士"）、华兰生物等，这些企业对应产品的毛利率情况，如表 11.8 所示。

表 11.8　华兰生物、天坛生物、上海莱士血液制品毛利率

单位：%

项目	2019 年度	2018 年度	2017 年度
华兰生物	57.14	58.84	61.54
天坛生物	49.76	47.14	54.96
上海莱士	64.15	66.74	63.69

注 1：华兰生物毛利率为除疫苗外所有其他产品的毛利率

注 2：天坛生物毛利率为血液制品的毛利率

从上述数据可以看出，不论是化学药、中药，还是生物药，其毛利率都非常高，受销售模式、管理能力等因素的影响，净利润率有一定差异。了解这些，对财务尽职调查工作究竟有什么指导作用呢？本书一直在强调了解产业、社会分工、业务模式、生产过程、利润率等，这是我们获取常识的过程。面对一个陌生的领域、一个陌生的企业，初识时获得的任何信息都会觉得是常识，而事实上这些信息更多的是对方在引导你进入他的"知识通道"。只有自己了解得足够多了，才会具备判断能力，不轻易被别人"引导"。然而财务尽职调查人员不可能像计算机一样储备如此大量的知识，这就需要抓主线，主线就是企业的本质，企业的本质就是要盈利。将企业放到社会中来看，基于前文所讲的社会分工，利用比较分析的方法，参照其他企业的盈利能力获得比较基准，这就是本书提供的方法。

2. 医药企业的一些典型财务特点

（1）高销售费用

生产企业将药品生产出来后，药品通过经销或直销的方式到达医院或药店，由医院或药店销售给患者。在"两票制"的背景下，药品到达医院或药店最多经过一次经销商，这有效遏制了过去药品"空转"，价格虚高的"乱象"。

"两票制"是指药品从药厂卖到一级经销商开一次发票，经销商卖到医院再开一次发票，以"两票"替代以前常见的七票、八票，减少流通环节的层层盘剥，并且每个品种的一级经销商不得超过 2 个。

不管是经销还是代销，对于绝大部分生产企业来说，想要把药品最终销售出去都避不开一个话题——学术推广。我们知道药品的消费者是患者，患者需要吃什么药医生有很大的话语权，甚至是有决定性的作用。针对同一种病，并不只限于某一种药，对于某类病医生可能偏爱某几种药，此时问题就来了，谁影响了医院，影响了医生，该药品被患者所用到的机遇就越大，进而药品的业绩可能就会得到进一步放大。这一让医院、医生对企业药品熟悉的过程称为学术推广。从财务的角度看，学术推广必然会涉及很多费用，从上市企业披露的财务数据我们会看得比较清楚。选取步长制药、江苏奥赛康药业有限公司（以下简称"奥赛康"）2019 年的销售费用进行分析，如表11.9 所示。

表 11.9　步长制药、奥赛康 2019 年的销售费用

项目	步长制药	奥赛康
市场、学术推广费及咨询费（万元）	764,899.23	276,420.12
主营业务收入（万元）	1,424,459.18	450,230.46
推广费占收入总额比（%）	53.70	61.40

销售费用已经占到营业收入的 50% 甚至 60%，这种情况估计只在医药领域里面出现，如果我们不懂这个规律，就会被医药企业的高毛利率所迷惑。

学术推广费容易被同行攻击为商业贿赂，尤其是在企业 IPO 上市的过程中，这也是过去证监会发审委关注的重点之一。在 2017 年 IPO 被否的企业中，包括长春普华制药股份有限公司、南京圣和药业有限公司、重庆圣华曦药业股份有限公司、浙江诺特健康科技股份有限公司都被问询到涉及商业贿赂的问题。如对重庆圣华曦药业股份有限公司的询问中针对销售费用提出了以下问题。

▪报告期各期发行人销售费用率高于同行业上市公司平均水平及销售费用、促销费逐年大幅增长的具体原因和合理性。

▪报告期各期促销费及学术推广费的具体分项构成，是否在促销和学术推广活动中给予过相关医生、医药人员、医药代表或客户回扣、账外返利、

礼品,是否存在承担上述人员或其亲属境内外旅游费用等变相商业贿赂行为。

■ 促销费及学术推广费支出的对手方情况,是否存在直接汇入供应商及无商业往来第三方账户的情形;向个人对手方购买推广服务的方式是否符合相关规定,取得的票据形式、具体内容是否合法合规。

■ 学术推广会议相关组织和支出情况,包括召开频次、召开内容、平均参与人次、费用报销情况等;会议是否实际召开,是否存在重大异常。

■ 传统区域经销模式下将销售奖励费用汇入经销商授权代表账户(个人账户)的原因、合同依据和合规性,该个人账户属经销商单位控制还是私人控制并使用;申报期报销票据的提供方和具体内容,票据内容与销售奖励费用是否一致,报销票据是否真实、合法、合规,是否存在商业贿赂或为商业贿赂提供便利的情形,是否符合"税法"、《反不正当竞争法》以及银行结算制度、财务制度等相关规定,是否存在支付方式的法律风险。

■ 结合订单获取方式、流程,补充说明发行人相关财务及内控制度的执行情况及其有效性,发行人相关内部控制制度能否有效防范商业贿赂风险。

这些问题把学术推广费的"套路"基本上都讲出来了。遇到采用类似销售模式的企业时按此来进行调查,企业方一定会认为你是个行家。

(2)高研发支出

一个专利新药的问世需要投入上百亿元人民币,时间跨度可以达到 8 年、10 年,甚至更长,且在这么长的时间内只有投入,没有任何产出。即使不是进行专利新药研发,医药类企业也会有大量的研发支出。前文我们比较过海正药业和恒瑞医药的研发数据,其每年的研发支出高达数亿元,这部分支出是费用化还是资本化对公司利润有非常大的影响。

实务中,遇到高研发支出全部费用化后没有利润的企业也不要怕,核心是它的现金流跟不跟得上,研发是否产生了效果。还有一点需要特别注意的,就是研发支出的合理性,资金是有限的,对于创业企业来说更是如此,因此每一分钱都应当用得其所。

研发支出一般都由哪些费用构成呢?以泽璟制药为例,如表 11.10 所示。

表 11.10 泽璟制药近 4 年的研发支出

单位：万元

项目	2019 年度	2018 年度	2017 年度	2016 年度
职工薪酬	4,097.65	2,113.08	1,348.74	953.61
原料试剂耗材	1,922.87	2,128.56	3,541.70	2,115.42
委托临床前试验服务费	1,365.90	546.51	926.65	393.31
委托临床试验服务费	5,955.09	6,877.13	8,588.43	1,766.85
水电能耗	672.01	568.02	262.43	91.71
固定资产折旧	795.42	455.05	237.64	51.05
无形资产摊销	2,445.55	302.86	216.55	485.09
其他	1,129.66	738.20	760.12	250.70
合计	18,384.15	13,729.41	15,882.25	6,107.74

注：数据取自公司申报审计报告及 2019 年审计报告

从数据看，委托临床试验服务费、委托临床前试验服务费、原料试剂耗材及职工薪酬为其研发支出的主要构成，这也反映了新药研发企业的特点。

再来看恒瑞医药的研发支出情况，如表 11.11 所示。

表 11.11 恒瑞医药近 2 年的研发支出

单位：万元

项目	2019 年度	2018 年度
人员人工费用	112,927.78	75,294.59
直接投入费用	96,635.73	75,036.71
折旧费用	23,229.19	14,375.00
无形资产摊销	353.38	9.35
设计试验费用	98,030.12	72,124.53
股权激励费用	5,975.83	6,720.67
其他相关费用	52,481.56	23,487.21
合计	389,633.60	267,048.06

注：数据取自公司 2019 年度审计报告

人员人工费用、设计试验费用、直接投入费用是其研发支出的主要构成部分。这也不难理解，医药研发最核心的是人才，从这点看，一个人才层次不高的企业说它做出了多么独特的产品，是很难让人信服的。需要强调的是，人员薪资还得看是被谁拿走了，核心团队可以拿高薪，但创始团队可以保持较低的薪酬，他们是需要通过提升企业股权价值来获得财富增值的。

案例：从产品生命周期看盈利能力变化

本小节通过对上市公司汇顶科技的业务发展过程及呈现出来的财务数据进行简要分析，以便更清晰地介绍集成电路产业，拓展做类似行业下企业的财务尽职调查人员的视野。

1. 公司业务介绍

汇顶科技主要从事智能人机交互技术的研究与开发，向市场提供面向手机、平板电脑等智能终端的电容屏触控芯片和指纹识别芯片，于 2016 年 10 月 17 日在上海证券交易所 IPO 上市。汇顶科技正是 Fabless 模式的代表性企业之一，即主要从事芯片的设计和销售，具体的芯片生产过程则外包给其他专业厂商。公司的产品分为三大类，包括电容屏触控芯片、指纹识别芯片和电容触摸按键芯片。

对于电容屏触控芯片和指纹识别芯片，公司设计好芯片版图后，向晶圆代工厂商采购定制加工生产的晶圆，委托封装厂对加工好的晶圆进行切割、封装，委托测试烧录厂将公司自主设计的软件写入已封装芯片并完成测试。对于电容触摸按键芯片，公司制定好芯片的规格参数、完成系统设计和验证后，向芯片空片供应商采购空片，并将公司自主设计的软件程序写入空片，生产出最终的芯片成品。对于指纹识别芯片，根据少数整机厂对产品交付方式的临时需求，在完成指纹识别芯片的烧录和测试后，公司委托模组厂商组装生产包含指纹识别芯片的模组，再将模组交付给客户。

公司产品的研发流程始于项目立项，由产品经理根据新技术发展趋势、市场信息、客户需求等信息，进行新产品构思并形成《项目需求书》，将其提交项目审核委员会进行立项审核，审核通过后制订研发计划，研发计划经审核通过后才能进入正式的研发阶段。项目组根据项目计划安排研发进度，并进行阶段验证，当产品设计完成并通过测试后进入试生产阶段。

从上述汇顶科技芯片成品产生的过程中，我们可以清晰地看到影响芯片成本的核心环节，即研发设计方案，这是决定性的，再就是晶圆、封装、测试环节。所以从成本竞争力的角度来看，企业之间拼的就是设计能力，包括研发周期、对良品率的控制等。

公司的电容屏触控芯片、指纹识别芯片采用直销和经销两种模式。在直销模式下，模组厂、方案商或整机厂直接向公司下订单；在经销模式下，公司与经销商之间属于买断式销售，经销商向公司采购芯片，并向其下游客户销售芯片。经销模式有助于公司业务规模的快速扩大，能缓解技术支持和管理成本方面的压力；直销模式能够获得技术改进和创新的最新市场信息，有利于不断创造和推出更优质的产品。

2. 公司财务分析

我们主要分析公司盈利能力的变化情况，以便进一步理解公司业务变化对财务数据的影响，以 2013~2016 年这 4 年的财务数据为分析对象，如表 11.12、表 11.13 所示。

表 11.12　简要利润表

编制单位：汇顶科技　　　　　　　　　　　　　　　　　　　　单位：万元

项目	2016 年度	2015 年度	2014 年度	2013 年度
一、营业收入	307,933.13	111,960.13	85,369.36	68,562.09
二、营业总成本	219,756.20	72,843.53	44,448.37	36,621.38
营业成本	162,759.58	47,185.38	29,425.47	23,452.32

续表

项目	2016 年度	2015 年度	2014 年度	2013 年度
营业税金及附加	2,507.03	1,103.74	1,041.99	873.91
销售费用	9,734.11	3,563.12	2,516.99	2,616.13
管理费用	41,515.02	21,549.01	11,443.17	9,200.32
财务费用	546.96	−1,364.24	−550.05	−43.20
资产减值损失	2,693.50	806.52	570.78	521.91
三、其他经营收益	—	—	—	—
公允价值变动净收益				
投资净收益				
汇兑净收益	—	—	—	—
四、营业利润	88,176.93	39,116.60	40,921.00	31,940.71
加：营业外收入	11,642.19	4,473.50	3,531.56	484.26
减：营业外支出	1,146.99	20.00	—	1,954.08
五、利润总额	98,672.13	43,570.10	44,452.55	30,470.88
减：所得税	13,002.53	5,762.33	6,095.01	4,807.20
六、净利润	85,669.60	37,807.77	38,357.55	25,663.69

表 11.13　盈利能力指标

项目	2016 年度	2015 年度	2014 年度	2013 年度
销售增长率（%）	175.04	31.15	24.51	—
销售毛利率（%）	47.14	57.86	65.53	65.79
销售净利率（%）	27.82	33.77	44.93	37.43
销售期间费用率（%）	16.82	21.21	15.71	17.17
净资产收益率（加权）（%）	47.13	35.52	51.23	58.38
总资产报酬率（%）	43.06	35.20	53.05	60.27

　　2013~2016 年，公司营业收入呈现大幅度增长，由约 6.8 亿元增加到约 30.79 亿元，增长了约 3.53 倍，但销售毛利率呈现下降趋势，销售净利润率也呈现下降趋势，为此，进一步分析销售毛利率变动的原因。

招股说明书描述到：报告期内，公司营业成本占营业收入的比例略有上升，主要是由于芯片产品售价不断下降，虽然得益于晶圆单价下降及工艺改善等影响，公司电容触控芯片单位成本有所下降，但整体上成本占收入比例仍有升高。此外，公司新推出的指纹识别芯片产品成本占收入比例更高，随着指纹识别芯片的销售增长，公司整体成本占收入比例也有所上升。

公司的芯片产品主要应用于消费电子产品，根据消费电子产品的生命周期及价格变动趋势来看，售价下降是必然趋势。这也是在股权投资财务尽职调查过程中必须要考虑的因素，不能以现在的价格来计算未来的毛利率，毛利率的持续稳定或提升必然依靠的是新产品的推出及技术的改进。通过分析成本的具体构成，我们可以看到公司的成本究竟是如何变化的。

以指纹识别芯片为例，如表 11.14 所示。

表 11.14　汇顶科技指纹识别芯片成本构成

项目	2016 年 1~3 月		2015 年度		2014 年度	
	营业成本（万元）	单位成本（元/颗）	营业成本（万元）	单位成本（元/颗）	营业成本（万元）	单位成本（元/颗）
外购原材料成本	9,092.70	5.97	8,187.40	7.17	185.66	11.72
封装成本	4,342.51	2.85	3,780.83	3.31	86.05	5.43
组装成本	12.1	0.01	4,167.98	3.65	523.55	33.04
烧录成本	401.73	0.26	—	—	—	—
其他成本	88.43	0.06	951.14	0.83	32.03	2.02
合计	13,937.47	9.15	17,087.35	14.96	827.29	52.21

注：数据取自汇顶科技招股说明书

外购原材料成本即外购晶圆的成本。从成本构成可知晶圆成本在芯片成品成本中占比最大，超过50%。2014年，由于指纹识别芯片产量小，晶圆单位成本达到11.72元/颗，产量上来后，2016年晶圆单位成本下降了接近50%。封装成本也是一样，与产量密切相关。指纹识别芯片是2014年推出的一款产品，它的成本跟随产量的提升而产生巨大变化，那如果是相对成熟的产品，成本又会呈现怎样的变化呢？来看公司的另一款产品电容触控芯片，其成本构成，如表 11.15 所示。

表 11.15　汇顶科技电容触控芯片成本构成

项目	2016 年度		2015 年度		2014 年度	
	营业成本（万元）	单位成本（元/颗）	营业成本（万元）	单位成本（元/颗）	营业成本（万元）	单位成本（元/颗）
外购原材料成本	16,069.86	0.68	16,404.12	0.79	14,384.36	1.05
非外购原材料成本	65.39	—	87.38	—	71.5	0.01
封装成本	11,262.01	0.48	9,841.73	0.47	7,078.26	0.52
烧录测试成本	1,948.78	0.08	1,622.34	0.08	1,105.97	0.08
刻字等其他成本	271.77	0.01	342.28	0.02	263.81	0.01
合计	29,617.81	1.25	28,297.85	1.36	22,903.91	1.67

注：数据取自汇顶科技招股说明书

2013 年，电容触控芯片的销售额已达 67,707.20 万元，占收入总额的比例达到 98.75%，已经是很成熟的产品。随着技术的改进，该产品的成本也得到了大幅度的降低。招股说明书针对成本变动是这样解释的：公司采用 0.11 微米工艺加工芯片，由于同一尺寸晶圆在 0.11 微米工艺下产出的芯片数量较多，因而单位成本更低。

成本下降的幅度已经如此大，但综合毛利率还是处于下降趋势，需要进一步了解综合毛利率变动的具体情况，如表 11.16 所示。

表 11.16　汇顶科技分产品毛利率

金额单位：万元

项目	2016 年 1~3 月			2015 年度		
	收入	成本	毛利率	收入	成本	毛利率
电容触控芯片	14,801.99	5,624.18	62.00%	85,144.94	29,617.80	65.21%
指纹识别芯片	23,530.37	13,937.47	40.77%	26,012.72	17,087.35	34.31%
固定电话芯片	69.97	44.26	36.74%	418.33	249.32	40.40%
合计	38,402.33	19,605.91	48.95%	111,575.99	46,954.47	57.92%

续表

项目	2014 年度			2013 年度		
	收入	成本	毛利率	收入	成本	毛利率
电容触控芯片	83,912.05	28,297.85	66.28%	67,707.20	22,903.91	66.17%
指纹识别芯片	967.76	827.29	14.51%	—	—	—
固定电话芯片	489.55	300.33	38.65%	854.9	548.41	35.85%
合计	85,369.36	29,425.47	65.53%	68,562.10	23,452.32	65.79%

在分产品列示后会发现，综合毛利率的下降跟产品的销售结构密切相关，由于指纹识别芯片在销售初期毛利率较低，拉低了综合毛利率。继续分析数据，我们关注到了以下两点。

第一，电容触控芯片毛利率呈现小幅下降趋势。在前面的成本分析中，我们已经说过它的主要材料——晶圆的成本每年有近乎 20% 的下降，但依然挡不住毛利率的下降，说明产品的价格下降得非常厉害，市场竞争非常激烈。

第二，指纹识别芯片的毛利率低于电容触控芯片，实现销售后呈现逐步上升的趋势。但未来会达到什么水平后趋于稳定，可以通过 2017~2019 年指纹识别芯片的数据来分析，如表 11.17 所示。

表 11.17 汇顶科技 2017~2019 年主要产品毛利率

金额单位：万元

项目	2019 年度			2018 年度			2017 年度		
	营业收入	营业成本	毛利率	营业收入	营业成本	毛利率	营业收入	营业成本	毛利率
指纹识别芯片	541,178.47	212,180.73	60.79%	308,364.65	150,917.19	51.06%	293,578.01	162,566.00	44.63%
触控芯片	103,374.68	42,868.97	58.53%	62,588.12	26,390.89	57.83%	74,098.39	31,729.32	57.18%

指纹识别芯片产品自 2014 年推出市场后越来越成熟，毛利率也逐年上升，到 2019 年时达到 60.79%，已经接近触控芯片顶峰时的毛利率。这说明了什么？一款新的产品，毛利率并不是最先问世时最高，它将受到市场（产

量）、技术成熟度等多方面的影响。汇顶科技主要产品收入及毛利率变化，如图 11.6 所示。

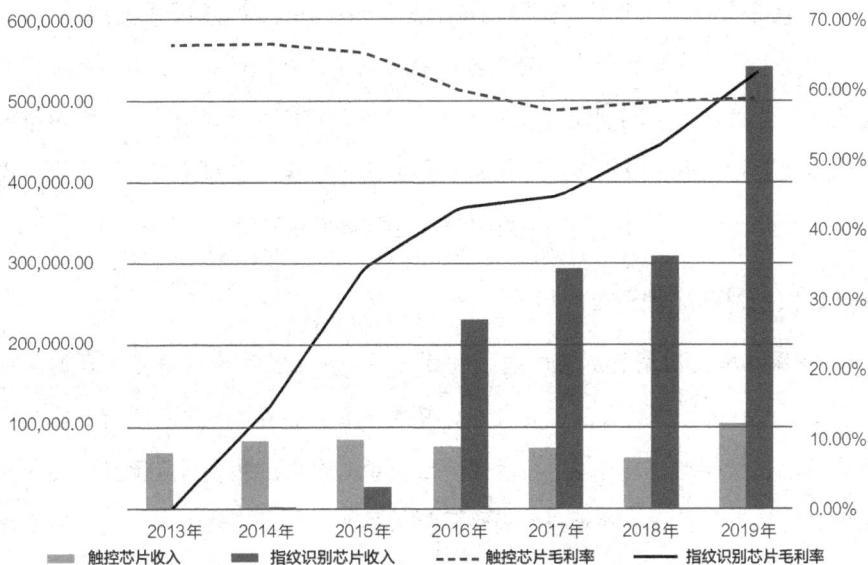

图 11.6 汇顶科技主要产品收入及利率变化

上图能更形象地反映汇顶科技触控芯片、指纹识别芯片收入及毛利率的变化过程。综上，我们对汇顶科技的业务及财务有了初步的认识，了解它的过程其实是为了了解集成电路行业的一些财务特点。当然，从一个公司并不能概况集成电路行业的全部，这只能算是带我们入门，但这其中用到的一些方法论可以在不同行业间通用。

▪ 了解整个产业链的情况，目的是找到财务尽职调查对象在产业链中所处的位置，进而了解到这个环节的盈利能力。结合本书一开始所讲的，这是财务尽职调查非常重要的锚。

▪ 对财务尽职调查对象的业务进行梳理，尤其是梳理产品或服务的生产过程，如将汇顶科技的芯片成品诞生过程通过流程图的形式表达出来，可以非常清楚地知道成本控制发生在哪些环节，这是影响毛利率的重要因素。

▪ 对比行业内的优秀公司，并理清其发展轨迹，这对判断财务尽职调查对象未来会发展成什么样具有重要的参考意义。

案例：异常销售背后的秘密

本节主要通过一个案例完整地介绍在实务中如何进行财务尽职调查。

M公司是一家电感及电子变压器等基础电子元器件行业的公司，财务报表显示M公司的收入、利润均呈现稳健增长，净利润已经突破创业板IPO申报的"门槛线"。无论从行业属性，还是从财务状况来说，它都是值得进一步研究的。基于此，我们收到了项目组关于对其进行财务尽职调查的委托。

1. 识别财务尽职调查的目的

按照本书所阐述的步骤，拿到项目的第一步应当是询问财务尽职调查的目的是什么，委托方的关注点是什么，需要出具什么样的报告。通过与委托方的沟通，我们知道这将被当作一个Pre-IPO项目看待，财务尽职调查报告将作为独立的第三方报告为投资决策提供重要依据。我们深感责任重大，不敢有任何懈怠，集中精力开始了对项目的研究。

2. 识别企业的技能之一——财务分析

由于对该项目完全陌生，对行业也并不是特别熟悉，我们从最擅长的财务分析出发，以期发现企业的一些特点。M公司的简要财务报表，如表11.18、表11.19、表11.20所示。

表11.18　简要资产负债表

编制单位：M公司（有限责任）　　　　　　　　　　　　　　单位：万元

项目	20×6年12月31日	20×5年12月31日	项目	20×6年12月31日	20×5年12月31日
货币资金	1,776.62	509.54	短期借款	5,980.00	6,221.50
应收票据	69.00	531.49	应付账款	4,775.70	3,880.90
应收账款	12,179.13	7,683.89	预收款项	0.36	7.95
应收利息	—		应付职工薪酬	612.97	330.44
预付款项	227.38	202.92	应交税费	815.30	476.87

项目	20×6年 12月31日	20×5年 12月31日	项目	20×6年 12月31日	20×5年 12月31日
其他应收款	717.41	869.55	应付利息	21.83	51.92
存货	3,024.71	1,995.36	其他应付款	313.67	2,662.49
其他流动资产	—	—	流动负债合计	12,519.82	13,632.07
流动资产合计	17,994.25	11,792.74	递延收益	333.96	347.88
固定资产	5,446.42	5,276.35	非流动负债合计	333.96	347.88
无形资产	539.03	536.41	负债合计	12,853.78	13,979.94
开发支出	—	—	实收资本	2,577.15	2,300.00
长期待摊费用	47.08	8.01	资本公积	4,488.71	608.61
递延所得税资产	188.39	386.47	盈余公积	550.74	279.97
其他非流动资产	287.25	—	未分配利润	4,032.04	831.46
非流动资产合计	6,508.17	6,207.25	所有者权益合计	11,648.64	4,020.05
资产总计	24,502.42	17,999.99	负债和所有者权益总计	24,502.42	17,999.99

表 11.19　简要利润表

编制单位：M 公司（有限责任）　　　　　　　　　　　　　　　　　单位：万元

项目	20×6年度	20×5年度
一、营业收入	22,004.97	18,369.47
减：营业成本	13,816.69	12,250.45
营业税金及附加	237.40	198.52
销售费用	554.36	453.48
管理费用	2,420.04	1,901.66
财务费用	633.52	768.58
资产减值损失	352.52	120.78
加：其他收益	99.83	26.22
二、营业利润	4,090.26	2,702.22

项目	20×6年度	20×5年度
加：营业外收入	1.61	397.33
减：营业外支出	5.85	15.25
三、利润总额	4,086.02	3,084.30
减：所得税费用	463.74	440.96
四、净利润	3,622.28	2,643.34

表 11.20　简要现金流量表

编制单位：M 公司（有限责任）　　　　　　　　　　　　　　　　单位：万元

项目	20×6年度	20×5年度
一、经营活动产生的现金流量：		
销售商品、提供劳务收到的现金	20,442.53	17,606.97
收到的税费返还	44.47	—
收到其他与经营活动有关的现金	219.94	392.44
经营活动现金流入小计	20,706.94	17,999.41
购买商品、接受劳务支付的现金	13,209.16	11,413.66
支付给职工以及为职工支付的现金	4,309.17	3,653.23
支付的各项税费	1,348.78	969.82
支付其他与经营活动有关的现金	1,036.86	2,070.40
经营活动现金流出小计	19,903.98	18,107.10
经营活动产生的现金流量净额	802.97	−107.69
二、投资活动产生的现金流量：		
收到其他与投资活动有关的现金	161.00	—
投资活动现金流入小计	161.00	—
购建固定资产、无形资产和其他长期资产支付的现金	788.41	457.74
投资活动现金流出小计	788.41	457.74
投资活动产生的现金流量净额	−627.41	−457.74

续表

项目	20×6 年度	20×5 年度
三、筹资活动产生的现金流量：		
吸收投资收到的现金	1,742.25	—
取得借款收到的现金	8,740.00	12,407.64
发行债券收到的现金	—	—
收到其他与筹资活动有关的现金	235.18	2,415.00
筹资活动现金流入小计	10,717.43	14,822.64
偿还债务支付的现金	8,981.50	12,856.14
分配股利、利润或偿付利息支付的现金	546.82	428.46
支付其他与筹资活动有关的现金	588.30	407.69
筹资活动现金流出小计	10,116.62	13,692.29
筹资活动产生的现金流量净额	600.80	1,130.35
四、汇率变动对现金及现金等价物的影响	28.24	−9.17
五、现金及现金等价物净增加额	1,267.09	84.86
加：期初现金及现金等价物余额	509.54	424.68
六、期末现金及现金等价物余额	1,776.62	509.54

在对简要财务报表进行整理、浏览后，我们按照"人""财""物"等的思路对简要财务报表进行剖析。

（1）公司的"人"

先看应付职工薪酬两期余额的变化，20×6 年年末余额相比于期初增幅达到 85%；再看现金流量表中支付给职工以及为职工支付的现金，20×6 年度相比 20×5 年度增加了约 18%。将这两个数据结合起来看，实际上是存在一些疑惑的。现金流一般不会骗人（当然系统性造假除外），支付给职工以及为职工支付的现金余额下年度相比上年度有 18% 的增幅，与业务量有一定的匹配度，但应付职工薪酬期末余额的增幅就超常了，需要考虑是多计提了，还是工资有拖欠。

（2）公司的"财"

财务报表中的实收资本及资本公积反映了 M 公司的权益性投入，截至 20×6 年年末，该两项合计为 7,065.86 万元（前文说过，直接用这两项数据合计不一定非常准确，M 公司权益性投入还会受到其他因素的影响，需要仔细查阅历次增资协议）；短期借款为债务性融资，为 5,980 万元，前述两项合计达到 1.3 亿元。

其实 M 公司的权益性投入还有一个有趣的现象。其 20×6 年实收资本及资本公积均出现变化，这显示当年度必然是有新的资金进来，而且应当是新增机构股东，一般情况下老股东不可能以这么高的溢价进来。20×6 年年末实收资本及资本公积两项合计余额较期初增加 4,157.25 万元，理论上当年也应该收到这么多投资款，但现金流量表中 20×6 年吸收投资收到的现金只有 1,742.25 万元，差 2415 万元，神奇的是 20×5 年度收到其他与筹资活动有关的现金刚好记载有 2415 万元。这说明了什么？说明 M 公司的融资实际是在 20×5 年进行，投资者打了部分款，但没有做工商登记，没登记的原因很可能是变更条件没成就，在 20×5 年的打款先当作一笔借款，这也能解释 20×5 年末其他应付款的余额为什么很大。这是一个非常重要的信息，我们应对 M 公司的很多现象保持合理怀疑。

进一步看 1.3 亿元的投入目前以何种形态分布。资产栏显示得非常清楚，应收账款、存货及固定资产 3 个项目余额在 20×6 年末占据资产总额的比例达到 84%，非常之高。这给了我们一个极大的暗示，即 M 公司的资产质量可能并不好。如果银行突然抽贷，M 公司是否有足够的资金来保证持续运营。那么 M 公司与银行的合作关系就是未来财务尽职调查需要重点关注的点。

应收款项也算是 M 公司变现能力较强的"财"，通过横向比较发现 20×6 年年末相较于期初的余额大幅增加，且增加的幅度远大于营业收入的增长幅度。营业收入绝对值增加约 3,635 万元，增长比例接近 20%，而应收账款绝对值增加接近 4,500 万元，增长比例达到 58%。这意味着 20×6 年的销售在当年有很多没有回款。结合 M 公司的资金、产品情况，理论上不应该出现金额如此大的应收账款，这提示我们需要核实应收账款是否为真，同时需明确 M 公司的商业模式到底是什么。

（3）公司的"物"

M 公司固定资产净值在 20×6 年年末接近 5,445 万元，占资产总额的比例约为 22%，现金流量表中近两年购建固定资产、无形资产和其他长期资产支付的现金达到了 1,246 万元。对于本不宽裕的 M 公司来说，这笔资金怎么看都是巨大的支出，这就提示我们关注 M 公司的产品对固定资产可能有比较大的依赖。如果核实后发现不是这样的，如此高投入、高占比只能说明 M 公司的战略可能存在重大问题——无效的资本支出浪费 M 公司的资金流。本书一直阐述一个观点，钱需要花，但不能乱花，要用在刀刃上。

M 公司还有一项重要的有形资产——存货。只要一对比存货期初期末余额，我们就会发现存货的增长幅度也非常快，即使是备货，也超越了企业一贯的发展速度。

（4）公司的"血脉"

首先将净利润与经营活动产生的现金流量净额做一个比较，对照列示如表 11.21 所示。

表 11.21　M 公司各年度净利润与经营活动产生的现金流量净额对比

项目	20×6 年度	20×5 年度
净利润（A）	3,622.28	2,643.34
经营活动产生的现金流量净额（B）	802.97	−107.69
经营活动产生的现金流量净额与净利润的比例（C=B/A）	22.17%	−4.07%

从数据可以明显地看到，经营活动产生的现金流量净额与净利润偏差度太大，是典型的"有利润缺现金流"，现金流的缺失也意味着公司跑得有多快，死得就有多快。除了 M 公司自身赚钱的能力外，M 公司的其他途径获取资金的能力如何也是需要重点关注的。现金流量表筹资活动部分显示过去两年筹资活动产生的现金流量净额达到 1,731.15 万元，分拆来看吸收外部投资者资金 4,157.25 万元，也就意味着债务性融资净支出 2,426.10 万元。M 公司需要不

断地借新还旧，同时还承担着高额的财务费用。

（5）公司账面的赚钱能力

M公司的毛利率由20×5年度的约33.31%上升到20×6年度的约37.21%，上升了近4个百分点，净利润率也跟随上升，单从利润表反映的数据看，这是一个很好的趋势。从费用与收入的比率来看，不管是销售费用率还是管理费用率近两年都相对稳定，没有特别异常的情况。由此看出M公司的业务模式应该没有发生重大变动。这提醒我们在业务模式没有发生重大变化的情况下应仔细分析毛利率变动的合理性。

通过上述几个维度的分析，我们的脑海中基本勾勒出了M公司的形象。

第一，这是一个相对重资产的公司，同时债务负担也比较重。

第二，M公司的商业模式可能存在一点儿问题，账面形成了大量的应收款，导致其资金极其紧张。

第三，M公司的盈利能力与企业资产负债表反映出来的"气质"有些差距，可能在某些方面存在虚报的行为。

这么一看，M公司似乎成了一个问题企业，但我们千万不能就此武断地给其下结论，财务尽职调查讲究的是证据，财务分析只是让我们保持合理的怀疑，并给财务尽职调查的下一步指明重点。

3. 了解公司业务及行业环境

我们需要通过对业务的了解来解读纯财务分析过程中的困惑。M公司的商业计划书对M公司的所处行业、产品、市场、客户进行了简单的总结，通过阅读，我提炼出几个关键信息。

▪M公司的产品广泛应用于笔记本电脑、智能手机、智能家电等领域，随着智能化的不断推进，产品的需求将不断增加，产品应用的国产化也给其带来更多机会。

▪M公司的客户包括知名的通信、手机及电子类生产企业。

▪行业产品毛利率为25%~35%。

▪同行业可比上市公司 N 公司的营业收入稳步增长，近几年增长率为 14%~20%，但回款速度显著好于 M 公司。

了解完业务及行业的基本情况，说句实话，我内心是比较认可 M 公司的。毫无疑问，其所处行业有一种正当壮年的感觉，公司的产品也是前文所讲的底层技术之一。按道理说 M 公司业绩持续增长，以及有一个好的毛利率是讲得通的。

4. 访谈关键对象

基于 M 公司的业务特点，我们选择对 M 公司的销售、研发、财务等重点人员进行访谈，通过对访谈人员给出的信息进行整理，我们关注到以下几点。

▪研发人员学历普遍偏低，人数也不多，只有十来人，与其他一些科技研发类公司相比差距较大。

▪销售人员在业务开拓上主观能动性较低，主要业绩来自 M 公司董事长、总经理。

▪M 公司能够抵押的东西几乎已经全部抵押了，包括厂房、设备、存货及应收账款。

▪M 公司拿到了一些新客户的订单，需要资金建设新的产线。

从这些信息看，有正面的，也有负面的，但能感受到团队的整体素质偏低，M 公司目前的资金极其紧张。

5. 执行检查程序

在执行完上述程序后，M 公司的形象越来越丰富了，其业务理解起来也并不复杂。财务尽职调查人员可以将 M 公司归为一般工业企业，然后运用一般工业企业财务尽职调查的典型方法。带着前面的疑问，重点对历来外部投资者投资入股的金额及条件、销售的真实性、毛利率的准确性、贷款及资金链情况进行了核查。

（1）投资者投资入股的金额及条件

M公司在20×4年和20×5年两个年度先后共进行了3次融资，累计融资金额约9,000万元，融资估值最低与最高相差3倍。可以说M公司有着非常强的融资能力。

我们调阅了M公司的增资协议及补充协议，来进一步分析与外部投资机构约定的条件达成情况。起初M公司说没有补充协议，我就跟他们耐心地说，实际上20×5年度投资协议就签好了，但对方只打了部分钱，你们也没做工商变更，直到20×6年才打后一笔款，应该有些"故事"；我也讲到补充协议在我们看来是一个很正常的事，因为我们也会跟公司和实际控制人签补充协议；而且提供这个资料也是对公司和实际控制人的保护，不然未来发生了什么事情，我们会认为公司存在重大信息隐瞒，从法律的层面来说这对公司极其不利。好说歹说他们总算是给了。从补充协议上我们看到，公司与投资机构之间约定了很高的业绩，站在投资时点来看，依照行业的增速M公司几乎不可能完成。但从现在的实际情况看，报表数据显示它竟然完成了业绩。我们还发现了一个有意思的现象，20×5年度M公司与某机构的股权交割履行到一半竟然终止了，M公司做了一堆解释说明，实际上这就是对方毁约了，至于毁约的原因对我们而言，重要，也不重要。

从这些迹象，结合前面的疑问，我们合理怀疑，并给出第一个结论：M公司呈现出来的财务数据可能不实。

（2）销售的真实性、毛利率的准确性

我们首先整理了过去两年针对前五名客户的销售情况，鉴于M公司有两大类产品，我们进行了分类列示，如表11.22、表11.23所示。

表 11.22　P1 产品前五大客户销售额

单位：万元

20×6 年			20×5 年		
客户名称	销售额（含税）	占比	客户名称	销售额（含税）	占比
A	4,011.12	18%	B	3,255.13	18%
B	3,858.42	18%	A	2,486.93	14%
E	2,479.22	11%	C	2,394.35	13%
D	1,055.87	5%	F	1,200.08	7%
C	1,005.23	5%	G	526.22	3%
	12,409.86	56%		9,862.72	54%

表 11.23　P2 产品前五大客户销售额

单位：万元

20×6 年			20×5 年		
客户名称	销售额（含税）	占比	客户名称	销售额（含税）	占比
I	819.89	4%	H	1,360.02	7%
H	695.69	3%	N	670.96	4%
K	689.19	3%	J	453.44	2%
J	561.00	3%	A	358.99	2%
L	545.66	2%	I	272.46	1%
	3,311.42	15%		3,115.86	17%

我们对上述数据进行整理分析，形成几个初步结论。

第一，对客户 A 的销售明显异常，20×6 年度的销售相比于 20×5 年度增加了近一倍。

第二，客户 E 属于异军突起，在 20×5 年度前五名客户没有它的身影，也就意味着 M 公司对它的销售额在 526 万元以下，而 20×6 年度销售额直接增加到 2,400 余万元，这有点儿反常，与行业发展规律严重不符。

第三，P2 产品的销售中，对客户 H 的销售额出现断崖式下滑，而对其他客户的销售额均有不同程度的上升。

综上，我们将客户 A、E、H 纳入重点核查范围。

就此我们对这几个客户的成立时间、业务经营范围、与 M 公司的业务往来、交易单据等多方面进行了核查。

在核查中我们又注意到以下几个事实。

事实一，客户 E 成立时间不足两年，且在 20×6 年之前从没与 M 公司合作过，但一合作就成了 M 公司的重要客户，同时在 20×7 年又没有了销售。

事实二，与客户 A 的交易在 20×6 年呈现近乎翻番的增长，但在 20×7 年又出现大幅度下滑。客户 A 是一家成立时间较长的公司，在所从事领域有一定的知名度，近几年业绩稳定增长。

事实三，客户 H 与 M 公司的交易一直保持在不错的水平，但在 20×6 年度突然降低，连销售人员都不是特别清楚原因，此前也没有发生过退货及其他争议事件。

有这些确定的事实，运用财务审计思维，基本能够肯定 M 公司在调节或虚假列示收入，但我们的权限、人力有限，并不能获得确凿的证据来证实 M 公司一定有问题或是没有问题，暂且按下不表。继续来看 M 公司的收入及毛利率，具体情况如表 11.24、表 11.25 所示。

表 11.24　核心产品按大类近两年的收入及毛利率对比

单位：万元

产品类型	20×6 年				20×5 年		
	收入	同比增长	占收入比	毛利率	收入	占收入比	毛利率
P1	11,751.10	24%	53%	35%	9,500.60	52%	34%
P2	8,232.34	24%	37%	41%	6,628.27	36%	33%
其他	2,021.53	−10%	—	—	2,240.60	—	—

注：其他项包括的内容较多，列示毛利率无意义，故不列示

表 11.25　核心产品按细分近两年的收入及毛利率对比

单位：万元

产品名称	20×6 年		20×5 年	
	收入	毛利率	收入	毛利率
S1	1,349.58	51%	5.12	23%
S2	1,166.86	50%	—	—
S3	1,062.18	27%	—	—
S4	570.67	65%	—	—
S5	543.78	12%	97.26	12%

通过收入及毛利率比较分析，我们有几点合理推测。

推测一，P1 和 P2 两大类产品在销售占比上并没发生显著变化，每年各类产品占收入的比例基本保持一致，这与 M 公司宣称的事实不符。M 公司一直强调自己的 P2 产品在市场上具有核心竞争力，也是公司的发力点，但数据显示它无论是从营业收入占比，还是营业收入增长均没有特别的亮点。要么 M 公司的实力并没有宣称的那么厉害，要么数据可能存在重大问题，但无论是哪一项，都不是潜在投资方想要看到的。

推测二，M 公司可能存在事实的虚增收入。我们发现 M 公司销售额前五的细分产品中，有 3 个产品在 20×5 年度没有实现任何销售，另外两个产品的销售额在 20×5 年度也极其少。作为 20×6 年度销售额最大的产品 S1，其毛利率竟然比 20×5 年度提高了一倍还不止。而其销售对象正是我们曾经觉得疑惑的客户 E 和客户 A。我想，没有这么多巧合，这应该只是一个虚假的事实罢了。

（3）贷款及资金链情况

我们要求 M 公司提供公司及实际控制人的征信报告，以便确认 M 公司的贷款情况。征信报告显示，M 公司找当地的地方性银行做了几笔合计 5,000 万元的抵押贷款。M 公司能抵押的，包括厂房、设备、应收账款、存货等全部做了抵押，连实际控制人的股权也进行了部分质押，并且承担担保责任。看完这些我只有一个感受，这真是一位"伟大"的创始人，几乎把全部东西都押上面了，如果企业做不下去了，那还剩下什么呢？我同时也在想，一个经营了这么多年的企业，做成这样子，算成功吗？我内心其实是有一点儿同情实际控制人的。

如果 M 公司再融不到资，后续很难有好的发展，实际控制人将疲于应付 M 公司的资金情况，应收账款若是持续收不回来，M 公司的资金从哪儿来，财务尽职调查人员心中都没底。

6.访谈上下游

通过前述执行的程序，按照大概率理论，我们基本可以得出该项目风险太高，建议放弃的结论。但凡事都应当做得更细致一些，我们还是针对存疑的客户 A、E、H 进行了访谈，也获知了以下几个事实。

事实一，客户 H 与 M 公司的交易额显著下降源于客户 H 人员的变动，其对采购方案进行了重新调整，预期未来对 M 公司的采购不会增加。这个信息的信息量着实是比较大的，因为合作方人员的变动就能否决与 M 公司的交易，这说明 M 公司产品的可替代性太强，这基本就推翻了 M 公司原来在商业计划书中阐述的逻辑，它的独特性就大幅度降低。

事实二，客户 E 在 20×7 年的销售情况不乐观，即使在 20×6 年向 M 公司购买的产品都依然还有很多没有销售出去，因为销量不好，所以现在对 M 公司的欠款也就比较多。客户 E 的这个表述基本就是承认了其实它的销售并没有多好，就是从 M 公司多拿了一些货，还堆在仓库呢。

对 M 公司的调研到此可以彻底结束了，原来财务分析过程中所有的猜测，基本都可以从其他方面得到印证，虽然没有"实锤"的证据，但这些都不重要了，毕竟这不是法官判案。投资判断，还需要讲求常识。

案例：吃透会计准则辨真假

回头再看开篇我们提到的某建筑公司这个例子，该公司（用代号 N 表示）如此"瞒天过海"，财务尽职调查人员又该吸取怎样的经验呢？前文已经阐述了对 N 公司进行财务尽职调查的一些关键点，在此做进一步说明。

1. 了解公司业务模式

一听到带有建筑二字的公司，我们脑海里固有的印象可能就是修路、修房子，可能觉得这类公司没有什么投资价值。但既然委托方已经提出了需求，说明项目必然是存在一定的特点，因此我们从了解公司业务模式开始。

通过阅读商业计划书和与委托方的交流，我大致了解了 N 公司是干什么的——是建筑公司，也不尽然，它还有很强的设计及艺术属性，这需要大量的工程师参与，绝非是纯粹的建筑工人能够完成的。例如建筑主体工程做好了，那还需要外部装修，如何装，装成什么样，就是 N 公司需要解决的问题。随着主体建筑的越来越多样化，对外部装修的要求也越来越高，对于 N 公司这类型公司的要求也越来越高。伴随着国内城市化、大型基础设施建设，N 公司也一路成长，在业内也取得了一定地位。

为了搞清楚 N 公司与客户合作的具体方式，我们查阅了 N 公司与客户签订的合同。合同显示，N 公司通过参与客户的招标邀约，胜出后与客户签约，而施工周期往往在一个自然年度以上，在这个过程中客户会根据施工进度给予部分工程款，在项目完工验收后再进行全部结算。

从合同的描述，及对实际业务的了解来看，N 公司采用完工百分比法来核算收入、成本是合适的（那时执行《企业会计准则》）。完工百分比法是我极其不愿意面对的一种方法，在这个核算方法下，实在是很难搞清楚公司的真实业绩，这也是很多建筑工程公司不被人喜欢的原因之一。完工百分比法不像产品买卖，卖了多少产品确认多少收入一目了然，它涉及的因素太多。但既然遇上了，就得往前冲。

2. 了解公司的财务核算方式

对于这类财务核算方式有一些特别的公司，我们就需要吃透其究竟是如何运用《企业会计准则》来进行核算的。通过与财务负责人的交流，以及 N 公司提供的收入核算明细表，我们确定、肯定了 N 公司的账务处理方式。我们先来看一看完工百分比法核算收入、成本的基本公式。

当期确认的收入＝合同总收入 × 完工进度 − 以前会计年度累计已确认的收入

当期确认的成本＝合同预算成本 × 完工进度 − 以前会计年度累计已确认的成本

毛利＝当期确认的收入 − 当期确认的成本

完工进度＝实际发生的成本／合同预算成本

通过公式，我们会发现了一个非常关键的因子——完工进度。要获得准确的完工进度是一件非常难的事情，用巴菲特的话说，这可以叫能力圈外的事情。这也是我一开始讲从财务角度不愿意面对这类企业的核心原因之一。

N 公司为每个项目建立了成本核算簿，归集了该项目耗用的直接材料、人工及所发生的费用，因此各个项目的实际成本很好取数；合同预算成本在招标时就已经确定，也方便确认；合同总收入就是报价，在合同中也已经载明。理论上看，每一项数据都很清晰、明确，不存在担忧的核算不对的问题，但这所有的一切都仅仅只是理论。我们知道，事物是动态发展的，外部环境随时都在发生变化，一件事不可能完全按照预设的轨道前进，项目的预计成本随时会发生变化，实际投入成本也存在记账不准确的情况，而这些变化都将对结果产生重大影响。

3. 了解项目进度

既然知道完工进度对结果如此重要，那实地走访各个项目就必不可少，我们选取了 3 个重点项目，并取得了关于这 3 个项目的签约合同、项目成本核算表、与客户的对账单等资料，约好时间后便奔赴项目现场。

在现场，我们傻眼了，作为非专业人士，除了能知道有这个项目外，我们无法判断其准确的完工进度。10% 和 50% 的区别我们能看出来，可是 50% 和 60%，70% 和 80% 的进度我们根本就无法区分。项目本身并不会直接写着目前完工了多少。怎么办？

我们与项目现场管理人员进行了详细沟通，了解了项目的动工时间、原计划完成时间、实际将完成时间、项目施工过程中遇到的问题、与客户间是否存在矛盾、目前的结算情况、对项目管理人员的激励等。其目的是判断项目实际进展是否与计划存在偏差，进而考虑是否需要调整项目预算成本及项目合同收入。

实地看完 3 个项目后，我们的心情是喜忧参半。喜是说 N 公司的业务实力确实得到了客户的肯定，也明白了为什么这个项目虽然是建筑类还依然被作为投资标的的原因；忧是指项目的实际进展几乎都滞后于计划，与客户的结算也并不是很顺利。财务报表上收入成本的核算预计需要重估。

4. 检查原始单据

围绕收入、成本核算的公式，我们重点对成本的构成进行了检查。取得 N 公司的成本核算明细表后分析得知，90% 的成本是直接材料成本，这也与投标书的预算成本保持了一致，因此每个项目耗用的材料就成了这次财务尽职调查的"主战场"。

要了解材料的耗用，首先需要弄清楚实际使用与财务记账流程，我们访谈了仓库管理人员、项目管理人员、财务人员后有了清晰的认识。各个项目所需的材料由 N 公司集中采购，然后直接发往项目所在地。仓库分为总部仓库与项目仓库，项目仓库在接收到材料后需要在 ERP 系统中确认收到的材料名称、数量，总部仓库需要根据采购订单、发货单来核对所确认数量的准确性，确认后将更新系统数据，并出具入库单。当各项目需要用材料时，项目仓库需要填列出库单，经由总部仓库审核后更新系统数据。财务根据总部仓库提供的入库单及出库单核算各个项目的直接材料成本。从整个流程来看，似乎没有太大的问题。

顺着这样的流程，我们准备抽查一些财务核算的原始单据。在样本的选择上我们犯难了，N公司目前在进行的项目，大小合计有近50个，年度直接材料成本的发生额达数亿元。面对海量的数据，如何选样？我们需要明白，选样是对存疑的事项找到支持或不支持的证据，而不是为了完成抽样的程序。在这样的思路下，我们将退料、半年度及年度金额较大的材料领用作为检查对象，筛选了约100条记录，然后根据凭证号去找原始记账凭证。这一检查，问题来了，大量的退料并没有任何支持性单据，某些金额超大的领用也没有出库单。难道是放在别处了吗？

针对这些异常现象，我们与财务人员进行了沟通。对方表示，由于项目分散在各个地方，这些单据并不在本部，由总部仓库人员与各地项目仓库人员进行核对后确认。我们再进一步追问财务部是否取得了总部仓库与项目仓库人员的对账、盘点记录，财务人员表示没有，只是由总部仓库填报表格。问到这里，其实基本能做出判断了，那就是财务部并没有获得任何的原始单据，账面记录的退料、领用等可能是为了某种"特别"的需要，但我们并没有更充足的证据。这种单据不全的情况，顶多只能说是内部控制不严格、管理不到位，不能说数据一定就有问题。

5.再次进行财务分析

基于对N公司业务的了解，我们在财务分析时把重点放在盈利能力及运营能力两个方面。盈利能力重点分析毛利率、净利润率的变化；运营能力重点看应收账款周转率及资产周转率这两个指标，如表11.26、表11.27所示。

（1）盈利能力分析

表11.26　M公司主要盈利指标

项目	20×2年度	20×1年度
毛利率	21.99%	24.84%
净利润率	6.28%	7.65%

通过数据对比能够很直观地发现，20×2年度毛利率与20×1年度相比之

下降了近 3%，对于营业收入规模近十亿级的企业来说，这样幅度的变化对利润的影响非常大。为弄清楚毛利率变动的原因，我们对每个项目进行了分析。

在收入成本核算明细表的基础上，我们整理出每个项目的合同总收入、近两年确认的收入、毛利率等数据，发现了一个特别明显的现象——20×1 年度合同总金额高、毛利率高的项目完工进度都显得比较高。20×2 年度由于高毛利率的项目收入确认少了一些，整体毛利率也就下降了一些。但这个信息对我们发现 N 公司的问题实际上没有太大的帮助，想要利润好看一些，高毛利率的项目当然要加紧做，这是很合逻辑的一种做法。

（2）营运能力分析

表 11.27　M 公司主要营运能力指标

项目	20×2 年度	20×1 年度
应收账款周转率	1.50%	2.02%
资产周转率	0.72%	0.77%

N 公司应收账款周转的速度在 20×2 年度显著下降，由 20×1 年度的 180 天下降到 240 天，回款时间等于延长了两个月。理论上，如果按照与客户确认的进度来进行收入确认、应收款项结算，不会出现如此重大的变化。

我们把应收款项、毛利率的异常变动这两个信息综合在一起进行逻辑分析，应收款项的大幅度提高，是否可能意味着 N 公司在没有与客户确认工程结算的情况下即进行了确认？毛利率高的项目进度都偏高，是否会存在赶进度调节利润的可能？

6. 收入、成本再复核

我们把焦点再次放到收入、成本核算表上。不同于买卖产品的企业，收入的确认有明显的交易记录可查，N 公司的收入基于《企业会计准则》的规定，纯粹是核算出来的。而核算的重点在于确定完工进度，完工进度的核心可变因子又取决于累计投入成本。把前面几个异常信号综合在一起看，我们总结了以下几个问题。

第一，部分项目的材料领用没有原始出库单据的支持。

第二，部分项目的退料没有原始入库单据的支持。

第三，毛利率高的项目完工进度比较快。

第四，应收款项周转速度大幅放缓。

至此，我们有一个假设，N公司是否在人为调整某些项目的累计投入成本，以便提高核算的完工进度。虽然去现场看过项目进度，但我们只能区分项目的有和无，至于是70%还是80%的进度是无法物理判断的，还是需要用累计投入成本除以预算成本来计算。

如果真是这样，那对N公司的财务报表会产生什么影响？

显然，如果高毛利率的项目完工进度高，则对应的毛利必然高，也就会带来利润的提升。假设P项目合同总收入是2亿元，预算总成本是1.3亿元，项目的毛利率为35%，预计施工周期至少两年。20×1年度实际投入6,000万元，则

完工进度 = 实际投入6,000万元 ÷ 预算总成本1.3亿元 ≈ 46.15%

当年度确认的收入 = 合同收入2亿元 × 完工进度46.15%=9,230万元

当年度确认的成本 = 预算总成本1.3亿元 × 完工进度46.15% ≈ 6,000万元

毛利 = 9,230万元 −6,000万元 =3,230万元

现在将实际投入进行扩大，增加1,000万元至7,000万元，则计算的完工进度约为53.85%，确认的收入为10,770万元，确认的成本为7,000万元，产生的毛利为3,770万元，增加了毛利540万元。这个过程N公司其实什么也没有做，只是简单地将累计投入增加了1,000万元，就利润增加了540万元，而53.85%和46.15%的完工进度，能够物理区分吗，显然不可能。

那么问题来了，N公司也不可能随便虚构累计投入，如此会导致期末材料库存与实际严重不符。这里有一种方法，就是在各个项目间进行投入调整，总的投入不发生变化。我们假设全年共有10个项目在进行，每个项目都投入

4,000 万元，则全年的总投入为 4 亿元。企业想要在利润上面做一些文章，就可以将 4 亿元的总成本进行腾挪，把某个高毛利率的项目投入增加 1,000 万元，同时调减一个或几个低毛利率项目的投入，如此就实现了既定总投入下的完工进度调节，进而实现了利润的调节。

我们来看，前述 P 项目的毛利率为 35%，若另一项目 Q 的毛利率为 20%，合同总收入为 1.2 亿元，预算总成本为 1 亿元。在 P 项目和 Q 项目间进行投入的腾挪，增加 P 项目材料投入 1,000 万元，同时减少 Q 项目材料投入 1,000 万元。

20×1 年度 Q 项目实际投入 8,000 万元，按此计算的实际完工进度为 80%，毛利为 1,600 万元；在减少 1,000 万元的投入后，计算的完工进度为 7,000 万元 ÷1 亿元 =70%，毛利为 1,400 万元。等于是 Q 项目的毛利比正常计算减少了 200 万元，而 P 项目增加的毛利为 540 万元，对 N 公司而言，将净增加毛利 340 万元。

想明白这些，再看 N 公司体现出来的这些异常现象，就能找到背后的逻辑了。部分项目的材料领用没有出库单的支持，是因为这本就属于纯粹的项目间投入调整，不可能有真实的领用；同样某些项目的材料退库就属于将那些低毛利率的项目投入减少；高毛利率的项目完工进度较高就能为当年度多贡献利润。

顺着这样的思路，我们又仔细对 N 公司的退料、无单据领用数据进行分析。其有两个典型的特征，一是退料及无单据的领用往往发生在 6 月和 12 月，二是退料及无单据的领用集中在几笔会计分录，而且退料及领用的合计数，正负抵消后刚好为 0。6 月和 12 月正是审计需要的截止日，退料及领用合计数为 0 也使得材料库存数据不发生任何变化。至此，已经可以完全肯定 N 公司是在调节各个项目的利润了。这也能很好地解释，为什么 N 公司的毛利率呈现下降趋势（好的项目提前确认收入了），应收账款越来越多了。

最后，我们向委托方提交了报告，据说项目没有再往后推进，再后来，通过公开信息了解到 N 公司债务出了很大的问题……

案例：符合业务逻辑的财务数据才是对的

Q 公司也是我曾经在财务尽职调查过程中真实接触到的一个项目，它既不属于 ICT（Information and Communications Technology，信息通信技术）也不是精准医疗行业，甚至站在现在的时点来看，国家政策都不鼓励这种模式的企业。我之所以再把它拿出来，是因为这里面涉及的财务分析思维非常具有代表性，值得一读。

Q 公司是一家从事固体废弃物及废水处理的公司，为客户提供餐厨垃圾处理和垃圾渗滤液处理工程的设计、设备研发生产、安装调试和投资运营等综合性服务，属于环保服务企业。20×6 年正是环保行业大发展的年份，政策面一片向好，借助"东风"，Q 公司的业绩在过去几年里呈现大幅增长趋势，净利润已经跨过 3,000 万元的门槛线，行业及财务均显示出这是一个值得进一步研究的公司。委托方明确告诉我们这应该是一个很好的 Pre-IPO 项目，投资既能帮助 Q 公司进一步发展壮大，也能实现投资增值，还能为国家的"青山绿水"计划贡献力量，可谓是"一箭三雕"。当然委托方也担忧 Q 公司是不是真的如所讲的那么好，因为环保类企业基本都有一个共性，那就是回款慢，现金流比较差。Q 公司账面是有利润，但现金不断减少，赚的钱都成了应收账款，那这个款到底收不收得回来？

1. 召开项目讨论会

接受委托后，财务尽职调查团队召开了第一次项目讨论会，会议重点讨论了公司的业务模式、财务特点，以便制定针对性的财务尽职调查方案。

（1）业务模式

环保类项目由于前期投入大、建设时间长、风险高，在实际执行过程中，通常采取 PPP 模式，具体有 BOT（BT、TOT、BOO、BOOT）、EPC（EPC+O）合作模式。PPP（Public-Private-Partnership）即"公共私营合作制"，是指政府与私营企业、民营资本之间，为了合作建设城市基础设施项目，或是为了提供某种公共物品和服务，以特许权协议为基础，形成一种伙伴式的合作关

系，并通过签署合同来明确双方的权利和义务，以确保合作的顺利完成。PPP
模式是公共基础设施中的一种项目融资模式，在该模式下，鼓励私营企业、
民营资本与政府进行合作，参与公共基础设施的建设。BOT（Build Operate
Transfer）、EPC（Engineering Procurement Construction）都是 PPP 模式下
的具体合作方式。

BOT，即建设经营移交方式，是私营企业参与基础设施建设，向社会提
供公共服务的一种方式。建设（Build），即私营企业来承担该项目的融资、
投资、建设和维护；经营（Operate），即在协议规定的特许期限内（一般为
20~30 年），政府许可私营企业经营该项目，向用户收取费用回收投资并赚取
利润；移交（Transfer），即特许经营期满，私营企业将该基础设施无偿或有
偿移交给政府部门。

EPC，是指公司受业主（一般指政府）委托，按照合同约定对工程建设项
目的设计、采购、施工、试运行等实行全过程或若干阶段的承包。通常公司在
总价合同条件下，对所承包工程的质量、安全、费用和进度负责；政府是业
主，政府融资发包给项目公司建设。

Q 公司的业务采取的一般都是 BOT、EPC 模式。

（2）财务特点

我们根据已经掌握的财务信息进行简要财务分析，Q 公司简要财务报表，
如表 11.28、表 11.29、表 11.30 所示。

表 11.28　简要资产负债信息

编制单位：Q 公司　　　　　　　　　　　　　　　　　　　　　　　单位：万元

资产	20×3 年 6 月末	20×2 年、年末	20×1 年 年末	负债及所有者	20×3 年 6 月末	20×2 年 年末	20×1 年 年末
货币资金	11,282.53	14,042.00	892.68	短期借款	1,890.00	2,940.00	2,521.05
应收账款	5,916.29	2,274.42	1,348.60	应付账款	10,529.76	12,446.66	8,231.95
存货	13,948.87	18,436.80	18,250.41	长期借款	25,092.84	18,988.14	6,510.00
固定资产	3,116.60	2,600.51	2,219.65	负债合计	54,823.47	49,183.00	24,921.66

续表

资产	20×3年 6月末	20×2年、 年末	20×1年 年末	负债及所 有者	20×3年 6月末	20×2年 年末	20×1年 年末
在建工程	47,953.58	36,371.78	18,889.16	所有者权 益合计	38,034.24	33,082.69	19,734.34
资产总计	92,857.72	82,265.68	44,656.00	负债及所 有者权益 总计	92,857.72	82,265.68	44,656.00

表 11.29 简要利润表信息

编制单位：Q 公司   单位：万元

项目	20×3年1~6月	20×2年度	20×1年度
营业收入	8,163.28	20,270.04	13,419.30
营业成本	4,580.27	11,640.42	7,984.17
营业利润	747.2955	4,099.61	2,161.85
利润总额	883.386	4,151.58	2,319.51
净利润	752.1675	3,538.77	1,973.40

表 11.30 简要现金流信息

编制单位：Q 公司   单位：万元

项目	20×3年1~6月	20×2年度	20×1年度
一、经营活动产生的现金流量：			
销售商品、提供劳务收到的现金	8,018.07	27,464.63	19,785.85
经营活动现金流入小计	14,961.98	27,756.67	20,156.93
购买商品、接受劳务支付的现金	6,657.14	10,004.23	11,333.19
经营活动现金流出小计	14,270.97	16,935.96	16,308.36
经营活动产生的现金流量净额	691.02	10,820.69	3,848.58
二、投资活动产生的现金流量：			
购建固定资产、无形资产和其他长期资产支付的现金	6,738.93	19,987.13	10,898.69
投资活动现金流出小计	11,906.16	19,987.13	10,898.69

续表

项目	20×3 年 1~6 月	20×2 年度	20×1 年度
投资活动产生的现金流量净额	−11,906.16	−19,982.93	−10,898.69
三、筹资活动产生的现金流量：			
吸收投资收到的现金	4,198.32	9,809.57	—
取得借款收到的现金	7,140.00	15,965.19	6,928.95
筹资活动现金流入小计	11,338.32	25,774.76	6,928.95
偿还债务支付的现金	2,085.30	3,068.10	
筹资活动现金流出小计	2,882.64	3,499.69	225.0255
筹资活动产生的现金流量净额	8,455.68	22,275.07	6,703.92
四、现金及现金等价物净增加额	−2,759.46	13,112.83	−346.17

我们讨论后总结了以下几点。

▪Q 公司资产负债率高，用借款进行大量的工程建设，需要考虑这些工程是否已经达到可使用状态，是否实际上已经产生收益但还没有进行摊销核算。如果还没有产生效益，预计产生效益的时间。

▪存货余额较大，需要了解其具体构成，是有具体实物形态的存货，还是工程类项目核算出来的存货（工程项目会形成已完工未结算资产，作为存货列示）。需要考虑存货未来的可变现性，是否存在减值的可能。

▪Q 公司未计提预计负债，BOT 项目运营周期一般在 20~30 年，而机器设备的寿命通常为 5~10 年，项目运营过程中一定需要重置设备，需要考虑是否未充分计提。

▪20×2 年度相比于 20×1 年度，Q 公司营业收入大幅度增长，同时净利润的增长速度明显高于营业收入的增长速度，需要考虑营业收入增长的合理性，以及是否存在少计提成本费用的可能。

▪Q 公司经营活动产生的现金流量净额一直为正值，而投资活动产生的现金流量金额为负值，且流出金额巨大。一般情况下，开展 BOT 项目的公司，前期需要垫付全部的建设资金。开展 EPC 项目，由于政府付款慢，也需要垫付一定的工程款。所以正常情况下，从事工程类项目的公司，经营活动产生的现金流较差。这里需要考虑Q公司的经营活动、投资活动现金流入、流出是否归属不正确，经营活动产生的现金流量情况是否符合实际情况。

2.营业收入真实性核查

针对财务报表的异常现象，我们先从营业收入开始，重点了解其营业收入的真实性。对营业收入真实性的判断，首先就需要了解Q公司具体的业务模式及采用的收入确认政策。

（1）业务简介

Q公司的BOT项目由其项目公司将项目整体发包给第三方公司，第三方公司将项目建设中所需要的设备又分包给Q公司，如图11.7所示。

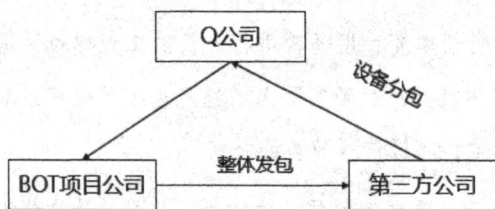

图11.7　Q公司业务模式简图

在上述过程中，Q公司将提供设备作为销售收入进行确认。从交易的实质来说，Q公司等于是把设备卖给了自己，第三方公司只不过是一个代建方而已。

（2）收入确认准则分析

2017年新收入准则（即《企业会计准则第14号——收入》）第十四条"交易价格，是指企业因向客户转让商品而预期有权收取的对价金额。企业代第三方收取的款项以及企业预期将退还给客户的款项，应当作为负债进行会计处理，不计入交易价格"。根据该规定，从第三方公司的角度出发，其确认收入的金额应是承包的BOT项目合同金额，减去其应支付给Q公司的金额。因此，Q公司应该将提供的设备价值作为第三方公司提供"项目建造服务"所需支付成本的抵减项。

因此，Q 公司 BOT 项目中的设备销售均不应确认当期的收入和利润，我们就此再分析了各年度的收入构成，如表 11.31 所示。

表 11.31　Q 公司收入构成及占比

单位：万元、%

收入类型	20×3 年 1~6 月		20×2 年	
	收入金额	占收入比	收入金额	收入占比
设备销售（BOT 项目）	1,035.53	12.69	13,012.65	64.20
EPC 合同收入	3,407.88	41.75	4,661.29	23.00
运营收入	2,809.82	34.42	2,584.96	12.75
设备销售（外销）	910.04	11.15	11.15	0.05
合计	8,163.28	100.00	20,270.04	100.00

20×2 年度，Q 公司 BOT 项目设备收入占比达到 64.2%，表明 Q 公司收入明显虚增。

3. 存货与在建工程核查

20×2 年年末，Q 公司存货明细项目中，"建造合同形成的已完工未结算资产"占期末存货余额的比例达到 80% 以上，主要是有很多项目未进行最终结算。我们针对这些未结算的项目进行了访谈与实地走访，发现多是完工一年以上的，有些甚至达到 3 年以上。项目未结算也意味着还不能找对方收款（但根据《企业会计准则》的规定，采用完工百分比的情况下，收入成本已经确认完了），那还能收到多少款，能不能收到款就都需要打个问号了，而一旦收不回钱，将大幅度降低 Q 公司的实际盈利能力，因此对存货就必须考虑减值。

在建工程占资产总额的比例几乎达到了 50%，我们详细分析了在建工程的构成，发现有大量实际已投入使用但仍未结转的项目，如果不结转为无形资产（BOT 项目下的运营权），则没有进行摊销，没有摊销意味着项目运营获得收入，但 Q 公司并没计算对应的成本，这属于虚增利润的行为。

至此，通过对营业收入、存货及在建工程的进一步分析，我们基本确定了 Q 公司在收入确认、成本核算方面存在重大的错报，实际盈利能力远没有财务报表上体现的优秀。再经过多次讨论后，投资方最终放弃了该项目。

业务的行为最终都会归结为财务数据，不合业务逻辑的财务数据一定是哪里出错了，本案例很形象地体现了这点。